Ye

23630

S 121 624

OEUVRES
COMPLÈTES
DE GRESSET.

TOME DEUXIÈME.

IMPRIMERIE DE H. FOURNIER,
RUE DE SEINE, N° 14.

ŒUVRES

COMPLÈTES

DE GRESSET,

PRÉCÉDÉES

D'UNE NOTICE BIOGRAPHIQUE ET LITTÉRAIRE.

TOME DEUXIÈME.

PARIS,

FURNE, LIBRAIRE-ÉDITEUR,

QUAI DES AUGUSTINS, N° 37.

M DCCCXXX.

ÉDOUARD III,

TRAGÉDIE

EN CINQ ACTES,

Représentée en 1740.

AVERTISSEMENT.

On ne trouvera ici de vraiment historique que l'amour d'Édouard III pour la comtesse de Salisbury, l'héroïque résistance de cette femme illustre, et le renouvellement des prétentions d'Édouard Ier sur l'Écosse. Tout le reste, ajusté à ces faits principaux, est de pure invention. Je ne me sers point des droits de la tragédie anglaise pour répondre à quelques difficultés qu'on m'a faites sur le coup de théâtre du quatrième acte, spectacle offert en France pour la première fois; je dirai seulement, autorisé par le législateur même ou le créateur du théâtre français, que la maxime de ne point ensanglanter la scène (1) ne doit s'entendre que des actions hors de la justice ou de l'humanité : Médée, égorgeant publiquement ses enfants, révolterait la nature, et ne produirait que de l'horreur; mais la mort d'un scélérat, en offrant avec terreur le châtiment du crime, satisfait le spectateur. Pour démontrer d'ailleurs que cet événement est dans la nature, je n'ai besoin d'autre réponse que l'applaudissement général dont le public l'a honoré dans toutes les représentations. Je n'entreprendrai pas de répondre à toutes les autres objections qu'on a faites, ni de prévenir celles qu'on

(1) Discours de P. Corneille.

peut faire encore sur cet essai : on doit s'honorer des critiques, mépriser les satires, profiter de ses fautes, et faire mieux.

Civis erat qui libera posset
Verba animi proferre, et vitam impendere vero.
JUVEN.

J'avais à peindre un sage, heureux, digne de l'être,
    L'oracle de la probité,
Le père des sujets, le conseil de son maître,
L'honneur de la patrie et de l'humanité :
    Dans cette image fidèle,
    France, tu reconnaîtras
   Que je n'en dois point le modèle
   Aux vertus des autres climats.

PERSONNAGES.

ÉDOUARD III, roi d'Angleterre.
ALZONDE, héritière du royaume d'Écosse, sous le nom d'AGLAÉ.
Le duc de VORCESTRE, ministre d'Angleterre.
EUGÉNIE, fille de Vorcestre, veuve du comte de Salisbury.
Le comte d'ARONDEL.
VOLFAX, capitaine des gardes.
GLASTON, officier de la garde.
ISMÈNE, confidente d'Eugénie.
AMÉLIE, suivante d'Alzonde.
GARDES.

La scène est à Londres.

ÉDOUARD III,
TRAGÉDIE.

ACTE PREMIER.

SCÈNE I.

ALZONDE, AMÉLIE.

ALZONDE.

Par de faibles conseils ne crois plus m'arrêter :
Au comble du malheur, que peut-on redouter ?
Oui, je vais terminer ou mes jours, ou mes peines.
Qui n'ose s'affranchir est digne de ses chaînes.
Depuis que rappelée où régnaient mes aïeux
J'ai quitté la Norvège, et qu'un sort odieux
A la cour d'Édouard et me cache et m'enchaîne,
Que de jours écoulés, jours perdus pour ma haine !
L'Écosse cependant élève en vain sa voix
Vers ces bords où gémit la fille de ses rois ;
Pour chasser ses tyrans, pour servir ma vengeance
Pour renaître, Édimbourg n'attend que ma présence
D'un vil déguisement c'est trop long-temps souffrir ;
Il faut fuir, Amélie, et régner, ou mourir.

AMÉLIE.

Ah ! madame, arrêtez : que prétendez-vous faire?
Le conseil du courroux est toujours téméraire :
Dissimulez encore, assurez vos projets,
Et ne quittez ces lieux qu'à l'instant du succès.
Votre déguisement est sans ignominie :
Depuis le jour fatal où la flotte ennemie,
Détruisant votre espoir, traîna dans ces climats
Le vaisseau qui devait vous rendre à vos États;
Prise par vos vainqueurs sans en être connue,
Sans honte vous pouvez vous montrer à leur vue.
Vous auriez à rougir si vos fiers ravisseurs,
Voyant Alzonde en vous, voyaient tous vos malheurs;
Mais du secret encor vous êtes assurée,
Et la honte n'est rien quand elle est ignorée.

ALZONDE.

Vous parlez en esclave : un cœur né pour régner
D'un joug même ignoré ne peut trop s'éloigner;
Ne dût-on jamais voir la chaîne qui l'attache,
Pour en être flétri c'est assez qu'il le sache.
Le secret ne peut point excuser nos erreurs,
Et notre premier juge est au fond de nos cœurs.
Dans l'affreux désespoir où mon destin me jette
Crois-tu donc que pour moi la paix soit encor faite?
Condamnée aux fureurs, née au sein des exploits,
Et des maux que produit l'ambition des rois;
Fugitive au berceau, quand mon malheureux père,
Au glaive d'un vainqueur prétendant me soustraire,
Au prince de Norvège abandonna mon sort,
M'éloigna des États que me livrait sa mort;

ACTE I, SCÈNE I.

Pensait-il qu'unissant tant de titres de haine,
Devant poursuivre un jour sa vengeance et la mienne,
Héritière des rois, élève des héros,
Je perdrais un instant dans un lâche repos?
Dans l'asile étranger qui cacha mon enfance
J'ai pu sans m'avilir suspendre ma vengeance,
La sacrifier même à l'espoir de la paix,
Tandis qu'on m'a flattée ainsi que mes sujets
Qu'Édouard, pour finir les malheurs de la guerre,
Pour unir à jamais l'Écosse et l'Angleterre,
Allait m'offrir sa main, et par ce juste choix
Réunir nos drapeaux, nos sceptres, et nos droits :
Mais par tant de délais dès long-temps trop certaine
Que l'on m'osait offrir une espérance vaine,
Quand ce nouvel outrage ajoute à mon malheur,
Attends-tu la prudence où règne la fureur?
S'élevant contre moi de la nuit éternelle,
La voix de mes aïeux dans leur séjour m'appelle;
Je les entends encor : « Nous régnions, et tu sers!
« Nous te laissons un sceptre, et tu portes des fers!
« Règne, ou, prête à tomber, si l'Écosse chancelle,
« Si son règne est passé, tombe, expire avant elle :
« Il n'est dans l'univers en ce malheur nouveau
« Que deux places pour toi, le trône ou le tombeau. »
Vous serez satisfaits, mânes que je révère,
Vous connaîtrez bientôt si mon sang dégénère,
Si le sang des héros a passé dans mon cœur,
Et s'il peut s'abaisser à souffrir un vainqueur.

AMÉLIE.

J'attendais cette ardeur où votre ame est livrée;

Mais comment, sans secours, d'ennemis entourée...?

ALZONDE.

Parmi ces ennemis j'ai conduit mon dessein,
Et, prête à l'achever, je puis t'instruire enfin.
Ce Volfax, que tu vois le flatteur de son maître,
Comblé de ses bienfaits, ce Volfax n'est qu'un traître :
De Vorcestre surtout ennemi ténébreux,
Rival de la faveur de ce ministre heureux,
Trop faible pour atteindre à ces degrés sublimes
Par l'éclat des talents, il y va par les crimes ;
D'autant plus dangereux pour son roi, pour l'État,
Qu'il unit l'art d'un fourbe à l'ame d'un ingrat.
J'emprunte son secours. Je sais trop, Amélie,
Qu'un traître l'est toujours, qu'il peut vendre ma vie :
Mais son ambition me répond de sa foi ;
Assuré qu'en Écosse il régnera sous moi,
Il me sert : par sa main, de ce séjour funeste,
J'écris à mes sujets, j'en rassemble le reste.
J'ai fait plus; par ses soins j'ai nourri dans ces lieux
Du parti mécontent l'esprit séditieux ;
J'en dois tout espérer. Chez ce peuple intrépide
Un projet n'admet point une lenteur timide ;
Ce peuple impunément n'est jamais outragé,
Il murmure aujourd'hui, demain il est vengé ;
Des droits de ses aïeux jaloux dépositaire,
Éternel ennemi du pouvoir arbitraire,
Souvent juge du trône et tyran de ses rois,
Il osa... Mais on vient : c'est Volfax que je vois.

SCENE II.

ALZONDE, VOLFAX, AMÉLIE.

VOLFAX.

Trop long-temps votre fuite est ici différée,
Madame : à s'affranchir l'Écosse est préparée ;
Tout conspire à vous rendre un empire usurpé ;
D'autres soins vont tenir le vainqueur occupé.
Le trouble règne ici. Formé par la victoire,
Le soldat redemande Édouard et la gloire ;
Le peuple veut la paix. Au nom de nos héros
Je vais porter le prince à des exploits nouveaux :
Je ne crains que Vorcestre ; ame de cet empire,
Il range, il conduit tout à la paix qu'il désire.
Contraire à mes conseils, s'il obtient cette paix,
Je le perds par-là même, et suis sûr du succès ;
Son rang est un écueil que l'abîme environne :
Déjà par des avis parvenus jusqu'au trône
Je l'ai rendu suspect, j'ai noirci ses vertus ;
Encore un pas enfin, nous ne le craignons plus.
Du progrès de mes soins l'Écosse est informée ;
Paraissez, un instant vous y rend une armée.

ALZONDE.

D'une nouvelle ardeur enflammez Édouard.
Je vais tout employer pour hâter mon départ :
On me soupçonnerait si j'étais fugitive ;
J'obtiendrai le pouvoir de quitter cette rive.
Allez, ne tardez plus, achevez vos projets ;
Un plus long entretien trahirait nos secrets.

SCENE III.

ALZONDE, AMÉLIE.

ALZONDE.

Tout est prêt, tu le vois. Une crainte nouvelle
Me détermine à fuir cet asile infidèle.
On a vu, d'un des miens si j'en crois le rapport,
Arondel cette nuit arriver en ce port;
En Norvège souvent cet Arondel m'a vue;
S'il était en ces lieux, j'y serais reconnue.
Le temps presse, il faut fuir : ménageons les instants;
Ce jour passé, peut-être il n'en serait plus temps.

AMÉLIE.

Mais ne craignez-vous point d'obstacle à votre fuite?

ALZONDE.

Sous le nom d'Aglaé dans ce palais conduite,
On me croit Neustrienne, on ne soupçonne rien.
Appui des malheureux, Vorcestre est mon soutien;
Il permettra sans peine, exempt de défiance,
Que je retourne enfin aux lieux de ma naissance.
Je viens pour ce départ demander son aveu,
Et je croyais déjà le trouver en ce lieu;
Mais, s'il faut t'achever un récit trop fidèle,
Le pourras-tu penser? quand le trône m'appelle,
Quand l'Écosse gémit, quand tout me force à fuir,
Prête à quitter ces lieux je tremble de partir.

AMÉLIE.

Qui peut vous arrêter? comment pourrait vous plaire
Ce palais décoré d'une pompe étrangère?

ACTE I, SCÈNE III.

Tout ici vous présente un spectacle odieux :
Ce trône annonce un maître, et le vôtre en ces lieux ;
Ces palmes d'un vainqueur retracent la conquête ;
L'oppresseur de vos droits, l'usurpateur...

ALZONDE.

Arrête :
Tu parles d'un héros l'honneur de l'univers,
Et tu peins un tyran. Dans mes affreux revers
J'accuse le destin plus que ce prince aimable,
Et mon cœur est bien loin de le trouver coupable.
Tu m'entends ; j'en rougis. Vois tout mon désespoir :
Sur ces murs la vengeance a gravé mon devoir,
Je le sais ; mais tel est mon destin déplorable,
Qu'à la honte, aux malheurs du revers qui m'accable,
Il devait ajouter de coupables douleurs,
Et joindre l'amour même à mes autres fureurs.
J'arrivais en courroux, mais mon ame charmée
A l'aspect d'Édouard se sentit désarmée.
Sans doute que l'amour jusqu'au sein des malheurs
S'ouvre par nos penchants le chemin de nos cœurs :
Connaissant ma fierté, mon ardeur pour la gloire,
Il prit pour m'attendrir la voix de la victoire ;
Il me dit qu'enchaînant le plus grand des guerriers,
Qui partageait son cœur partageait ses lauriers.
Où commande l'amour il n'est plus d'autres maîtres :
J'étouffai dans mon sein la voie de mes ancêtres ;
Je ne vis qu'Édouard : captive sans ennui,
Des chaînes m'arrêtaient, mais c'était près de lui.
Pourquoi me rappeler la honte de mon ame,
Et toutes les erreurs où m'entraînait ma flamme?

Un plus heureux objet a fixé tous ses vœux :
C'en est fait, ma fierté doit étouffer mes feux ;
Les faibles sentiments que l'amour nous inspire
Dans les cœurs élevés n'ont qu'un moment d'empire.
Régner est mon destin, me venger est ma loi ;
Un instant de faiblesse est un crime pour moi.
Fuyons ; mais, pour troubler un bonheur que j'abhorre,
Renversons, en fuyant, l'idole qu'il adore.
Parmi tant de beautés qui parent cette cour
J'ai trop connu l'objet d'un odieux amour.
On trompe rarement les yeux d'une rivale ;
Ma haine m'a nommé cette beauté fatale.
Si dans ces tristes lieux l'amour fit mes malheurs,
J'y veux laisser l'amour dans le sang, dans les pleurs.
Mais Vorcestre paraît : laisse-nous, Amélie ;
Du destin qui m'attend je vais être éclaircie.

SCENE IV.

ALZONDE, sous le nom d'Aglaé, VORCESTRE.

ALZONDE.

Vous dont le cœur sensible a comblé tous les vœux
Que porta jusqu'à vous la voix des malheureux,
Jetez les yeux, milord, sur une infortunée
Dont vous pouvez changer la triste destinée.
Je me dois aux climats où j'ai reçu le jour.
Par vos soins honorée et libre en cette cour,
Je sais qu'à plus d'un titre elle a droit de me plaire ;
Mais quels que soient les biens d'une terre étrangère,
Toujours un tendre instinct au sein de ce bonheur

ACTE I, SCÈNE IV.

Vers un séjour plus cher rappelle notre cœur :
Souffrez donc qu'écoutant la voix de la patrie
Je puisse retourner aux rives de Neustrie :
Du sort des malheureux adoucir la rigueur
C'est de l'autorité le droit le plus flatteur.

VORCESTRE.

Si par mes soins ici le ciel plus favorable
Vous a donné, madame, un asile honorable,
Unie avec ma fille, heureuse en ce palais,
De votre éloignement différez les apprêts :
A mon cœur alarmé vous êtes nécessaire ;
Eugénie, immolée à sa tristesse amère,
Demande à quitter Londre, et, changeant de climats,
Veut cacher des chagrins qu'elle n'explique pas.
Depuis que son époux a terminé sa vie
Je croyais sa douleur par le temps assoupie :
Mais je vois chaque jour croître ses déplaisirs ;
Je la vois dans les pleurs, je surprends des soupirs.
C'est prolonger en vain des devoirs trop pénibles ;
Et de Salisbury les cendres insensibles
Ne peuvent exiger ces regrets superflus
Qui consacrent aux morts des jours qui nous sont dus.
L'abandonnerez-vous quand l'amitié fidèle
Doit par des nœuds plus forts vous attacher près d'elle?
Pour l'arrêter ici, par zèle, par pitié,
Joignez à ma douleur la voix de l'amitié.
Dans quel temps fuiriez-vous les bords de la Tamise !
Connaissez les dangers d'une telle entreprise.
D'arbres et de débris voyez les flots couverts :
La discorde a troublé la sûreté des mers ;

Un reste fugitif de l'Écosse asservie,
Sur ses côtes errant sans espoir, sans patrie,
Au milieu de son cours troublant votre vaisseau,
Pourrait vous entraîner dans un exil nouveau :
Attendez que la paix rendue à ces contrées
Vous ouvre sur les eaux des routes assurées.

ALZONDE.

L'amour de la patrie ignore le danger,
Et les cœurs qu'il conduit ne savent point changer.
Vous ne souffrirez point, jusqu'ici plus sensible,
Que la plainte aujourd'hui vous éprouve inflexible,
Qu'on perde devant vous des larmes et des vœux,
Et qu'il soit des malheurs où vous êtes heureux.

VORCESTRE.

Heureux! que dites-vous? apparence trop vaine!
Le bonheur est-il fait pour le rang qui m'enchaîne?
Vous ne pénétrez point les sombres profondeurs
Des maux qui sont cachés sous l'éclat des grandeurs.
Quel accablant fardeau! tout prévoir, tout conduire,
Entouré d'envieux unis pour tout détruire,
Responsable du sort et des événements,
Des misères du peuple et des brigues des grands;
Réunir seul enfin, par un triste avantage,
Tous les soins, tous les maux que l'empire partage :
Voilà le joug brillant auquel je suis lié;
Sort toujours déplorable et toujours envié!
C'est peu que les périls, l'esclavage et la peine
Que dans tous les États le ministère entraîne;
Jugez quels nouveaux soins exigent mes devoirs :
Ministre d'un empire où règnent deux pouvoirs,

Où je dois, unissant le trône et la patrie,
Sauver la liberté, servir la monarchie,
Affermir l'un par l'autre, et former le lien
D'un peuple toujours libre, et d'un roi citoyen.
Ma fortune est un poids que chaque jour aggrave :
Maître et juge de tout, de tout on est esclave ;
Et régir des mortels le destin inconstant
N'est que le triste droit d'apprendre à chaque instant
Leurs méprisables vœux, leurs peines dévorantes,
Leurs vices trop réels, leurs vertus apparentes,
Et de voir de plus près l'affreuse vérité
Du néant des grandeurs et de l'humanité.
Mais le roi vient. Allez, consolez Eugénie,
Vous verrez par mes soins votre peine adoucie.

SCÈNE V.

ÉDOUARD, VORCESTRE, VOLFAX, GLASTON, GARDES.

ÉDOUARD, à Volfax.

Je souscris à vos vœux, et consens aux exploits
Qu'un peuple de héros brigue par votre voix.
Les bornes qu'à ces lieux la nature a prescrites
De mes destins guerriers ne sont pas les limites ;
Bientôt sur d'autres bords on verra mes drapeaux,
Et les lois d'Albion chez des peuples nouveaux.
De mes ordres, Volfax, vous instruirez l'armée.
Que ma flotte en ces ports ne soit plus renfermée ;

Qu'arbitre des combats, souveraine des mers,
Elle enchaîne l'Europe, étonne l'univers;
Que, terrible et tranquille au milieu des tempêtes,
Londres puisse compter mes jours par ses conquêtes.
(Aux gardes.)
Allez. Vous, qu'on me laisse.

SCENE VI.

ÉDOUARD, VORCESTRE.

VORCESTRE.

A cet ordre, seigneur,
Je ne puis vous cacher mon trouble et ma douleur.
Lorsque le peuple anglais au sein de la victoire
Attendait son repos d'un roi qui fit sa gloire,
Entraîné par la voix d'un conseil de soldats,
Allez-vous réveiller la fureur des combats?
Je n'ai jamais trahi mon austère franchise;
Et, si dans ces dangers elle est encor permise,
J'en dois plus que jamais employer tous les droits :
Un peuple libre et vrai vous parle par ma voix.
La guerre fut long-temps un malheur nécessaire :
L'Écosse était pour vous un trône héréditaire;
Les droits que votre aïeul sur elle avait acquis
Exigeaient que par vous ce bien fût reconquis :
Vous y régnez enfin : mais pour finir la guerre
Dont ce peuple, indocile au joug de l'Angleterre,
Nous fatigue toujours, quoique toujours vaincu,
Vous savez à quels soins l'État s'est attendu;

ACTE I, SCÈNE VI.

Vous avez consenti d'unir par l'hyménée
L'héritière d'Écosse à votre destinée,
Sûr que ce peuple altier adoptera vos lois
En voyant près de vous la fille de ses rois.
Je sais que ce royaume, affaibli par ses pertes,
Compte peu de vengeurs dans ses plaines désertes;
Tout retrace à leurs yeux vos exploits, leur devoir,
L'image de leur joug et de votre pouvoir :
Mais, armant tôt ou tard ses haines intestines,
L'Écosse peut encor sortir de ses ruines,
Surprendre ses vainqueurs, rétablir son destin;
Un bras inattendu porte un coup plus certain.
Jamais dans ces climats on n'est tranquille esclave,
Et pour la liberté le plus timide est brave.
Tous leurs chefs ont péri; mais en de tels complots
Le premier téméraire est un chef, un héros.
Sous l'astre dominant de cette destinée
Qui tient à vos drapeaux la victoire enchaînée
On craint peu, je le sais, leurs efforts superflus;
Leur révolte est pour vous un triomphe de plus :
Mais le plus beau triomphe est un honneur funeste;
La victoire toujours fut un fléau céleste;
Et tous les rois au ciel qui les laisse régner
Sont comptables du sang qu'ils peuvent épargner.
Remplissez donc, seigneur, l'espoir de l'Angleterre.
Vos essais éclatants ont appris à la terre
Que vous pouviez prétendre au nom de conquérant :
Passez le héros même; un roi juste est plus grand.
Hâtez-vous d'obtenir ce respectable titre;
Parlez, donnez la paix dont vous êtes l'arbitre;

Et pour en resserrer les durables liens,
Que vos ambassadeurs aux champs norvégiens
Envoyés dès demain demandent la princesse.
C'est l'espoir de l'État, et c'est votre promesse.

ÉDOUARD.

Quelle image à mon cœur venez-vous retracer?
Quel hymen! Non, Vorcestre, il n'y faut plus penser.

VORCESTRE.

Seigneur, que dites-vous? quelle triste nouvelle!...
Mais non, à la vertu votre grand cœur fidèle,
Se respectant lui-même en ses engagements,
Ne démentira point ses premiers sentiments.
Votre parole auguste au trône appelle Alzonde;
La parole des rois est l'oracle du monde.
D'ailleurs, vous le savez, la patrie a parlé;
Confirmé par la voix de l'État assemblé,
Votre choix par ce frein devient inviolable :
D'affreux dangers suivraient un changement semblable.
Ce peuple en sa fureur ne connaît plus ses rois
Dès qu'ils ont méconnu l'autorité des lois :
Le trône est en ces lieux au bord d'un précipice,
Il tombe quand pour base il n'a plus la justice;
Et si mon zèle ardent pour votre sûreté
M'autorise à parler avec sincérité,
Contemplez les malheurs des jours de nos ancêtres;
Leurs vertus sont nos lois, leurs malheurs sont nos maîtres.
Je dis plus; au-dessus des timides détours,
J'ose vous rappeler l'exemple de nos jours :
Nous avons vu, seigneur, tomber ce diadême;
Du trône descendu, votre père lui-même

Avant ses jours a vu son règne terminé :
Il pouvait vivre heureux et mourir couronné,
S'il n'eût point oublié qu'ici pour premiers maîtres
Marchent après le ciel les droits de nos ancêtres ;
Qu'en ce même palais l'altière liberté
Avait déjà brisé le trône ensanglanté ;
Qu'ici le despotisme est une tyrannie,
Et que tout est vertu pour venger la patrie.

ÉDOUARD.

Un trône environné des héros que j'ai faits
N'a plus à redouter de semblables forfaits ;
Et, si jusques à moi la révolte s'avance,
Tant de bras triomphants sont prêts pour ma vengeance.
Quelle est donc la patrie ? et le brave soldat,
Le vainqueur, le héros, ne sont-ils point l'État ?
Quoi ! d'obscurs sénateurs, que l'orgueil seul inspire,
Sous le titre imposant de zèle pour l'empire,
Croiront-ils à leur gré du sein de leur repos
Permettre ou retarder la course des héros ?
Vainement on m'annonce un avenir funeste ;
Fondé sur ces appuis, je crains peu tout le reste.
Héritier de leur nom, si j'imite vos rois,
Je n'imite que ceux qui vous firent des lois ;
Ce n'est que des vainqueurs que je reçois l'exemple ;
Et, chargé d'un destin que l'univers contemple,
Je n'examine point ce que doit applaudir
Un peuple audacieux, mais fait pour obéir.
Tout changement d'ailleurs plaît au peuple volage ;
C'est sur l'événement qu'il règle son suffrage ;
A quelque extrémité qu'on se soit exposé,

Qui parvient au succès n'a jamais trop osé.
VORCESTRE.
Puissiez-vous l'ignorer! mais, j'oserai le dire,
La force assure mal le destin d'un empire.
Le peuple, aux lois d'un seul asservissant sa foi,
Crut se donner un père en se donnant un roi ;
Il n'a point prétendu par d'indignes entraves
Dégrader la nature et faire des esclaves.
On vous chérit, seigneur, c'est le sceau de vos droits :
Le bonheur des sujets est le titre des rois.
ÉDOUARD.
Eh bien! vous le pouvez, procurez à l'empire
Ce repos, ce bonheur où l'Angleterre aspire.
Non moins zélé sujet que sage citoyen,
Bannissez la discorde, il en est un moyen.
On demande la paix ; je voulais la victoire ;
Mais au bonheur public j'en immole la gloire,
Si, changé par vos soins, ce sénat aujourd'hui
Se prête à mes désirs, quand je fais tout pour lui :
Vous avez son estime, et vous serez son guide.
Du trône et de ma main que mon cœur seul décide :
D'un douteux avenir c'est trop s'inquiéter,
L'Écosse dans les fers n'est plus à redouter.
Vous donc qu'à mon bonheur un vrai zèle intéresse,
Vous qui savez ma gloire, apprenez ma faiblesse :
Quand le sort le plus beau semble combler mes vœux,
Couronné, triomphant, je ne suis point heureux ;
Et cherchant les hasards dans ma tristesse extrême,
Si je fuis le repos, c'est pour me fuir moi-même.

VORCESTRE.

Quel bien manque, seigneur?...

ÉDOUARD.

                    Un amour généreux
Ne craint point les regards d'un mortel vertueux.
Je vous estime assez pour vous ouvrir mon ame;
Recevez le premier le secret de ma flamme :
Les graces, les vertus sont au-dessus du sang,
Et marquent la beauté que j'élève à mon rang.
Pourras-tu sur mon choix me condamner encore
Quand tu sauras le nom de celle que j'adore?
O père trop heureux!... Mais quoi! vous frémissez!
De quel soudain effroi vos sens sont-ils glacés?

VORCESTRE.

L'orgueil n'aveugle point ceux que l'honneur éclaire,
Et je suis citoyen avant que d'être père.
Mon sang serait en vain par le sceptre illustré,
Si moi-même à mes yeux j'étais déshonoré;
Ces titres de l'orgueil, les rangs, les diadêmes,
Idoles des humains, ne sont rien par eux-mêmes :
Ce n'est point dans des noms que réside l'honneur,
Et nos devoirs remplis font seuls notre grandeur.
Mais de vos sentiments je connais la noblesse;
Maître de vous, seigneur, vainqueur d'une faiblesse,
Vous n'immolerez point vos premières vertus,
Et la paix, et la gloire, et peut-être encor plus.
Oui, je crains tout pour vous; vieilli sur ces rivages,
J'en connais les écueils, j'en ai vu les naufrages.
La plus faible étincelle embrase ce climat,
Et rien dans ces moments n'est sacré que l'État.

Qui vous en dirait moins dans ce péril extrême
Trahirait la patrie, et l'honneur, et vous-même.
ÉDOUARD.
Votre zèle m'est cher; mais un injuste effroi
Vous fait porter trop loin vos alarmes pour moi.
Élevé dans la paix, nourri dans des maximes
Dont le préjugé seul fait des droits légitimes,
Vous pensez qu'y souscrire et régner faiblement
Est l'unique chemin pour régner sûrement;
Mais des maîtres du monde et des ames guerrières
Le ciel étend plus loin l'espoir et les lumières;
Et, couronnant nos faits, il apprend aux États
Qu'un vainqueur fait des lois, et qu'il n'en reçoit pas.
Par quel ordre en effet faut-il que je me lie
Aux exemples des temps qui précèdent ma vie;
Qu'esclave du passé, souverain sans pouvoir,
Dans les erreurs des morts je lise mon devoir,
Et que d'un pas tremblant je choisisse mes guides
Dans ce peuple oublié de monarques timides,
Qu'on a vus, l'un de l'autre imitateurs bornés,
Obéir sur le trône, esclaves couronnés?
Vous savez mes desseins, c'est à vous d'y répondre.
On m'apprend qu'Eugénie est prête à quitter Londre :
Qu'elle reste en ces lieux. Vous-même en cet instant
Allez lui déclarer que le trône l'attend :
Fiez-vous à mon sort, à quelque renommée,
Ou, s'il le faut enfin, au pouvoir d'une armée,
De la force des lois que ma voix prescrira,
Et du soin d'y ranger qui les méconnaîtra.

VORCESTRE.

Vous voulez accabler un peuple magnanime;
Vous voyez devant vous la première victime :
Oui, de mes vrais devoirs instruit et convaincu,
S'il faut les violer, prononcez, j'ai vécu.
Je connais Eugénie, et j'ose attendre d'elle
Qu'à tous mes sentiments elle sera fidèle :
Elle n'a pour aïeux que de vrais citoyens,
Des droits de la patrie inflexibles soutiens;
Et le sceptre à ses yeux sera d'un moindre lustre
Qu'un refus honorable, ou qu'un trépas illustre :
Mais si, trompant mes soins, ma fille obéissait,
Si, changé jusque-là, son cœur se trahissait...
Un exil éternel...

ÉDOUARD.

Arrêtez, téméraire;
Exécutez mon ordre, ou craignez ma colère.
Quant aux soins de l'État, je saurai commander;
Et je n'ai plus ici d'avis à demander.

SCÈNE VII.

VORCESTRE.

Quel sinistre pouvoir, malheureuse Angleterre,
Éternise en ton sein la révolte et la guerre!
Incertain, alarmé dans cet état cruel,
Que n'ai-je tes conseil, ô mon cher Arondel!
Quel désert te renferme, ô sage incorruptible?
Faut-il que la vertu, la sagesse inflexible,

Qui t'éloigne des soins, des chaînes de la cour,
Me laissent si long-temps ignorer ton séjour !
Ciel ! je me reste seul : mais ton secours propice
Vient toujours seconder qui défend la justice.
Allons sur un héros faire un dernier effort :
S'il n'est plus qu'un tyran, allons chercher la mort.

FIN DU PREMIER ACTE.

ACTE SECOND.

SCENE I.

EUGÉNIE ISMÈNE.

ISMÈNE.

Que craignez-vous? pourquoi regrettez-vous, madame,
De m'avoir dévoilé le secret de votre ame?
Ce penchant vertueux, ce sentiment vainqueur
Pour le plus grand des rois honore votre cœur :
La vertu n'exclut point une ardeur légitime ;
Quel cœur est innocent, si l'amour est un crime?

EUGÉNIE.

Cruelle? par quel art viens-tu de m'arracher
Un secret qu'à jamais je prétendais cacher?
D'un cœur désespéré respectant la faiblesse,
Ah! tu devais l'aider à taire sa tendresse.
Mais, à ce nom trop cher que tu m'as rappelé,
Puisqu'enfin malgré moi mes larmes ont parlé,
Remplis du moins l'espoir, l'espoir seul qui me reste,
Jamais ne m'entretiens de ce secret funeste;
Que moi-même à tes yeux je doute désormais
Si tu le sais encor, si tu le sus jamais.

ISMÈNE.

On soulage son cœur en confiant sa peine;
Pourquoi m'avoir caché...?

EUGÉNIE.
                        Moi-même, chère Ismène,
Victime du devoir, de l'amour, du malheur,
Osais-je me connaître et lire dans mon cœur?
De lui-même jamais ce cœur fut-il le maître?
Jointe à Salisbury sans presque le connaître,
L'amour n'éclaira point un hymen malheureux,
Dont le sort sans mon choix avait formé les nœuds.
J'estimai d'un époux la tendre complaisance;
Mais il n'obtint de moi que la reconnaissance;
Et, malgré mes efforts, mon cœur indépendant
Réservait pour un autre un plus doux sentiment.
De la cour à jamais que ne fus-je exilée!
Par mon nouveau destin en ces lieux appelée,
Je vis... Fière vertu, pardonne ce soupir;
J'en adore à la fois et crains le souvenir.
Dans ce jeune héros je sentis plus qu'un maître :
Mon ame à son aspect reçut un nouvel être;
Je crus que jusqu'alors ne l'ayant point connu,
Ne l'ayant point aimé, je n'avais point vécu.
Que te dirai-je enfin? heureuse et désolée,
Maîtresse à peine encor de mon ame accablée,
Trouvant le désespoir dans mes plus doux transports,
Au sein de la vertu j'éprouvais des remords.
C'en est fait; libre enfin je dois fuir et me craindre.
J'ai su cacher ma honte et j'ai pu me contraindre
Tandis que le devoir défendait ma vertu;
Mais aujourd'hui mon cœur est trop mal défendu.
Te dirai-je encor plus? on croit tout quand on aime
Oui, depuis le moment que je suis à moi-même,

Cet amour malheureux, et nourri de mes pleurs,
Ose écouter l'espoir et chérir ses erreurs ;
Quand je vois ce héros, interdite, éperdue,
Je crois voir ses regards s'attendrir à ma vue ;
Je crois... Mais où m'emporte un aveugle transport ?
Le ciel n'a fait pour moi qu'un désert et la mort.
Ne puis-je cependant entretenir mon père ?
Pourquoi m'arrête-t-il où tout me désespère ?

ISMÈNE.

Vous l'allez voir ici. Mais pourquoi fuir la cour,
Et rejeter l'espoir qui s'offre à votre amour ?
Le trône à vos attraits...

EUGÉNIE.

Que dis-tu ; malheureuse !
Quel fantôme brillant, quelle image flatteuse
A mes sens égarés as-tu fait entrevoir ?
Garde-toi de nourrir un dangereux espoir :
Tu me rendrais heureuse en flattant ma tendresse ;
Mais je crains un bonheur qui coûte une faiblesse.
Allons ; c'est trop tarder, abandonnons des lieux
Où j'ose à peine encor lever mes tristes yeux.
Je ne veux point aimer ; je fuis ce que j'adore.
J'implore le trépas, et je soupire encore !
La mort seule éteindra mon déplorable amour :
Mais du moins, en fuyant ce dangereux séjour,
Cruelle à mes désirs, à mes devoirs fidèle,
J'aurai fait ce que peut une faible mortelle :
Si le reste est un crime, il est celui des cieux,
Et j'aurai la douceur d'être juste à mes yeux.
Tu n'auras pas long-temps à souffrir de ma peine ;

La mort est dans mon cœur : suis-moi, ma chère Ismène,
Ton zèle en a voulu partager le fardeau,
Ne m'abandonne pas sur le bord du tombeau.
Fuyons. Là, pour briser le trait qui m'a blessée,
Pour bannir ce héros de ma triste pensée,
Souvent tu me diras qu'il n'est pas fait pour moi.
Cache un mortel charmant, ne me montre qu'un roi.
Dis-moi que les attraits de quelque amante heureuse
Ont sans doute enchaîné cette ame généreuse;
Dis-moi que, nés tous deux sous des astres divers,
Il ignore et ma peine et mes vœux les plus chers,
Et qu'il n'existe plus que pour celle qu'il aime.
Je t'aide, tu le vois, à me tromper moi-même :
Peut-être à tes discours oubliant mes regrets...
Je m'abuse... Ah ! plutôt ne le nomme jamais.
Pour quels crimes, ô ciel ! par quel affreux caprice
Le charme de ma vie en est-il le supplice ?
Par la gloire inspiré, par l'honneur combattu,
Mon amour était fait pour être une vertu.
On vient ; éloigne-toi.

SCÈNE II.

VORCESTRE, EUGÉNIE.

EUGÉNIE.

Je vous cherchais, mon père.
Mon départ était prêt, quel ordre le diffère ?
Jusqu'ici toujours tendre et sensible à ma voix,
Me refuseriez-vous pour la première fois ?
Vous ne répondez rien ! une sombre tristesse...

ACTE II, SCÈNE II.

VORCESTRE.

Laissez aux faibles cœurs une molle tendresse :
Les destins sont changés, ma fille, et d'autres temps
Veulent d'autres discours et d'autres sentiments.
Connaissez-vous le sang dont vous êtes sortie,
Et le nom des héros que lui doit la patrie ?

EUGÉNIE.

Je sais qu'il n'a produit que de vrais citoyens ;
Et, pour leurs sentiments, je les sais par les miens.

VORCESTRE.

L'univers sait nos faits, le ciel seul sait nos vues :
S'il faut que dans ce jour les vôtres soient connues,
Soutiendrez-vous l'honneur de ces noms éclatants ?

EUGÉNIE.

L'ordre de la nature ou l'usage des temps,
A mon sexe laissant la faiblesse en partage,
Sembla de nos vertus exclure le courage :
De défendre l'État le droit vous fut donné ;
A l'orner par nos mœurs notre sort fut borné :
Mais, soit l'instinct du sang, soit l'exemple d'un père,
Je ne partage point la faiblesse vulgaire ;
Que la patrie ordonne, et mon cœur aujourd'hui
En sera, s'il le faut, la victime ou l'appui.
Le ciel qui voit mon âme au devoir asservie
Sait combien faiblement elle tient à la vie ;
Et je l'atteste ici que mon sang répandu...

VORCESTRE.

Laissez de vains serments, j'en crois votre vertu ;
J'en crois mon sang : montrez cette âme magnanime ;
Vous pouvez par l'effort d'une vertu sublime

Dans nos fastes brillants précéder les héros :
Quelque degré d'honneur qu'atteignent leurs travaux,
Au-delà de leur sort la gloire vous appelle ;
Le ciel a fait pour vous une vertu nouvelle :
Même au-dessus du trône il est encore un rang ;
Et ce rang est à vous, si vous êtes mon sang.

EUGÉNIE.

De mon cœur, de mes jours, que mon père dispose ;
Pour en être estimée il n'est rien que je n'ose.

VORCESTRE.

Un mot va nous juger : si, détruisant nos droits,
Et la foi des traités, et le respect des lois,
Le sort à votre père offrait un diadême,
Et qu'entre la patrie et le pouvoir suprême
Il parût balancer à choisir son destin,
Que conseilleriez-vous à son cœur incertain ?

EUGÉNIE.

Le refus de ce trône, un trépas honorable.
Un juste citoyen est plus qu'un roi coupable.

VORCESTRE.

La vertu même ici par ta bouche a parlé ;
C'est ton propre destin que ce choix a réglé ;
C'est le sort de l'État. Généreuse Eugénie,
Il faut, du peuple anglais tutélaire génie,
Faire plus qu'affermir, plus qu'immortaliser,
Plus qu'obtenir le trône ; il faut le refuser.
Oui, c'est toi qu'au mépris d'une loi souveraine,
Au mépris de l'État, Édouard nomme reine ;
Et pour un rang de plus si tu démens les mœurs,
Tu l'épouses demain, tu règnes, et je meurs.

ACTE II, SCÈNE II.

Tu frémis!... Je t'entends : tu prévois les disgraces
Que ce fatal amour entraîne sur ses traces ;
Je reconnais ma fille à ce noble refus,
Et mon cœur paternel renaît dans tes vertus.
Qu'espérait Édouard? comment a-t-il pu croire
Qu'instruit par des aïeux d'immortelle mémoire,
Blanchi dans la droiture et la fidélité,
Dans le zèle des lois et de la liberté,
J'irais, d'un lâche orgueil méprisable victime,
Avilir ma vieillesse et finir par un crime?
Non, j'ai su respecter la terre où je suis né ;
Je t'en devais l'exemple, et je te l'ai donné :
Bien loin qu'à ton départ je sois contraire encore,
Je vais fuir sur tes pas un palais que j'abhorre ;
A moi-même rendu, je retourne au repos.
Je ne demande point le prix de mes travaux ;
Quel prix plus doux pourrait flatter mon espérance?
Le ciel dans tes vertus a mis ma récompense ;
Je vais tout disposer. Édouard amoureux
Doit lui-même bientôt t'instruire de ses vœux :
Je m'en remets à toi du soin de les confondre,
Et je veux te laisser la gloire de répondre.

SCÈNE III.

EUGÉNIE.

Ainsi tous mes malheurs ne m'étaient pas connus !
Il m'aimait, et je pars !... Je ne le verrai plus !...
Toi qui fais à la fois mon bonheur et ma peine,
Le sort avait donc fait mon ame pour la tienne !

Mais de ce même sort quel caprice cruel
Élève entre nous deux un rempart éternel!
Cher prince, il faudra donc que cette bouche même,
Qui devait mille fois te jurer que je t'aime,
Trahisse en te parlant le parti de mon cœur!...
Fuyons... Mais le roi vient. Toi qui vois ma douleur,
Ciel, cache-lui du moins...

SCENE IV.

ÉDOUARD, EUGÉNIE.

ÉDOUARD.

     Quelle crainte imprévue
Vous éloigne, madame, et vous glace à ma vue?

EUGÉNIE.

Les cieux me sont témoins que l'aspect de mon roi
N'a jamais eu, seigneur, rien de triste pour moi.

ÉDOUARD.

Votre roi! sort cruel! ne puis-je donc paraître
Sous des titres plus doux que le titre de maître?
Malheureux sur le trône, et toujours redouté,
N'ai-je d'autre destin que d'être respecté?
Souveraine des rois, la beauté n'est point née
Pour une dépendance au peuple destinée;
L'empire est son partage, et c'est elle en ce jour,
C'est elle qu'avec moi va couronner l'amour,
Si, moins contraire enfin au bonheur où j'aspire,
Le sort veut terminer les maux dont je soupire.

EUGÉNIE.

Laissez aux malheureux la plainte et les douleurs;

Le ciel pour Édouard a-t-il fait des malheurs?
S'il se mêle à vos jours quelque peine légère,
La gloire vous appelle et s'offre à vous distraire;
L'univers vous attend, et vos premiers travaux
De ce siècle déjà vous ont fait le héros.
Soumettez les deux mers aux lois de l'Angleterre,
Allez, soyez l'arbitre et l'amour de la terre;
Je rendrai grace au ciel quand le bruit de vos faits
Viendra dans la retraite où je fuis pour jamais.

ÉDOUARD.

Ah! cruelle, arrêtez : vous avez dû m'entendre;
Tout vous a dit l'ardeur de l'amant le plus tendre;
Et pour prix de mes feux vous fuiriez des climats
Que je veux avec moi soumettre à vos appas!
Ne me dérobez point le seul bien où j'aspire;
Je ne commencerai de compter mon empire,
D'être, d'aimer mon sort, que du moment heureux
Où vous partagerez ma couronne et mes feux...
Mais non... ce sombre accueil m'apprend que je m'abuse;
Et ce n'est point vous seule ici que j'en accuse.

EUGÉNIE.

Ne soupçonnez que moi; sur mon devoir, seigneur,
Je ne connus jamais de maître que mon cœur.

SCÈNE V.

ÉDOUARD.

Elle fuit! quelle haine! et quel sensible outrage!
Superbe citoyen, voilà donc ton ouvrage!

On t'accusait ; mon cœur n'osait te soupçonner :
Ne m'offres-tu donc plus qu'un traître à condamner?
Où me réduit l'ingrat! Que sert ce diadême
Si je ne puis enfin couronner ce que j'aime?
Mais quel est cet hymen dont on défend les droits?
Quels sujets orgueilleux! est-ce un peuple de rois?
Quelles sont ces vertus farouches et bizarres?
Le devoir en ces lieux fait-il donc des barbares?
Par un terrible exemple il faut leur enseigner
Qu'il n'est ici qu'un maître, et que je sais régner.
Holà, gardes!

SCENE VI.

ÉDOUARD, VOLFAX.

ÉDOUARD.

Volfax, venge-moi d'un rebelle.

VOLFAX.

Seigneur, nommez le traître, et cette main fidèle...

ÉDOUARD.

Au nom du criminel tu frémiras d'effroi.
Ce sage révéré, cet ami de son roi,
Comblé de mes bienfaits, chargé de ma puissance,
Le croiras-tu ? Vorcestre, oui, Vorcestre m'offense;
Il ose me trahir.

VOLFAX.

Vorcestre! lui, seigneur!
Lui qui parut toujours l'oracle de l'honneur!
Peut-être en croyez-vous un douteux témoignage?

ACTE II, SCÈNE VI.

ÉDOUARD.

Je n'en crois que moi-même, et j'ai reçu l'outrage;
Cet esprit de révolte éclaire enfin mes yeux,
Et me confirme trop des soupçons odieux.

VOLFAX.

On vient de m'annoncer la trame la plus noire...
Je le justifiais... O ciel! qu'on doit peu croire
Aux dehors imposants des humaines vertus!

ÉDOUARD.

Parle; que t'a-t-on dit? rien ne m'étonne plus.

VOLFAX.

Dispensez-moi, seigneur, d'en dire davantage;
Il est d'autres témoins des maux que j'envisage,
Et je crois avec peine un si noir attentat.

ÉDOUARD.

Achève, je le veux; je crois tout d'un ingrat.

VOLFAX.

J'obéis, puisque enfin ce n'est plus qu'un coupable :
Je vois que son forfait n'est que trop véritable;
Je rapproche les temps, ses projets, ses discours.
Dans le conseil, seigneur, vous l'avez vu toujours
Contraire à vos desseins, contraire à votre gloire;
Il tâchait d'étouffer l'amour de la victoire :
Je vois trop maintenant par quels motifs secrets
Ses dangereux conseils ne tendent qu'à la paix.

ÉDOUARD.

Oui, tu m'ouvres les yeux; aujourd'hui même encore,
Trahissant le renom dont l'univers m'honore,
Il m'osait conseiller un indigne repos.

VOLFAX.

Pour en savoir la cause apprenez ses complots;
Dans la sécurité d'une paix infidèle
On vous laisse ignorer que l'Écosse rebelle...

ÉDOUARD.

Je ne le sais que trop; de fidèles sujets
M'ont découvert sans lui ces mouvements secrets.

VOLFAX.

De ces déguisements l'honneur est-il capable?
Qui peut taire un complot lui-même en est coupable.
Peut-être jusqu'au trône osant porter ses vœux,
Appui des Écossais, il veut régner sur eux ;
C'est pour favoriser ces ligues ennemies
Qu'il prétend séparer vos forces réunies,
En des ports différents disperser vos vaisseaux,
Et borner à régner le destin d'un héros.
Il avait des vertus, il avait votre estime,
Seigneur; mais pour régner quand il ne faut qu'un crime,
L'honneur est-il un frein à l'orgueil des mortels?
L'espoir du trône a fait les fameux criminels,
Et, fausse trop souvent, cette altière sagesse
N'attend qu'un crime heureux pour montrer sa bassesse.

ÉDOUARD.

Le perfide!

VOLFAX.

Je crains autant que sa fureur
Ce renom de vertu que lui donne l'erreur;
Par ces vains préjugés, entraînés dans ses brigues,
Tous croiront vous servir en servant ses intrigues ;
De la rébellion l'étendard abhorré

Deviendrait dans ses mains un étendard sacré...
ÉDOUARD.
Va; qu'on l'amène ici... Mais que vois-je? il s'avance.

SCÈNE VII.

ÉDOUARD, VORCESTRE, VOLFAX.

VORCESTRE.
Daignez remplir, seigneur, ma dernière espérance.
Si le ciel m'eût permis de consacrer toujours
Au bien de cet État mes travaux et mes jours,
J'eusse été trop heureux : par un destin contraire,
Forcé, vous le savez, au malheur de déplaire,
Trop vrai pour me trahir, je dois, fuyant ces lieux,
Soustraire à vos regards un objet odieux.
Souffrez donc qu'aujourd'hui dans un obscur asile,
Inutile à l'État, moi-même je m'exile.
Ne tenant plus à rien que par de tendres vœux
Pour la félicité d'un peuple généreux,
J'attendrai sans regret la fin de ma carrière,
Si, d'un dernier regard honorant ma prière,
Vous conservez, seigneur, par de justes projets,
Le premier bien d'un roi, l'amour de vos sujets.

ÉDOUARD.
Vous apprendrez dans peu ma volonté suprême;
Sortez.

SCENE VIII.

ÉDOUARD, VOLFAX.

ÉDOUARD.

Qu'ai-je entendu? qu'en croiras-tu toi-même?
Peut-on le soupçonner de tramer un forfait
Quand il fuit et ne veut qu'un exil pour bienfait?

VOLFAX.

Seigneur, ainsi que vous, sa démarche m'étonne.
Que ne puis-je penser qu'à tort on le soupçonne!
Mais deux garants trop sûrs de cette trahison
Malgré moi m'ont conduit au-delà du soupçon.
Je dirai plus, seigneur; le zèle, qui m'éclaire,
Me fait jour à travers ce ténébreux mystère;
Par le pas qu'il a fait je le crois convaincu :
Le crime prend souvent la voix de la vertu.
Oui, ce même départ qu'apprête l'infidèle
Est de sa trahison une preuve nouvelle.
S'il vous fait consentir à son éloignement,
C'est pour tromper vos yeux, et fuir plus sûrement.
Cet exil prétendu que ses vœux vous demandent
Joindra peut-être un chef aux traîtres qui l'attendent;
Dans ces climats conquis, placés tous par son choix,
Ceux qui règnent pour vous marcheront à sa voix;
Tout le seconde enfin, et tout veut qu'on le craigne :
S'il demeure, il conspire; et s'il échappe, il règne.
Tout dépend d'un instant; il peut vous prévenir.
Sous des prétextes vains sa fille, prête à fuir,

ACTE II, SCÈNE VIII.

Va sans doute habiter une terre ennemie;
Et dans ce même instant peut-être qu'Eugénie...

ÉDOUARD.

Elle fuit!... C'en est trop; prévenons des ingrats :
Je m'en fie à ton zèle, observe tous leurs pas :
Je veux dès ce moment m'éclaircir sur son crime;
Et s'il n'est que trop vrai que, trompant mon estime,
Il s'armait contre moi de mes propres bienfaits,
Je n'aurai pas long-temps à craindre des forfaits.

FIN DU SECOND ACTE.

ACTE TROISIÈME.

SCÈNE I.

ALZONDE, VOLFAX.

VOLFAX.

Non, madame, à vos vœux rien ici ne s'oppose.
Le roi veut vous parler: j'en ignore la cause;
Mais ne redoutez rien. Vorcestre dans les fers
Met enfin votre espoir à l'abri des revers.
Sur la foi des témoins que j'ai su lui produire,
Édouard convaincu me laisse tout conduire.
Dans son courroux pourtant inquiet, consterné,
Il paraît regretter l'ordre qu'il a donné.
Mais il vient.

SCÈNE II.

ÉDOUARD; ALZONDE, sous le nom d'Aglaé.

ALZONDE.

Par votre ordre en ces lieux appelée,
Quel soin vous intéresse au sort d'une exilée?
Puis-je espérer, seigneur, qu'un secours généreux
Va mettre fin aux maux d'un destin rigoureux?

ÉDOUARD.

Oui, fidèle Aglaé, pour terminer vos peines
Attendez tout de moi, si vous calmez les miennes.
De ce funeste jour vous savez les malheurs;
Vous pouvez prévenir de plus grandes douleurs.
Accablé de remords, de tristesse et de crainte,
Mais comptant sur vos soins, je parle sans contrainte.
Vous me voyez rempli du désespoir amer
D'affliger, d'alarmer ce que j'ai de plus cher :
L'amitié, je le sais, avec elle vous lie;
C'est vous intéresser que nommer Eugénie.
Si vous chérissez donc sa gloire et son bonheur,
Et si jamais l'amour a touché votre cœur,
Sauvez-la, sauvez-moi. Par un récit fidèle
Allez la rassurer dans sa frayeur mortelle :
On accuse son père, il n'est point condamné;
A la rigueur des lois s'il semble abandonné,
Des fureurs d'un amant qu'elle excuse le crime.
J'ai moins prétendu perdre un sujet que j'estime,
Qu'arrêter Eugénie au point de fuir ma cour :
L'amour va réparer le crime de l'amour.
Oui, fût-il condamné, le sang de ce que j'aime
Est sacré dans ces lieux ainsi que le mien même;
Sans le sceau de ma main les lois ne peuvent rien :
Le coupable est son père, et son père est le mien.
Qu'elle vienne : elle sait mon trouble et sa puissance,
Qu'un seul de ses regards enchaîne ma vengeance.
J'espère tout du sort, puisqu'il a confié
La cause de l'amour aux soins de l'amitié.
Je ne veux qu'une grace ; à mes feux moins contraire,

Qu'elle n'écoute plus un préjugé sévère ;
Que par un tendre amant son front soit couronné ;
Qu'elle accepte mon cœur ; et tout est pardonné.

ALZONDE.

Seigneur, si vous voulez le bonheur de sa vie,
Si vous daignez m'en croire, oubliez Eugénie.
On n'attend point l'amour d'un cœur infortuné
Par lui-même à l'exil, aux larmes, condamné.
Sans lui faire acheter la grace qu'elle espère,
Sans troubler son repos, terminez sa misère.
N'attendez pas qu'ici pleurante à vos genoux,
Elle vienne arrêter un funeste courroux.
Sûre que l'équité va lui rendre son père,
Sa vertu ne sait point descendre à la prière.
Mettez fin à ses maux, si vous y prenez part,
Et faites son bonheur en souffrant son départ.

ÉDOUARD.

Moi que pour son bonheur je m'intéresse encore,
Tandis que sur la foi des feux que je déplore
La cruelle se plaît à faire mon malheur,
Me brave avec orgueil, me fuit avec horreur !
Il en faut à ma gloire épargner la faiblesse.
Vengeons d'un même coup mon trône et ma tendresse.
Pour sauver un proscrit que peut-elle aujourd'hui
Quand elle est à mes yeux plus coupable que lui ?...
Que dis-je ? quand je puis terminer tes alarmes,
Quand la main d'un amant doit essuyer tes larmes,
Je livrerais ton père au glaive d'un bourreau !
J'attacherais tes yeux sur un affreux tombeau !
O ma chère Eugénie ! ah ! punir ce qu'on aime,

Frapper un cœur chéri, c'est se frapper soi-même.
Non, son seul souvenir désarme mon transport.
Il faut, chère Aglaé, faire un dernier effort.
S'il reste quelque espoir à mon ame enflammée,
Rassurez, ramenez Eugénie alarmée :
Qu'abrégeant à la fois sa peine et mon tourment,
Au tribunal d'un juge elle trouve un amant.
Dites-lui mon amour, mes pleurs, ma fureur même;
Tout est justifié par un amour extrême :
Mais si, fidèle encore à de fausses vertus,
Si pour le vain honneur d'un superbe refus,
Trop sûre qu'arrêtant un jugement sévère
Mon cœur va prononcer la grace de son père,
Évitant ma présence, et fuyant ce palais,
Elle bravait mes feux, mon courroux, mes bienfaits;
Il m'en coûtera cher, mais j'atteste la gloire
Que de ses vains attraits j'efface la mémoire;
Et son père, à l'instant déchu de tous ses droits,
N'est plus qu'un criminel que j'abandonne aux lois.
Ne perdez point de temps; allez : je vous confie
Mes desseins, mon espoir, le secret de ma vie.
Priez, promettez tout; effrayez, s'il le faut.
Un mot va décider; le trône ou l'échafaud :
Son sort est dans ses mains : allez, qu'elle prononce;
Le destin de mes jours dépend de sa réponse.

SCENE III.

ALZONDE.

Je ne formais donc pas un frivole soupçon !
Trop heureuse rivale!... Ah! que dis-je? et quel nom!
N'ai-je point immolé mon amour à ma gloire,
Et rendu tout mon cœur au soin de la victoire?...
Quoi! des soupirs encor reviennent me trahir!
Fallait-il le revoir, s'il fallait le haïr ?
Ton supplice est entier, amante infortunée!
Il ne manquait aux maux qui font ta destinée
Que d'entendre d'un cœur dont tu subis la loi
Des soupirs échappés pour une autre que toi.
Je n'en puis plus douter; et, pour comble d'outrage,
On veut que leur bonheur soit encor mon ouvrage!
J'en rends grace au destin : ce soin qui m'est commis
M'aide à désespérer mes cruels ennemis ;
Dans le sang le plus cher, répandu par ma haine,
Que tout ici gémisse et souffre de ma peine :
On retranche à l'horreur de ses maux rigoureux
Ce qu'on en peut verser sur d'autres malheureux.
Tremble, crédule amant; en frappant ce qu'il aime,
L'amour est plus cruel que la haine elle-même.
Mais ma rivale vient ; cachons-lui son bonheur;
Dissimulons ma rage, et trompons sa douleur.

SCENE IV.

ALZONDE, sous le nom d'Aglaé; EUGÉNIE.

EUGÉNIE.

Ah! ma chère Aglaé, dans quel temps déplorable
Me laissez-vous livrée à l'effroi qui m'accable!
Ismène ne vient point en dissiper l'horreur :
Tout me fuit, tout me laisse en proie à ma douleur.

ALZONDE.

Si vous en voulez croire et ma crainte et mon zèle,
Fuyez, chère Eugénie, une terre cruelle :
Des mêmes délateurs je redoute les coups;
Peut-être leur fureur s'étendrait jusqu'à vous.
Il en est temps encor, fuyez.

EUGÉNIE.

Moi, que je fuie !
Je crains, mais pour mon père, et non pas pour ma vie.

SCENE V.

ALZONDE, sous le nom d'Aglaé; EUGÉNIE, ISMÈNE.

EUGÉNIE.

Eh bien ! que m'apprends-tu?

ISMÈNE.

Le silence et l'effroi
Environnent les lieux qui nous cachent le roi.
Je n'ai vu que Volfax; il me suit, et peut-être
Mieux instruit des revers que ce jour a vus naître,
Madame, vous pourrez les apprendre de lui.

EUGÉNIE.

Vous, ma chère Aglaé, vous, mon unique appui,
Pénétrez jusqu'au prince, allez, tâchez d'apprendre
Si suspendant ses coups, il daigne encor m'entendre :
De la vertu trahie exposez le malheur;
Et s'il parle de moi... dites-lui ma douleur;
Dites-lui que j'expire en proie à tant d'alarmes;
Que je n'aurais pas cru qu'il fît couler mes larmes,
Qu'il voulût mon trépas, et qu'aujourd'hui sa main
Dût conduire le fer qui va percer mon sein.

SCENE VI.

EUGÉNIE, VOLFAX, ISMÈNE.

EUGÉNIE.

Rassurez-moi, milord; quel forfait se prépare?
De l'auteur de mes jours quel malheur me sépare?

VOLFAX.

Un ordre souverain l'a commis à mes soins;
C'est tout ce que je sais.

EUGÉNIE.

Puis-je le voir, du moins?
Vous le plaindrez sans doute; une ame généreuse
Ne voit point sans pitié la vertu malheureuse.
Venez, guidez mes pas; il n'est point de danger,
Point de mort qu'avec lui je n'ose partager.

VOLFAX.

Vous ne pouvez le voir; et ses juges peut-être
Devant eux à l'instant vont le faire paraître.

EUGÉNIE.
Des juges! de quel crime a-t-on pu le charger?...
Quel citoyen plus juste ose l'interroger?...
VOLFAX.
Quand du pouvoir des rois la fortune l'approche,
Un sujet rarement est exempt de reproche.
EUGÉNIE.
Arrêtez; à ses mœurs votre respect est dû:
La vertu dans les fers est toujours la vertu.
Sa probité toujours éclaira sa puissance.
Que pour des cœurs voués au crime, à la vengeance,
Le premier rang ne soit que le droit détesté
D'être injuste et cruel avec impunité;
Pour les cœurs généreux que l'honneur seul inspire,
Ce rang n'est que le droit d'illustrer un empire,
De donner à son roi des conseils vertueux,
Et le suprême bien de faire des heureux.
Toi qui, peu fait sans doute à ces nobles maximes,
Oses ternir l'honneur par le soupçon des crimes,
Tu prends pour en juger des modèles trop bas:
Respecte le malheur, si tu ne le plains pas;
Apprends que dans les fers la probité suprême
Commande à ses tyrans, et les juge elle-même.
Mais c'est trop m'arrêter, et tu pourrais penser
Qu'à briguer ton appui je daigne m'abaisser;
Le trône seul a droit de me voir suppliante.
Je vais...
VOLFAX.
Un ordre exprès s'oppose à votre attente:

Du trône dans ce jour tout doit être écarté,
Madame; et votre nom n'en est pas excepté.

SCENE VII.

EUGÉNIE, ISMÈNE.

EUGÉNIE.

D'un tribunal cruel on m'interdit l'entrée!
O mon père! ô forfait! sa perte est assurée;
Du parricide affreux qu'apprête leur fureur
Mon sang glacé d'effroi me présage l'horreur.

ISMÈNE.

Ses amis, sa vertu, la voix de la justice...

EUGÉNIE.

Est-il des droits sacrés, si l'on veut qu'il périsse?
Et des amis, dis-tu? Quel nom dans ce séjour!
La sincère amitié n'habite point la cour;
Son fantôme hypocrite y rampe aux pieds d'un maître;
Tout y devient flatteur; tout flatteur cache un traître.
Eût-il gagné les cœurs par ses bienfaits nombreux,
Ose-t-on être encor l'ami d'un malheureux?
De la cour un instant change toute la face;
Tout vole à la faveur, tout quitte la disgrace :
Ceux même qu'il servit ne le défendront pas;
Le jour d'un nouveau règne est le jour des ingrats.
Mais quel affreux silence! et quelle solitude!
Chaque moment ajoute à mon inquiétude.
Instruite de ma crainte, Aglaé ne vient pas;
Allons la retrouver : elle me fuit; hélas!

ACTE III, SCÈNE VII.

Je ne le vois que trop, sa tendresse sans doute
Craint de me confirmer le coup que je redoute.

SCENE VIII.

ARONDEL, EUGÉNIE, ISMÈNE.

ARONDEL.

Dans ce séjour coupable où tout change aujourd'hui,
Où les cœurs vertueux ont perdu leur appui,
Si par des sentiments au-dessus du vulgaire
Jusque dans ses malheurs la vertu vous est chère,
Qu'en ces funestes lieux par vous je sois guidé;
Parlez; daignez m'apprendre où Vorcestre est gardé.

EUGÉNIE.

Généreux étranger, mortel que je révère,
Qui vous rend si sensible au malheur de mon père?

ARONDEL.

Vous sa fille? ô bonheur!...

EUGÉNIE.

Quelle tendre pitié,
Quel héroïque effort vous conduit?

ARONDEL.

L'amitié.
D'un cœur solide et vrai vantez moins la constance,
Le devoir n'a point droit à la reconnaissance;
Le trône est entouré d'un peuple adulateur,
Et l'ami d'un heureux n'est souvent qu'un flatteur.
J'étais de sa vertu l'adorateur fidèle;
Elle reste à son cœur, je lui reste avec elle.

Je serais ignoré dans ce séjour nouveau;
Car quoique cette cour ait été mon berceau,
Mes traits changés aux lieux où j'ai caché ma vie
Me rendent étranger au sein de ma patrie :
Mais puisque encor propice en ce jour de courroux
Le ciel daigne m'entendre et m'adresser à vous,
Madame, à vos regards je parais sans mystère;
Vous voyez Arondel, l'ami de votre père.
Tandis qu'on ne l'a vu que puissant et qu'heureux,
J'ai fui de la faveur le séjour fastueux,
Et je n'ai point grossi cette foule importune
Qui venait à ses pieds adorer la fortune :
Mais lorsque tout s'éloigne, et qu'il est oublié,
Je reviens, et voici le jour de l'amitié.

EUGÉNIE.

O présage imprévu d'un destin plus prospère!
Puisqu'il vous rend à nous, le ciel est pour mon père.

ARONDEL.

Quand, pour lui revenu, j'apportais des secrets
Dus aux soins d'un État heureux par ses bienfaits,
Quoi! je le vois trahi dans ces mêmes contrées
Où je comptais revoir ses vertus adorées!
Quels lâches imposteurs ont causé ses revers?
Tout abandonne-t-il Vorcestre dans les fers?
N'est-il plus à la cour une ame assez hardie
Pour oser s'élever contre la calomnie?
O toi! qui dans des temps dont je garde les mœurs
Inspirais nos aïeux, et faisais les grands cœurs,
Vérité généreuse, es-tu donc ignorée,
Et du séjour des rois à jamais retirée?

Nourri loin du mensonge et de l'esprit des cours,
J'ignore de tout art les obliques détours;
Mais, libre également d'espérance et de crainte,
J'agirai sans faiblesse et parlerai sans feinte :
On expose toujours avec autorité
La cause de l'honneur et de la vérité.
Commandez, j'obéis; nul péril ne m'étonne :
Qui ne craint point la mort ne craint point qui la donne.

EUGÉNIE.

Que puis-je décider? vous-même guidez-moi;
Je ne sais que gémir en ces moments d'effroi.
Volfax garde mon père, il en veut à sa vie;
J'ai vu dans ses discours la bassesse et l'envie.
Ah! si dans cet instant des juges ennemis
Décidaient qu'en secret... Ah! mylord, j'en frémis.
Allons, servez de guide à mon ame égarée :
Du lieu qui le renferme environnons l'entrée;
Et si des assassins vont lui percer le flanc,
Ils n'iront jusqu'à lui que couverts de mon sang.

ARONDEL.

Non; il faut plus ici qu'une douleur stérile.
Forcez des courtisans la cohorte servile;
Confondez l'imposture, éclairez l'équité,
Et jusqu'au trône enfin portez la vérité.
Au zèle d'un ami laissez le soin du reste;
Vorcestre confondra cette ligue funeste;
Ou, si pour le sauver mes soins sont superflus,
Quand il expirera je n'existerai plus.

SCENE IX.

EUGÉNIE, ISMÈNE.

EUGÉNIE.

Allons; puisqu'il le faut, tâchons de voir encore
Celui que je devrais haïr, et que j'adore :
Il me rendra mon père; oui, son cœur n'est point fait
Pour commander le meurtre et souscrire au forfait.
Mais si pour le fléchir, pour vaincre l'imposture,
Ce n'était point assez des pleurs de la nature,
Toi, dont jamais je n'eusse imploré le secours
Si je ne l'implorais pour l'auteur de mes jours,
Amour, viens dans son cœur guider ma voix tremblante,
Et prête ta puissance aux larmes d'une amante!

FIN DU TROISIÈME ACTE.

ACTE QUATRIÈME.

SCENE I.

ALZONDE, AMÉLIE.

ALZONDE.
As-tu servi les vœux d'un cœur désespéré?
Au gré de ma fureur tout est-il préparé?

AMÉLIE.
Vos ordres sont remplis.

ALZONDE.
     Au milieu de ma haine
Mon cœur frémit du crime où la rage l'entraîne.
Mon sort me veut coupable, il faut y consentir.
Ne laissons plus au roi l'instant d'un repentir.
L'infidèle rapport que je viens de lui faire
Vainement a paru redoubler sa colère;
Incertain, furieux, attendri tour à tour,
Jusque dans sa fureur j'ai connu son amour;
Il nommait Eugénie, il partage sa peine :
S'il l'entend, il sait tout; s'il la voit, elle est reine;
La grace de Vorcestre est le prix d'un soupir :
Je connais trop l'amour, il ne sait point punir.
Quoi ! ces périls, ces pleurs, n'auraient servi qu'à rendre
Ma rivale plus chère et son amant plus tendre!

Il est temps de frapper : pour combler tes rigueurs
N'était-ce point assez d'unir tous les malheurs,
Ciel? fallait-il aussi rassembler tous les crimes,
Et devais-tu m'offrir d'innocentes victimes?
Vengeance, désespoir, vertus des malheureux,
Je n'espère donc plus que ces plaisirs affreux
Que présente à la haine, à la rage assouvie,
L'aspect d'un ennemi qu'on arrache à la vie!

SCENE II.

ALZONDE, VOLFAX, AMÉLIE.

ALZONDE.

Eh bien! qu'attendez-vous? quelle lente fureur!
Un crime sans succès perd toujours son auteur.
Songez que si le roi voit Eugénie en larmes...

VOLFAX.

Madame, épargnez-vous d'inutiles alarmes;
Aux cris dont sa douleur vient remplir ce palais
Du trône jusqu'ici j'ai su fermer l'accès.
Solitaire et plongé dans un morne silence,
Édouard laisse agir mes soins et ma vengeance,
Et l'on n'interrompra ce silence fatal
Qu'en lui portant l'arrêt qui proscrit mon rival.
Tout nous seconde enfin, sa ruine est certaine :
Jaloux de son crédit, et liés à ma haine,
Ses juges vont hâter son arrêt et sa mort;
Vos vœux seront remplis : je commande en ce port,
Madame, et dès demain, cessant d'être captive,
Pour revoir vos États vous fuirez cette rive.

ACTE IV, SCÈNE II.

ALZONDE.

Perdez votre ennemi; mon funeste courroux
Ne sera point oisif en attendant vos coups.

SCENE III.

VOLFAX.

L'abîme est sous tes pas, ambitieuse reine.
Tu crois que je te sers, je ne sers que ma haine;
Mon rival abattu, je comble tes revers;
Je me suffis ici, je te nomme et te perds.
Mon sort s'affermira par leur chute commune;
Point de lâches remords; accablons l'infortune.
Mais quel est l'étranger qui s'est offert à moi?
Il prétend voir, dit-il, ou Vorcestre ou le roi;
Peu commune à la cour, sa fermeté m'étonne;
Je n'ai pu m'éclaircir sur ce que je soupçonne :
Pour surprendre un secret qu'il craint de dévoiler
Je veux qu'à mon rival il vienne ici parler.

SCENE IV.

VOLFAX, GLASTON, GARDES.

VOLFAX.

Gardes, faites venir Vorcestre en ma présence.
Vous, fidèle Glaston, veillez dans mon absence.
Caché près de ces lieux, tandis que j'entendrai
D'un entretien suspect le secret ignoré,

Que rien ici du roi ne trouble la retraite;
C'est son ordre absolu que ma voix vous répète.

SCENE V.

VORCESTRE, VOLFAX, GARDES.

VORCESTRE.
Que dois-tu m'annoncer? ne faut-il que mourir?
VOLFAX.
Un étranger demande à vous entretenir :
Vous entendrez ici ce qu'il prétend vous dire;
Édouard le permet. Gardes, qu'on se retire.

SCENE VI.

VORCESTRE.
Eh! qui peut me chercher dans ces funestes lieux?
Est-ce un heureux secours que m'adressent les cieux?
Quel que soit l'inconnu que je vais voir paraître,
Dieu juste, fais du moins qu'il ne soit point un traître;
Que je puisse par lui détruire un attentat,
Non pour sauver mes jours, mais pour sauver l'État.
Où respire, où gémit ma fille infortunée?
Tu connais sa vertu, conduis sa destinée...
Quand j'éprouve des maux qui semblent n'être faits
Que pour être la honte et le prix des forfaits,
Je ne t'accuse point, arbitre de ma vie;
Lorsque la liberté, l'ame de la patrie,
Voit dégrader ses droits, voit tomber sa grandeur,

La mort est un bienfait, et non pas un malheur...
Ignorât-on le sort que nous devons attendre,
Et sous quels cieux nouveaux notre esprit va se rendre,
Le désir du néant convient aux scélérats :
Non, je ne puis penser que la nuit du trépas
Éteigne avec nos jours ce flambeau de notre âme
Qu'alluma l'Immortel d'une céleste flamme.
La vertu malheureuse en ces jours criminels
Annonce à ma raison les siècles éternels :
Pour la seule douleur la vertu n'est point née ;
Le ciel a fait pour elle une autre destinée.
Plein de ce juste espoir, je m'élève aujourd'hui
Vers l'Être bienfaisant qui me créa pour lui...
Mais qui s'avance ici ?

SCENE VII.

ARONDEL, VORCESTRE.

VORCESTRE.
  Quel dessein vous amène ?

ARONDEL, l'embrassant.

Cher Vorcestre !...

VORCESTRE.
  Que vois-je ? Ah ! je m'en crois à peine...
Quoi ! c'est vous, Arondel ! c'est vous que je revois,
Et que j'embrasse, hélas ! pour la dernière fois !
Dans cet instant mêlé de joie et de tristesse
De mes sens interdits soutenez la faiblesse...
Que venez-vous chercher aux portes de la mort ?
Pourquoi m'avez-vous fui dans un plus heureux sort ?

Quel désert à mes soins cachait vos destinées?
Privé de vous, hélas! j'ai perdu mes années;
Et ne vous vois-je enfin vous rendre à mes souhaits
Que pour sentir l'horreur de vous perdre à jamais?

ARONDEL.

Ne donnons point ce temps à d'inutiles plaintes;
Osez briser vos fers, et dissipez nos craintes.
Le jour déjà plus sombre aide à tromper les yeux;
Je reste ici : pour vous, abandonnez ces lieux;
Fuyez avec horreur une indigne patrie.
Déjà par mes conseils, par les soins d'Eugénie,
Une barque s'apprête; allez, passez les mers;
Vivez, si vous m'aimez. Cette garde, ces fers,
Ces murs n'alarment point une ame magnanime;
L'appareil de la mort n'étonne que le crime;
Souffrez qu'en vous sauvant l'intrépide amitié
Prenne l'emploi du ciel qui vous laisse oublié.

VORCESTRE.

J'emploierais pour la vie un lâche stratagême!
Je pourrais à la mort exposer ce que j'aime!
Je ne crains rien pour moi; pour vous seul j'ai frémi.
Fuyez, abandonnez un malheureux ami.
Je sens comme ma fin l'instant qui nous sépare;
Mais fuyez, craignez tout dans ce palais barbare :
Je mourrai doublement si vous y périssez.

ARONDEL.

J'aurais cru qu'en m'aimant vous m'estimiez assez
Pour devoir m'épargner le soupçon de la crainte,
Et me croire au-dessus du sort et de la plainte.
Vous me connaîtrez mieux. Si vous voulez périr,

Je ne vous quitte point ; ami, je sais mourir.
Convaincu comme vous du néant de la vie,
Pourrais-je regretter de me la voir ravie?
Aveugle sur son être, incertain, accablé,
Dans ce séjour mortel le sage est exilé;
Il voit avec transport la fin de la carrière
Où doit naître à ses yeux l'immortelle lumière :
Dans cette nuit d'erreurs la vie est un sommeil;
La mort conduit au jour, et j'aspire au réveil.
Mais suspendant ici cette sagesse austère,
Ne songez aujourd'hui qu'au tendre nom de père.
Si de barbares mains ne l'éloignaient de vous,
Eugénie en ce lieu serait à vos genoux :
Prête à chercher la mort, résolue à vous suivre,
Ah! si sa tendre voix vous conjurait de vivre,
Vous refuseriez-vous à sa vive douleur?
Pourriez-vous lui plonger le poignard dans le cœur?
Ignorez-vous l'opprobre où vous expose un traître?
Volfax peut tout ; bientôt un vil bourreau peut-être...
O honte! quoi! tomber sous cette indigne main!
Fuyez; je crois déjà voir le glaive assassin.

VORCESTRE.

Quelle que soit la main qui m'ôtera la vie,
Qui meurt dans sa vertu meurt sans ignominie.

ARONDEL.

La gloire, je le sais, devrait suivre une mort
L'ouvrage de la fraude et le crime du sort;
Mais à tout condamner la foule accoutumée
Sur le crime apparent flétrit la renommée.
Qui pourrait se défendre et ne le daigne pas.

Veut perdre avec le jour l'honneur de son trépas.
VORCESTRE.
La vertu ne connaît d'autre prix qu'elle-même :
Ce n'est point son renom, ce n'est qu'elle que j'aime.
Que l'univers approuve ou condamne mes fers,
Ami, vous m'estimez ; voilà tout l'univers.
A parler pour mes jours si mon cœur se refuse,
Je sais mon plus grand crime, il n'admet point d'excuse ;
Et l'innocence enfin, peu faite à supplier,
Ne descend point au soin de se justifier.
En conservant mes jours, je perdrais votre estime
Si je pouvais ramper sous la main qui m'opprime,
Si l'aspect de ma fin pouvait m'intimider.
Je sais quitter la vie, et non la demander.
Retournez vers ma fille, et cessant de m'abattre,
Ami, ne m'offrez plus ses larmes à combattre :
Les maux, les fers, la mort, je puis tout surmonter ;
Je n'ai que sa douleur et vous à redouter.
Épargnez-moi l'horreur où ce moment me livre :
Au nom de ma tendresse ordonnez-lui de vivre ;
Au nom de l'amitié, dont les augustes nœuds
Survivent au trépas dans les cœurs vertueux,
Qu'elle me trouve en vous, et qu'elle vous soit chère :
Quand je meurs, mon ami de ma fille est le père ;
Je vivrai dans vos cœurs ; que ma mort à jamais
Emporte votre estime, et non pas vos regrets.
ARONDEL.
Ainsi rien ne fléchit ce courage intrépide...
Je me livre moi-même au transport qui vous guide.
Eh bien! cruel ami, puisque immolant vos jours

Vous refusez de fuir, il faut d'autres secours ;
Je vous dois des conseils dignes d'un cœur sublime.
Le supplice a toujours l'apparence du crime ;
Sauvez de cet affront votre nom respecté,
Et marquez-le du sceau de l'immortalité.
Périr sous les regards du traître qui vous brave,
Périr dans les tourments, c'est périr en esclave :
Non, il faut mourir libre, et décider sa fin.
Un cœur indépendant doit faire son destin.
Des sens épouvantés étouffant le murmure,
Un cœur vraiment anglais s'asservit la nature ;
Il chérit moins le jour qu'il n'abhorre les fers ;
Il sait vaincre la mort, l'effroi de l'univers.
Pour vous affranchir donc au sein de l'esclavage,
Pour tromper vos tyrans, et confondre leur rage,
Je vais... glacé d'horreur et saisi de pitié,
Vous fournir un secours dont frémit l'amitié.
Je frissonne en l'offrant... Mais un devoir austère
M'impose malgré moi ce cruel ministère.
Vous êtes désarmé... ce poignard est à vous ;
Que votre sein ne soit percé que de vos coups.
Prenez ce fer, frappez ; je m'en réserve un autre ;
Trop heureux que mon ame accompagne la vôtre,
Et qu'admirant un jour ce généreux courroux
Londres nomme l'ami qui tomba près de vous !

VORCESTRE.

Quelque honneur qu'à ce sort la multitude attache,
Se donner le trépas est le destin d'un lâche ;
Savoir souffrir la vie, et voir venir la mort,
C'est le devoir du sage, et ce sera mon sort.

Le désespoir n'est point d'une ame magnanime;
Souvent il est faiblesse, et toujours il est crime :
La vie est un dépôt confié par le ciel;
Oser en disposer, c'est être criminel.
Du monde où m'a placé la sagesse immortelle
J'attends que dans son sein son ordre me rappelle.
N'outrons point les vertus par la férocité;
Restons dans la nature et dans l'humanité.
Garde ce triste don : ton ami ne demande
Qu'un service important, que l'État te commande.
Cet écrit, que Volfax adresse aux ennemis,
Par les soins d'un des miens venait d'être surpris,
Quand, l'apportant au roi, j'ai trouvé l'esclavage.
Porte-le; d'un perfide il y verra l'ouvrage...

SCENE VIII.

VOLFAX, VORCESTRE, ARONDEL, GARDES.

VOLFAX.

Holà, gardes, à moi! saisissez-les tous deux.

ARONDEL, *frappant Volfax du poignard qu'il tenait encore.*

Voilà ton dernier crime; expire, malheureux!

(Il jette le poignard.)

(Aux gardes.)

Faites votre devoir; je suis prêt à vous suivre.
Vous vivrez, cher Vorcestre, ou je cesse de vivre.

(On l'emmène.)

VORCESTRE.

Séparés si long-temps, deux vertueux amis
N'avaient-ils que les fers pour se voir réunis?

FIN DU QUATRIÈME ACTE.

ACTE CINQUIÈME.

SCENE I.

ÉDOUARD, GLASTON, GARDES.

ÉDOUARD.

Oui, je vais confirmer l'arrêt de son supplice :
Qu'avant tout cependant cet ami, ce complice,
Qui s'obstine au silence, et brave le danger,
Soit conduit devant moi : je veux l'interroger.

GLASTON.

Aux portes du palais Eugénie éplorée
Depuis long-temps, seigneur, en demande l'entrée.

ÉDOUARD.

Qu'elle paraisse ; allez.

SCENE II.

ÉDOUARD.

                Je vais la voir enfin :
Je tremble... je frémis... Quel sera mon destin ?
Qu'Eugénie à mon cœur laisse au moins l'espérance,
Et je lui rends son père... O ciel ! elle s'avance ;
Sa grace est dans ses yeux.

SCENE III.

ÉDOUARD EUGÉNIE.

EUGÉNIE.
                    Pour la dernière fois
Je puis enfin, seigneur, vous adresser ma voix.
Mon père est condamné. Souverain de sa vie,
L'abandonnerez-vous aux fureurs de l'envie?

ÉDOUARD.
Je pouvais le sauver, quoiqu'il fût convaincu :
Il va mourir, madame, et vous l'avez voulu.

EUGÉNIE.
Le plus juste des rois permettra-t-il le crime?
D'infames délateurs, qu'un vil espoir anime,
Ont osé le charger du plus faux attentat;
Des traîtres ont jugé le soutien de l'État :
Que son maître le juge; ou, s'il faut qu'il périsse,
Si détournant les yeux vous souffrez l'injustice,
S'il n'obtient plus de vous un reste d'amitié,
A ma douleur du moins accordez la pitié :
Ma vie est attachée à celle de mon père :
Ainsi donc par vos coups je perdrais la lumière!...
Mais dans vos yeux, seigneur, je lis moins de courroux :
Achevez, pardonnez; je tombe à vos genoux.

ÉDOUARD, la relevant.
En quel état vous vois-je, ô ma chère Eugénie!
Vous l'objet de mes vœux, vous l'espoir de ma vie :
Commandez en ces lieux; n'accablez plus mon cœur
Du remords d'avoir pu causer votre douleur.

Quoi! c'est vous qui priez! c'est moi qui vous afflige!
A quels affreux excès votre haine m'oblige!
Terminez d'un seul mot ma peine et votre effroi;
Régnez; au même instant donnant ici la loi,
Vous dérobez Vorcestre au coup qui le menace;
C'est moi qui dans ce jour vous demande sa grace.

EUGÉNIE.

C'en est donc fait, seigneur, on versera son sang :
Vous savez quel devoir m'éloigne de ce rang.

ÉDOUARD.

Oui, je sais mon malheur; ce jour épouvantable,
Quand j'en doutais encore, et m'éclaire et m'accable :
Cessez de m'opposer des détours superflus.
Cruelle! je vois trop d'où partent vos refus;
Vous ne pouvez m'aimer, mes vœux font votre peine;
Sous le nom du devoir vous déguisez la haine :
Vous le voulez, madame, il faut y consentir;
De mon cœur déchiré cet amour va sortir :
C'en est fait : mais songez qu'après cette victoire,
Si je puis l'obtenir, je suis tout à ma gloire;
Qu'à ma gloire rendu, n'agissant plus qu'en roi,
Un pardon dangereux ne dépend plus de moi :
La justice a parlé, je lui dois sa victime...
Vous voyez la fureur et l'amour qui m'anime :
Madame, prononcez... c'est le dernier moment;
Le maître va parler si l'on brave l'amant.

EUGÉNIE.

Où me réduisez-vous, seigneur? jugez vous-même
A quel horrible état, à quel tourment extrême
Me condamne aujourd'hui cet amour malheureux,

Pour qui le ciel n'a fait qu'un destin rigoureux !
Tel est mon sort cruel : je veux sauver mon père;
Mais, soit qu'à vos desseins je ne sois plus contraire,
Soit que je m'y refuse en ce dernier moment,
Ce père infortuné périt également :
Le supplice l'attend si je vous suis rebelle;
Il meurt de sa douleur si je trahis son zèle.

ÉDOUARD.

C'est trop prier en vain, et c'est trop m'avilir :
Perdons des furieux, puisqu'ils veulent périr.
(Il veut sortir.)

EUGÉNIE.

Ah! seigneur, arrêtez... et qu'enfin ma tendresse...
(A part.)
Que vais-je dire!... Hélas !... Surmontons ma faiblesse.
Puisqu'il est vrai, seigneur, qu'un aveugle courroux
Est le seul sentiment qui vous reste pour nous,
Accordez-moi du moins une grace dernière :
Qu'on ne me ferme plus la prison de mon père,
Que l'embrassant encor, qu'expirant dans ses bras,
Je m'arrache à l'horreur d'apprendre son trépas.

ÉDOUARD.

L'inflexible rigueur de cette ame hautaine
Ne ferait pour mes feux qu'affermir votre haine;
Sans ses tristes conseils, sans son farouche esprit,
Pour me haïr toujours votre cœur vous suffit...
Je ne me connais plus dans ce cruel outrage...
Vos malheurs et les miens vont être votre ouvrage.

SCÈNE IV.

EUGÉNIE.

O rigoureux devoir!... Mes cris sont superflus,
Et mes gémissements ne l'attendrissent plus...
Faut-il tout avouer?... m'entendra-t-il encore?
(Des gardes entrent, précédant Arondel.)
Quel est cet appareil, ce trouble que j'ignore?

SCÈNE V.

EUGÉNIE, ARONDEL, GARDES.

EUGÉNIE.

Ah! milord, c'en est fait; je vais chercher la mort.
ARONDEL.
Arrêtez... Elle fuit...

SCÈNE VI.

ARONDEL, GARDES.

ARONDEL.

Quel est donc notre sort?
Qu'attend-on? et pourquoi me laisse-t-on la vie?
Ton crime est-il comblé, trop ingrate patrie?
Renversant de tes lois le plus ferme soutien,
As-tu sacrifié ton dernier citoyen?
Qu'est devenu Vorcestre? Affreuse incertitude!
Ne puis-je m'éclairer dans mon inquiétude?

Dans mon cœur déchiré ce doute sur son sort
Revient à chaque instant multiplier la mort.
(aux gardes.)
Vous, ministres du meurtre et de la tyrannie,
Si chez vous la pitié n'est point anéantie,
Répondez, rassurez mon esprit incertain,
Ou comblez les horreurs de mon affreux destin...
Vous ne répondez rien; ce farouche silence,
Barbares, m'apprend trop ce qu'il faut que je pense :
Il est donc mort! frappez, terminez mon malheur;
Qui versera mon sang sera mon bienfaiteur;
Achevez de briser la chaîne déplorable
Qui captive mon ame en ce séjour coupable;
Et, délivrant mes yeux de l'aspect des mortels,
Sauvez-moi de l'horreur de voir des criminels.

SCENE VII.

GLASTON, ARONDEL, GARDES.

GLASTON.

Le roi vient en ces lieux, vous pourrez faire entendre
Ce qu'aux pairs assemblés vous refusez d'apprendre;
Et vous justifiant...

ARONDEL.

Vos soins sont superflus,
A me justifier je ne m'abaisse plus.
Oui, je voulais parler et servir l'Angleterre;
Mais par son noir forfait cette coupable terre
Aujourd'hui dans mon cœur a perdu tous ses droits.
De la patrie enfin je n'entends plus la voix :

Des traîtres, des complots qu'elle soit la victime,
L'horreur doit habiter dans le séjour du crime;
Que la guerre y répande et le deuil et l'effroi :
Mon ami m'est ravi, tout est fini pour moi;
L'univers ne m'est plus qu'un désert où j'expire...
Le supplice est-il prêt? je n'ai plus rien à dire.

SCÈNE VIII.

ÉDOUARD, ARONDEL, GLASTON, gardes.

ÉDOUARD.

Demeure : quel secret t'unit aux attentats
Du traître qui t'attend pour marcher au trépas?

ARONDEL.

Qu'entends-je? il vit encore! appui de l'innocence,
Je reconnais, ô ciel! j'adore ta puissance :
Je reverrai Vorcestre! ô bonheur imprévu!
Je puis justifier et sauver la vertu.

ÉDOUARD.

Pour ton propre forfait quand la mort te menace,
Téméraire, oses-tu parler d'une autre grace?
Crois-tu par ces dehors d'une fausse grandeur
D'un infame assassin ennoblir la fureur?
Toi qui n'es dans ma cour connu que par un crime,
Quel es-tu? quel destin, quelle fureur t'anime?

ARONDEL.

Je reçois sans rougir les noms des scélérats;
L'apparence m'accuse, et je ne m'en plains pas :
Mais puisque vous daignez m'interroger, m'entendre,
A votre estime encor, seigneur, je puis prétendre.

Je ne farderai point l'aveu que je vous dois;
Non, la vérité seule est la langue des rois.
Souvent dans les combats le sang de mes ancêtres
A coulé pour les rois vos pères et nos maîtres,
Et le nom d'Arondel qui vit encore en moi
Ne vous annonce pas l'ennemi de son roi.
Au sein de ces honneurs qu'adore le vulgaire
Je pouvais conserver un rang héréditaire;
Mais né libre, j'ai fui l'esclavage des rangs,
Et j'ai laissé ramper les flatteurs et les grands :
Spectateur des humains, citoyen de la terre,
Pour vivre indépendant je quittai l'Angleterre;
Et si, changeant de soins, je revois ce séjour,
L'intérêt de l'État a voulu mon retour :
En Norvège informé de la fuite d'Alzonde,
Et d'une trahison qu'ici même on seconde,
J'en venais à Vorcestre éclaircir les horreurs,
Et j'arrivais enfin quand j'appris ses malheurs.
Je ne le défends pas des crimes qu'on m'annonce;
Défendu par ses mœurs, sa vie est ma réponse :
J'ai paru sans effroi; plus stable que le sort,
L'amitié prend des fers, et partage la mort.
Si j'ai puni Volfax, la plus pure lumière
Va rendre à la vertu sa dignité première :
Regardez cet écrit qu'a signé l'imposteur;
Vous connaissez la main, lisez : voyez, seigneur,
Si les tourments sont faits pour qui vous en délivre,
Et jugez qui des deux a mérité de vivre.

ÉDOUARD.

Que vois-je? avec Volfax Aglaé conspirait!

Dans quel abîme affreux le traître m'attirait!
ARONDEL.
Son inflexible haine empêchait Eugénie
De confondre à vos yeux la noire calomnie.
ÉDOUARD.
Mortel ami des cieux, vous que leur équité
A chargé d'apporter ici la vérité,
Vous verrez qu'Édouard est digne de l'entendre,
Et qu'il n'opprime point ceux qu'elle sait défendre.
Vorcestre dans mon cœur porte le coup mortel :
Tandis qu'un noir complot le peignait criminel,
Sans regret, sans pitié j'attendais son supplice;
Mais le courroux se tait où parle la justice.
(aux gardes.)
Vorcestre est libre : allez, qu'il paraisse à mes yeux;
Et, pour mieux éclaircir ces projets factieux,
Qu'en ces lieux à l'instant Aglaé soit conduite;
Ignorant ses complots, je permettais sa fuite.
Glaston, volez au port; qu'aujourd'hui nul vaisseau
Ne s'éloigne d'ici sans un ordre nouveau.

SCÈNE IX.

ÉDOUARD, VORCESTRE, ARONDEL, GARDES.

ÉDOUARD.
Vorcestre, paraissez : en vain la calomnie
Vous a voulu ravir et l'honneur et la vie;
Du juge des humains l'immortelle équité
Des traits de l'imposteur sauve la probité :
Briser d'injustes fers, c'est venger l'innocence;

Vous rendre à votre rang, vous laisser ma puissance,
C'est moins une faveur qu'un légitime choix :
La vertu doit régner, ou conseiller les rois.
Mais ces titres brillants s'obscurciraient peut-être
S'il vous manquait celui d'ami de votre maître :
Vous savez trop pourquoi ce titre fut perdu,
Vous savez à quel prix il peut être rendu.

VORCESTRE.

Si je pouvais changer par cet opprobre insigne,
De vos bienfaits, seigneur, je me rendrais indigne :
Un lâche au gré des vents varie et se dément ;
Mais l'honneur se ressemble, et n'a qu'un sentiment.
Qu'attendez-vous, seigneur ? on murmure, on conspire,
Un instant affermi ou renverse un empire.
De traîtres investi, l'État veut en ce jour
Des soins plus importants que les soins de l'amour :
La perfide Aglaé, ministre des rebelles,
Peut seule en dévoiler les trames criminelles ;
Que tarde-t-on, seigneur, à la conduire ici ?

ÉDOUARD.

Mes ordres sont donnés, on doit... Mais la voici.

SCENE X.

ÉDOUARD, ALZONDE, VORCESTRE, ARONDEL, GLASTON, GARDES.

ARONDEL.

En croirai-je mes yeux ? c'est elle-même...

ALZONDE.

Arrête.

ACTE V, SCENE X.

Je te connais, je vois l'orage qui s'apprête;
Mais, lasse de la vie, et lasse de forfaits,
J'éclaircirai sans toi mes funestes secrets.
  (à Édouard.)
Toi qui fais ma disgrace et ma douleur profonde,
Respecte ton égale, et reconnais Alzonde.

ÉDOUARD.

Alzonde !

ALZONDE.

A tes malheurs tu la reconnaîtras :
Mon nom est, je le sais, l'arrêt de mon trépas;
Mais quand toute espérance à mon ame est ravie,
Que craindre? tu ne peux que m'enlever la vie :
Tu perdras davantage, et j'aurai la douceur
De te voir en mourant survivre à ton malheur;
De mes ressentiments je te laisse ce gage...
Mais trop long-temps ici je contrains mon courage.
Alzonde, toujours reine au milieu des revers,
Inconnue à tes yeux, fut libre dans tes fers;
Et dans l'instant fatal où tu peux me connaître
Je sais comme un grand cœur doit fuir l'aspect d'un maître.

ÉDOUARD.

Gardes, suivez ses pas.

SCENE XI.

ÉDOUARD, VORCESTRE, ARONDEL.

ÉDOUARD.

  Mon esprit agité
Ne peut de ses discours percer l'obscurité :

Quel est cet avenir, quelles sont ces disgrâces
Que m'annoncent ici ses altières menaces?
Que craindre? elle est captive, et ce ton menaçant
Est le dernier transport d'un courroux impuissant :
Je ne sens aujourd'hui que le bonheur suprême
De voir, de consoler, d'obtenir ce que j'aime.
En faveur de mes vœux le ciel s'est déclaré :
Vous en voyez, Vorcestre, un présage assuré;
Et lorsqu'en mon pouvoir il met mon ennemie,
Son choix n'est plus douteux, il couronne Eugénie.

SCENE XII.

ÉDOUARD, VORCESTRE, ARONDEL, GLASTON.

GLASTON.

Seigneur, la fière Alzonde a su tromper nos yeux;
Elle s'est poignardée au sortir de ces lieux :
« On m'apprête la mort; je ne sais point l'attendre,
« Dit-elle : c'est de moi que mon sort doit dépendre;
« Le poison m'a vengé : en ce même moment
« Ma rivale périt : frémis, funeste amant !
« Tu sauras que j'aimais; par l'effet de ma haine
« Je me venge en amante, et me punis en reine. »

ÉDOUARD.

Quel noir pressentiment d'un barbare destin !...
Que l'on cherche Eugénie, et qu'elle apprenne enfin...

(Eugénie arrive, soutenue par ses femmes.)

O ciel ! en quel état elle s'offre à ma vue !

O détestable Alzonde!
VORCESTRE.
O disgrace imprévue!

SCENE XIII.

ÉDOUARD, VORCESTRE, ARONDEL,
EUGÉNIE, ISMÈNE, GLASTON.

EUGÉNIE.

Que servent les regrets? laissez jouir mon cœur
Du peu de temps que doit m'accorder ma douleur.
Le croirai-je? ô mon père! une juste puissance
A puni l'imposture et sauvé l'innocence.
Quel heureux changement, comblant tous mes désirs,
Dans l'horreur du trépas m'offre encor des plaisirs!
Je renais un instant en perdant la lumière,
Je puis vous dévoiler mon ame tout entière :
J'ai trop long-temps gémi sous ce triste fardeau;
Il n'est plus de secrets sur le bord du tombeau...
Je dois bénir le coup qui du jour me délivre :
Victime de mon cœur, je ne pouvais plus vivre
Que dans l'horrible état d'un amour sans espoir,
Ou qu'infidèle aux lois, ainsi qu'à mon devoir.
Pardonnez, ô mon père! aux feux que je déplore;
Ils seraient ignorés si je vivais encore...
Oui, le ciel l'un pour l'autre avait formé nos cœurs.
Prince... je vous aimais... je vous aime... je meurs.
VORCESTRE.
Hélas!

ÉDOUARD.
C'en est donc fait! ô douleur immortelle!
O ciel! éteins mes jours, ils n'étaient que pour elle.

FIN D'ÉDOUARD III.

SIDNEI,

COMÉDIE EN TROIS ACTES,

Représentée en 1745.

...... Hinc illud est tædium et displicentia sui...... fastidio esse cœpit vita et ipse mundus, et subit illud rabidarum deliciarum; quousque eadem?
                                            SENECA.

PERSONNAGES.

SIDNEI.
ROSALIE, amante de Sidnei.
HAMILTON, ami de Sidnei.
DUMONT, valet de chambre de Sidnei.
HENRI, jardinier.
MATHURINE, fille de Henri.

La scène est en Angleterre, dans une maison de campagne.

SIDNEI,

COMÉDIE.

ACTE PREMIER.

SCENE I.

DUMONT.

Il fallait, sur ma foi, que le mauvais poète
Qui chanta le premier l'amour de la retraite
Fût un triste animal : quel ennuyeux séjour
Pour quelqu'un un peu fait à celui de la cour !
Depuis trois mortels jours qu'en ce manoir champêtre
Je partage l'ennui dont se nourrit mon maître,
J'ai vieilli de trois ans. Est-il devenu fou,
Monsieur Sidnei ? quoi donc ! se nicher en hibou,
Lui riche, jeune, exempt de tout soin incommode,
Au milieu de son cours des femmes à la mode,
A la veille, morbleu ! d'avoir un régiment,
Planter là l'univers, s'éclipser brusquement,
Quitter Londre et la cour pour sa maudite terre !
Si je savais du moins quel sujet nous enterre
Dans un gîte où jamais nous ne sommes venus :
Mais j'ai beau lui parler, il ne me répond plus;

Depuis un mois entier c'est le silence même :
Oh ! je saurai pourquoi nous changeons de système ;
Il ne sera pas dit que nous nous ennuierons
Sans que de notre ennui nous sachions les raisons.

(Revenant sur ses pas.)

Allons... J'allais me faire une belle querelle ;
Il m'a bien défendu d'entrer sans qu'il appelle.
Il n'a point amené seulement un laquais ;
Il faut qu'en ce désert je sois tout désormais,
Et qu'un valet de chambre ait la peine de faire
Le service des gens outre son ministère :
Ah ! la chienne de vie !... Encor si dans ces bois,
Pour se désennuyer, on voyait un minois,
Certain air, quelque chose enfin dont au passage
On pût avec honneur meubler son ermitage,
On prendrait patience, on aurait un maintien ;
Mais rien n'existe ici, ce qui s'appelle rien ;
C'est pour un galant homme un pays de famine.
J'ai pourtant entrevu certaine Mathurine,
Fille du jardinier, gentille ; mais cela
M'a l'air si sot, si neuf !... Ah ! parbleu ! la voilà.
Bonjour, la belle enfant.

SCENE II.

DUMONT ; MATHURINE, faisant plusieurs révérences.

DUMONT.

Point de cérémonies ;
Approchez... Avez-vous honte d'être jolie ?

ACTE I, SCÈNE II.

Pourquoi cette rougeur et cet air d'embarras?

MATHURINE.

Monsieur...

DUMONT.

Ne craignez rien : où portiez-vous vos pas?

MATHURINE.

Monsieur, je vous cherchais.

DUMONT, à part.

Ceci change la note :
Me chercher! mais vraiment elle n'est pas si sotte.

MATHURINE.

Vous êtes notre maître?

DUMONT.

A peu près; mais voyons,
Comme au meilleur ami, contez-moi vos raisons.

MATHURINE.

Pour une autre que moi, monsieur, je suis venue.

DUMONT.

Oh! je vous vois pour vous.

MATHURINE.

Une dame inconnue,
Depuis quatre ans entiers toujours dans le chagrin,
Demeure en ce pays dans un château voisin.

DUMONT.

Achevez, dites-moi, que veut cette inconnue?

MATHURINE.

Vous voudrez l'obliger dès que vous l'aurez vue :
Je ne sais quel service elle espère de vous;
Mais sitôt qu'elle a su que vous étiez chez nous,
J'étais près d'elle alors, j'ai remarqué sa joie;

Et si je viens ici, c'est elle qui m'envoie
Vous demander, monsieur, un moment d'entretien :
Elle vous croit trop bon pour lui refuser rien.
DUMONT.
Des avances! oh, oh! le monde se renverse;
On a raison, l'aisance est l'ame du commerce :
Oui, qu'elle se présente; au reste elle a bien fait
De vous donner en chef le soin de son projet :
Quel mérite enfoui dans une terre obscure!
J'admire les talents que donne la nature;
Déjà dans l'ambassade aurait-on mieux le ton
Et l'air mystérieux de la profession,
Quand on aurait servi vingt petites maîtresses,
Et de l'art du message épuisé les finesses?
Mais ce rôle pour vous, ma fille, est un peu vieux :
Votre âge en demande un que vous remplirez mieux;
Et, sans négocier pour le compte des autres,
Vous devriez n'avoir de secrets que les vôtres.
MATHURINE.
Je ne vous entends point.
DUMONT.
                    Je vous entends bien, moi.
   (A part.)
Ma foi, je la prendrais, si j'étais sans emploi.
   (Haut.)
Tenez, je ne veux point tromper votre franchise :
Monsieur est là-dedans; vous vous êtes méprise,
Je ne suis qu'en second; mais cela ne fait rien,
Je parlerai pour vous, et l'affaire ira bien :
C'est un consolateur des beautés malheureuses,

ACTE 1, SCÈNE II.

Qui fait, quand il le veut, des cures merveilleuses.

MATHURINE.

A tout autre que lui ne dites rien surtout.
On vient... Chut, c'est mon père.

DUMONT.

Oh! des pères partout!

SCÈNE III.

DUMONT, HENRI, MATHURINE.

HENRI, portant un paquet de lettres.

Ah, ah! c'est trop d'honneur, monsieur, pour notre fille.

DUMONT.

Vraiment, maître Henri, je la trouve gentille.

HENRI.

Ça ne dit pas grand' chose.

DUMONT.

Oh! que cela viendra!
Le temps et ton esprit... Mais que portes-tu là?

HENRI, lui donnant les lettres.

Un paquet qu'un courrier m'a remis à la porte.

DUMONT.

Et qu'est-il devenu?

HENRI.

Bon! le diable l'emporte,
Et ne le renverra que dans trois jours d'ici.

DUMONT.

J'entends, je crois, mon maître... oui, sortez, le voici.

SCENE IV.

SIDNEI, lisant quelques papiers; DUMONT.

DUMONT.

Oserais-je, monsieur (cela sans conséquence,
Et sans prétendre après gêner votre silence),
Vous présenter deux mots d'interrogation?
Comme j'aurais à prendre une précaution,
Si nous avions long-temps à rêver dans ce gîte,
Faites-moi le plaisir de me l'apprendre vite,
Vu que, si nous restons quatre jours seulement,
Je voudrais m'arranger, faire mon testament,
Me mettre en règle... Enfin, monsieur, je vous le jure,
Je ne puis plus tenir dans cette sépulture :
Étant seul on raisonne, on bâille en raisonnant;
Et l'ennui ne vaut rien à mon tempérament.

SIDNEI.

Une table, une plume.

DUMONT.

Eh! mais...

SIDNEI.

Point de répliques;
Qu'on tienne un cheval prêt.

DUMONT.

Nous sommes laconiques.

(Il sort.)

SCENE V.

SIDNEI, assis.

Depuis qu'à ce parti mon esprit s'est rangé
Du poids de mes ennuis je me sens soulagé :
Nulle chaîne en effet n'arrête une ame ferme,
Et les maux ne sont rien quand on en voit le terme.
(Après avoir écrit quelques lignes.)
O vous que j'adorai, dont j'aurais toujours dû
Chérir le tendre amour, les graces, la vertu !
Vous, dont mon inconstance empoisonna la vie,
Si vous vivez encor, ma chère Rosalie,
Vous verrez que mon cœur regretta vos liens :
Des mains de mon ami vous recevrez mes biens ;
Il ne trahira point les soins dont ma tendresse
Le charge, en expirant, dans ces traits que je laisse.
(Il écrit.)

SCENE VI.

SIDNEI, DUMONT.

DUMONT.

Ma requête, monsieur, touchant notre retour,
A quoi vous répondrez on ne sait pas le jour,
(A part.)
M'avait fait oublier ce paquet... Il envoie
(Il met les lettres sur la table.)
Sans doute un homme à Londre ; usons de cette voie.
(Il prend une plume qu'il taille.)

SIDNEI.
SIDNEI, écrivant.
Que vas-tu faire?
DUMONT.
Moi? mes dépêches : parbleu !
Il faut mander du moins que je suis en ce lieu.
Croyez-vous qu'on n'ait pas aussi ses connaissances ?
Vous m'avez fait manquer à toutes bienséances :
Partir sans dire adieu, se gîter sans dire où ;
Dans mes sociétés on me prend pour un fou :
D'ailleurs quitter ainsi la bonne compagnie,
Monsieur, c'est être mort au milieu de sa vie.
Vous avez, il est vrai, des voisins amusants,
D'agréables seigneurs, des campagnards plaisants,
Qui vous diront du neuf sur de vieilles gazettes ;
Cela fera vraiment des visites parfaites.
SIDNEI.
Console-toi, demain Londres te reverra.
DUMONT.
Vous me ressuscitez, j'étais mort sans cela.
SIDNEI, continuant d'écrire.
Tu ne te fais donc point au pays où nous sommes?
DUMONT.
Moi ! j'aime les pays où l'on trouve des hommes :
Quel diable de jargon ! je ne vous connais plus ;
Vous ne m'aviez pas fait au métier de reclus :
Depuis votre retour du voyage de France,
Où mon goût près de vous me mit par préférence,
Je n'avais pas encor regretté mon pays ;
Je me trouvais à Londre aussi bien qu'à Paris ;
J'étais dans le grand monde employé près des belles,

Je portais vos billets, j'étais bien reçu d'elles :
De l'amant en quartier on aime le coureur,
Je remplissais la charge avec assez d'honneur;
En un mot je menais un train de vie honnête :
Mais ici je me rouille, et je me trouve bête.
Ma foi, nous faisons bien de partir promptement,
Et d'aller à la cour, notre unique élément.
Mais, puisque nous partons, qu'est-il besoin d'écrire ?

SIDNEI.

Tu pars; je reste, moi.

DUMONT.

Quel chagrin vous inspire
Ce changement d'humeur, cette haine de tout,
Et l'étrange projet de s'ennuyer par goût?
Je devine à peu près d'où vient cette retraite;
Oui, c'est quelque noirceur que l'on vous aura faite :
Quelque femme, abrégeant son éternelle ardeur,
S'est-elle résignée à votre successeur ?
Il est piquant pour moi, qui n'ai point de querelles,
Et suis en pleine paix avec toutes nos belles,
D'être forcé de vivre en ours, en hébété,
Parce que vous boudez, ou qu'on vous a quitté.

SIDNEI.

Chez milord Hamilton tu porteras ma lettre.

DUMONT.

C'est de lui le paquet qu'on vient de me remettre;
Sur l'adresse du moins je l'imagine ainsi.

SIDNEI.

Comment ! par quel hasard me sait-il donc ici?

(Il lit une lettre, et laisse les autres sans les ouvrir.)

Il me mande qu'il vient; mais j'ai quelques affaires
Que je voudrais finir en ces lieux solitaires :
Il faut, en te hâtant, l'empêcher de partir...

DUMONT.

Et vous laisser ici rêver, sécher, maigrir,
Entretenir des murs, des hiboux, et des hêtres...
Mais j'ai vu quelquefois que vous lisiez vos lettres.

(Dumont lit les adresses.)

Ou je suis bien trompé, monsieur, ou celle-ci
Est de quelque importance; elle est de la cour.

SIDNEI, l'ayant lue.

Oui,
Et j'ai ce régiment...

DUMONT.

Je ne me sens pas d'aise :
Allons, monsieur, je vais préparer votre chaise;
Sans doute nous partons, il faut remercier...
Mais quel est ce mystère? il est bien singulier
Qu'après tant de désirs, de poursuites, d'attente,
Obtenant à la fin l'objet qui vous contente,
Vous paraissiez l'apprendre avec tant de froideur.

SIDNEI, écrivant toujours.

Es-tu prêt à partir? j'ai fait.

DUMONT.

Sur mon honneur,
Je reste confondu : cet état insensible,
Votre air froid, tout cela m'est incompréhensible;
Et si jusqu'à présent je ne vous avais vu
Un maintien raisonnable, un bon sens reconnu,
Franchement je croirais, excusez ce langage...

ACTE I, SCÈNE VI.

SIDNEI.

Va, mon pauvre Dumont, je ne suis que trop sage.

DUMONT.

Et pour nourrir l'ennui qui vous tient investi,
Vous entretenez là votre plus grand ami;
Ce n'est qu'un philosophe : au lieu de cette épître,
Qui traite sûrement quelque ennuyeux chapitre,
Que ne griffonnez-vous quelques propos plaisants
A ces autres amis toujours fous et brillants,
Qui n'ont pas le travers de réfléchir sans cesse?

SIDNEI.

Pour des soins importants à lui seul je m'adresse;
Tous ces autres amis, réunis par l'humeur,
Liés par les plaisirs, tiennent peu par le cœur;
Et je me fie au seul que je trouve estimable :
L'homme qui pense est seul un ami véritable.

DUMONT.

Du moins en vous quittant je prétends vous laisser
En bonne compagnie. On vient de m'adresser
Une nymphe affligée, et qui, lasse du monde,
Cache dans ce désert sa tristesse profonde;
Cela sent l'aventure : elle veut, m'a-t-on dit,
De ses petits malheurs vous faire le récit :
Outre qu'elle est en pleurs, on dit qu'elle est charmante.
Si cela va son train, gardez-moi la suivante;
Vous savez là-dessus les usages d'honneur.

SIDNEI.

Laisse tes visions.

DUMONT.

Des visions, monsieur!

C'est, parbleu! du solide, et tel qu'on n'en tient guères,
J'ai lâché pour nous deux quelques préliminaires ;
Ne vous exposez pas à les désespérer,
Et pour tuer le temps laissez-vous adorer :
Irai-je en votre nom, comme l'honneur l'ordonne,
Leur dire...

SIDNEI.

Laisse-moi, je ne veux voir personne.

DUMONT.

Oh! pour le coup, monsieur, je vous tiens trépassé ;
Vous ne sentez plus rien.

SIDNEI, se levant et emportant ce qu'il vient d'écrire.

Attends-moi ; j'ai laissé
Un papier important...

(Il sort.)

SCÈNE VII.

DUMONT.

Je n'y puis rien connaître :
La tête, par ma foi, tourne à mon pauvre maître ;
Et me voilà tout seul chargé de la raison,
Et du gouvernement de toute la maison.
Il est blasé sur tout, tandis qu'un pauvre diable
Comme moi goûte tout, trouve tout admirable.
On est fort malheureux avec de pareils rats :
Je suis donc heureux, moi ; je ne m'en doutais pas.
Il partira, s'il veut que je me mette en route,
Et sa lettre... Attendez... Henri !

ACTE I, SCÈNE VII.

HENRI, derrière le théâtre.
Monsieur!
DUMONT.
Écoute.

Il a beau commander, je ne partirai pas;
Son air m'alarme trop pour le quitter d'un pas.

SCÈNE VIII.

DUMONT, HENRI.

DUMONT.

Il faut aller à Londre et porter une lettre.
HENRI.
Deux, monsieur, s'il le faut.
DUMONT.
On va te la remettre...
Il est malade ou fou, peut-être tous les deux.
Quel est donc le malheur de tous ces gens heureux?
Ils nagent en pleine eau, quel diable les arrête?
HENRI.
Tenez, monsieur Dumont, je ne suis qu'une bête,
Mais voyant notre maître, et rêvant à part moi,
J'estime en ruminant avoir trouvé pourquoi.
Étant chez feu monsieu, j'ons vu la compagnie;
J'ons entendu causer le monde dans la vie :
Tous ces grands seigneurs-là ne sont jamais plaisants;
Ils n'ont pas l'air joyeux, ils attristent les gens;
Comme ils sont toujours bien, leur joie est tout usée;
Vous ne les voyez plus jeter une risée :

Il leur faudrait du mal, et du travail parfois;
Pour rire d'un bon cœur parlez-moi d'un bourgeois.
Mais, pour en revenir au mal de notre maître,
Je sommes, voyez-vous, pour nous y bien connaître,
Puisque j'ons vu son père aller le même train :
Il fera tout de même une mauvaise fin,
Si cela continue; et ce serait dommage
Qu'un si brave seigneur, si bon maître, si sage...
DUMONT.
Oui, vraiment; mais, dis-moi, qu'avait son père?
HENRI.
Rien :
Le mal qui tue ici ceux qui se portent bien.
DUMONT.
Comment donc?
HENRI.
Ah! ma foi, qui l'entendra l'explique.
Je ne sais si chez vous c'est la même rubrique
Comme en ce pays-ci; mais je voyons des gens
Qu'on ne soupçonnait pas d'être fous en dedans,
Qui, sans aucun sujet, sans nulle maladie,
Plantont là brusquement toute la compagnie,
Et de leur petit pas s'en vont chez les défunts,
Sans prendre de témoins, de peur des importuns.
Tenez, défunt son père, honneur soit à son ame!
C'était un homme d'or, humain comme une femme.
Semblable à son enfant comme deux gouttes d'iau :
Si bien donc qu'il s'en vint dans ce même châtiau :
Jadis il me parlait, il avait l'ame bonne;
Or il ne parlait plus pour moi ni pour personne :

ACTE I, SCÈNE VIII.

Mais la parole est libre, et cela n'était rien,
Je le voyions varmeil comme s'il était bien;
Point du tout, un biau jour il dormit comme un diable,
Si bien qu'il dort encore : on trouva sur sa table
Certain brimborion, où l'on sut débrouiller
Qu'il s'était endormi pour ne plus s'éveiller.
C'était un grand esprit !

DUMONT.

C'était un très-sot homme.
Le fils pourrait fort bien faire le second tome :
Laisse-moi faire; il vient... Allons, va t'apprêter,
Reviens vite.

SCENE IX.

SIDNEI, DUMONT.

SIDNEI.

Es-tu prêt?

DUMONT.

Oui, tout prêt à rester.

SIDNEI.

Comment?

DUMONT.

J'ai réfléchi... d'ailleurs l'inquiétude...
Et puis de certains bruits sur votre solitude...

SIDNEI.

Quoi ! que t'a-t-on dit ? qui ?

DUMONT.

Je ne cite jamais;
Il suffit qu'à vous voir triste dans cet excès,

Et changé tout à coup de goût et de génie,
On vous croirait brouillé, monsieur, avec la vie :
Vous ne venez, dit-on, ici vous enfoncer
Que pour vous y laisser lentement trépasser.

SIDNEI.

Où prends-tu cette idée?

DUMONT.

Il est vrai qu'elle est folle;
Mais la précaution n'est pas un soin frivole :
La vie est un effet dont je fais très-grand cas,
Et j'y veille pour vous, si vous n'y veillez pas.

SIDNEI.

Dumont, à ce propos, s'aime donc bien au monde?

DUMONT.

Moi, monsieur? mon projet, si le ciel le seconde,
Est de vivre content jusqu'à mon dernier jour.
On ne vit qu'une fois; et puisque j'ai mon tour,
Tant que je le pourrai je tiendrai la partie.
J'aurais été héros, sans l'amour de la vie;
Mais dans notre famille on se plaît ici-bas :
Vous savez que des goûts on ne dispute pas.
Mon père et mes aïeux dès avant le déluge
Étaient dans mon système, autant que je le juge,
Et mes futurs enfants, tant gredins que seigneurs,
Seront du même goût, ou descendront d'ailleurs.
Les grands ont le brillant d'une mort qu'on publie;
Nous autres bonnes gens nous n'avons que la vie :
Nous avons de la peine, il est vrai; mais enfin
Aujourd'hui on est mal, on sera mieux demain :
En quelque état qu'on soit, il n'est rien tel que d'être...

ACTE I, SCÈNE IX.

SIDNEI.

Laisse là ton sermon, et va porter ma lettre.

DUMONT.

J'en suis fâché, monsieur, cela ne se peut pas.

SIDNEI.

De vos petits propos à la fin je suis las;
J'aime assez quand je parle à voir qu'on obéisse;
Et quand un valet fat montre quelque caprice,
Je sais congédier.

DUMONT.

Ayez des sentiments!
Voilà tout ce qu'on gagne à trop aimer les gens!
Est-ce pour mon plaisir, j'enrage quand j'y pense,
Que je demeure ici? la belle jouissance!
Si mon attachement...

SIDNEI.

Cessez de m'ennuyer,

Et partez, ou sinon...

(On entend le bruit d'un fouet.)

DUMONT.

Voilà votre courrier.

(Henri paraît.)

SIDNEI.

Qui?

DUMONT.

Lui; c'est mon commis.

SCENE X.

SIDNEI, DUMONT, HENRI.

SIDNEI.
               Faquin, quel est le maître?
DUMONT.
Monsieur, je sais fort bien que c'est à vous à l'être;
Mais enfin dans la vie il est de certains cas...
Battez-moi, tuez-moi, je ne partirai pas;
Je ne puis vous quitter dans l'état où vous êtes,
Et plus vous me pressez, plus mes craintes secrètes...
SIDNEI.
Henri, partez pour Londre, et portez dans l'instant
A milord Hamilton ce paquet important;
Vous, sortez de chez moi; faites votre mémoire,
Après quoi partez.
                                (Il sort.)
DUMONT.
               Bon! me voilà dans ma gloire,
Vous me chassez? tant mieux : je m'appartiens : ainsi
Je m'ordonne séjour, moi, dans ce pays-ci...
Il n'aura pas le cœur de me quitter; il m'aime,
Et je veux le sauver de ce caprice extrême.
Les maîtres cependant sont des gens bien heureux
Que souvent nous ayons le sens commun pour eux.

FIN DU PREMIER ACTE.

ACTE SECOND.

SCENE I.

HAMILTON, DUMONT.

DUMONT.

Vous me tirez, monsieur, d'une très-grande peine,
Et je bénis cent fois l'instant qui vous amène.
Voyez mon pauvre maître, et traitez son cerveau :
Peut-être saurez-vous par quel travers nouveau
Lui-même se condamne à cette solitude,
Et s'il veut malgré moi s'en faire une habitude.
Il vient de vous écrire, et sans doute ici près
Vous aurez en chemin rencontré son exprès.

HAMILTON.

Non ; mais j'ai remarqué, traversant l'avenue,
Deux femmes, dont je crois que l'une m'est connue ;
Mais ma chaise a passé, je n'ai pu les bien voir :
T'a-t-on dit ce que c'est ? pourrait-on le savoir ?

DUMONT.

Je devine à peu près : au pays où nous sommes
Il faut, monsieur, qu'il soit grande disette d'hommes !
Dès qu'on a su mon maître établi dans ces lieux,
Ambassade aussitôt, sans prélude ennuyeux :
Mais lui, comme il n'est plus qu'une froide statue,

Il a tout nettement refusé l'entrevue ;
Moi, qui ne suis point fait à de telles rigueurs,
Je prétends m'en charger ; j'en ferai les honneurs ;
Je les prends pour mon compte ; et je sais trop le monde :
Si le cœur vous en dit...

HAMILTON.

Va, fais qu'on te réponde ;
Instruis-toi de leurs noms... Mais est-il averti ?

DUMONT.

Oui, j'ai fait annoncer que vous êtes ici ;
Il promène ici près sa rêverie austère.
Vous l'avez vu là-bas changer de caractère,
De ses meilleurs amis éviter l'entretien,
Tout fuir jusqu'aux plaisirs : tout cela n'était rien.

HAMILTON.

Mais que peut-il avoir ? Quelle serait la cause ?...

DUMONT.

Il serait trop heureux s'il avait quelque chose ;
Mais, ma foi, je le crois affligé sans objet.

HAMILTON.

De ce voyage au moins dit-il quelque sujet ?

DUMONT.

Bon ! parle-t-il encor ? se taire est sa folie ;
Ce qu'il vient d'ordonner sur-le-champ il l'oublie :
Il m'avait chassé, moi, malgré notre amitié,
Et j'enrageais très-fort d'être congédié ;
Quelques moments après je sers à l'ordinaire,
Il dîne, sans me dire un mot de notre affaire :
Voilà ce qui m'afflige, et non sans fondement.
Je l'aimerais bien mieux brutal, extravagant ;

Je lui croirais la fièvre; et, puisqu'il faut le dire,
Je voudrais pour son bien qu'il n'eût qu'un bon délire,
On saurait le remède en connaissant le mal;
Mais, par un incident et bizarre et fatal,
Grave dans ses revers, tranquille en sa manie,
Il est fou de sang-froid, fou par philosophie,
Indifférent à tout comme s'il était mort :
Il n'aurait autrefois reçu qu'avec transport
Un régiment; eh bien! il en a la nouvelle
Sans qu'au moindre plaisir ce titre le rappelle :
Il avait, m'a-t-on dit, certain père autrefois
Qui, cachant comme lui sous un maintien sournois
Sa tristesse, ou plutôt sa démence profonde,
Ici même un beau jour s'escamota du monde.
C'est un tic de famille, et j'en suis pénétré;
Enfin sans vous, monsieur, c'est un homme enterré.
Voyez, interrogez, il vous croit, il vous aime :
Je vous laisserai seuls... Mais le voici lui-même.

SCENE II.

SIDNEI, HAMILTON.

HAMILTON.

J'ai voulu le premier vous faire compliment,
Ami; c'était trop peu qu'écrire simplement,
Et je viens vous marquer dans l'ardeur la plus vive
Combien je suis heureux du bien qui vous arrive :
Mais je suis fort surpris de vous voir en ce jour
Un air si peu sensible aux graces de la cour.

SIDNEI.

Je vais vous avouer avec cette franchise
Que l'amitié sincère entre nous autorise,
Que j'aurais mieux aimé (je vous le dis sans fard)
Ne vous avoir ici que quelques jours plus tard :
Dans ce même moment on vous porte ma lettre
Sur un point important qui ne peut se remettre ;
Et si vous entriez dans mes vrais intérêts...

HAMILTON.

Je vous laisserais seul dans vos tristes forêts ?
Je ne vous conçois pas ; cet emploi qu'on vous donne,
Pour en remercier, vous demande en personne.
Quoi ! restez-vous ici ?

SIDNEI.
    Je ne vous cache pas
Que, dégoûté du monde, ennuyé du fracas,
Fatigué de la cour, excédé de la ville,
Je ne puis être bien que dans ce libre asile.

HAMILTON.

Mais enfin, au moment où vous êtes placé,
Ce projet de retraite aura l'air peu sensé ;
Et, sur quelques motifs que votre goût se fonde,
Vous allez vous donner un travers dans le monde :
Il ne lui faut jamais donner légèrement
Ces spectacles d'humeur qu'on soutient rarement.
On le quitte, on s'ennuie ; on souffre, on dissimule ;
On revient à la fin : on revient ridicule.
Un mécontent d'ailleurs est bientôt oublié ;
Tout meurt, faveur, fortune, et jusqu'à l'amitié :
Son histoire est finie : il s'exile, on s'en passe ;

Et lorsqu'il reparaît d'autres ont pris la place.
Ne peut-on autrement échapper au chaos?
Pour s'éloigner du bruit, pour trouver le repos,
Faut-il fuir tout commerce et s'enterrer d'avance?
L'homme sensé qu'au monde attache sa naissance,
Sans quitter ses devoirs, sans changer de séjour,
Peut vivre solitaire au milieu de la cour.
S'affranchir sans éclat, ne voir que ce qu'on aime,
Ne renoncer à rien; voilà le seul système.
Mais parlez-moi plus vrai, d'où vous vient ce dessein?
Quel chagrin avez-vous?

SIDNEI.

Moi, je n'ai nul chagrin,
Nul sujet d'en avoir.

HAMILTON.

C'est donc misanthropie?
Prévenez, croyez-moi, cette sombre manie;
Quels que soient les humains, il faut vivre avec eux:
Un homme difficile est toujours malheureux;
Il faut savoir nous faire au pays où nous sommes,
Au siècle où nous vivons.

SIDNEI.

Je ne hais point les hommes,
Ami; je ne suis point de ces esprits outrés
De leurs contemporains ennemis déclarés,
Qui, ne trouvant ni vrai, ni raison, ni droiture,
Meurent en médisant de toute la nature;
Les hommes ne sont point dignes de ce mépris:
Il en est de pervers; mais dans tous les pays
Où l'ardeur de m'instruire a conduit ma jeunesse

J'ai connu des vertus, j'ai trouvé la sagesse,
J'ai trouvé des raisons d'aimer l'humanité,
De respecter les nœuds de la société,
Et n'ai jamais connu ces plaisirs détestables
D'offenser, d'affliger, de haïr mes semblables.
HAMILTON.
Pourquoi donc à les fuir êtes-vous obstiné?
SIDNEI.
Qu'auriez-vous fait vous-même? aux ennuis condamné,
Accablé du fardeau d'une tristesse extrême,
Réduit au sort affreux d'être à charge à moi-même,
J'épargne aux yeux d'autrui l'objet fastidieux
D'homme ennuyé partout, et partout ennuyeux;
C'est un état qu'en vain vous voudriez combattre :
Insensible aux plaisirs dont j'étais idolâtre,
Je ne les connais plus, je ne trouve aujourd'hui
Dans ces mêmes plaisirs que le vide et l'ennui :
Cette uniformité des scènes de la vie
Ne peut plus réveiller mon ame appesantie;
Ce cercle d'embarras, d'intrigues, de projets,
Ne doit nous ramener que les mêmes objets;
Et par l'expérience instruit à les connaître,
Je reste sans désirs sur tout ce qui doit être :
Dans le brillant fracas où j'ai long-temps vécu
J'ai tout vu, tout goûté, tout revu, tout connu,
J'ai rempli pour ma part ce théâtre frivole :
Si chacun n'y restait que le temps de son rôle
Tout serait à sa place, et l'on ne verrait pas
Tant de gens éternels dont le public est las.
Le monde, usé pour moi, n'a plus rien qui me touche;

Et c'est pour lui sauver un rêveur si farouche,
Qu'étranger désormais à la société
Je viens de mes déserts chercher l'obscurité.

HAMILTON.

Quelle fausse raison, cher ami, vous égare
Jusqu'à croire défendre un projet si bizarre?
Si vous avez goûté tous les biens des humains,
Si vous les connaissez, le choix est dans vos mains :
Bornez-vous aux plus vrais, et laissez les chimères
Dont le repentir suit les lueurs passagères.
Quel fut votre bonheur? A présent sans désirs,
Vous avez, dites-vous, connu tous les plaisirs;
Eh quoi! n'en est-il point au-dessus de l'ivresse
Où le monde a plongé notre aveugle jeunesse?
Ce tourbillon brillant de folles passions,
Cette scène d'erreurs, d'excès, d'illusions,
Du bonheur des mortels bornent-ils donc la sphère?
La raison à nos vœux ouvre une autre carrière :
Croyez-moi, cher ami, nous n'avons pas vécu;
Employer ses talents, son temps, et sa vertu,
Servir au bien public, illustrer sa patrie,
Penser enfin, c'est là que commence la vie;
Voilà les vrais plaisirs dignes de tous nos vœux,
La volupté par qui l'honnête homme est heureux :
Notre ame pour ces biens est toute neuve encore...
Vous ne m'écoutez pas! Quel chagrin vous dévore?

SIDNEI.

Je connais la raison, votre voix me l'apprend;
Mais que peut-elle enfin contre le sentiment?
Marchez dans la carrière où j'aurais dû vous suivre.

Pour moi je perds déjà l'espérance de vivre :
En vain à mes regards vous offrez le tableau
D'une nouvelle vie et d'un bonheur nouveau :
Tout vrai bonheur dépend de notre façon d'être;
Mon état désormais est de n'en plus connaître;
Privé de sentiment, et mort à tout plaisir,
Mon cœur anéanti n'est plus fait pour jouir.

HAMILTON.

Connaissez votre erreur; cet état méprisable,
Le néant, déshonore une ame raisonnable :
Quand il vous faudrait fuir le monde et l'embarras,
L'homme qui sait penser ne se suffit-il pas?
Dans cet ennui de tout, dans ce dégoût extrême,
Ne vous reste-t-il point à jouir de vous-même?
Pour vivre avec douceur, cher ami, croyez-moi,
Le grand art est d'apprendre à bien vivre avec soi,
Heureux de se trouver, et digne de se plaire.
Je ne conseille point une retraite entière;
Partagez votre goût et votre liberté
Entre la solitude et la société;
Des jours passés ici dans une paix profonde
Vous feront souhaiter le commerce du monde.
L'absence, le besoin vous rendront des désirs :
Il faut un intervalle, un repos aux plaisirs;
Leur nombre accable enfin, le sentiment s'épuise,
Et l'on doit s'en priver pour qu'il se reproduise.
Vous en êtes l'exemple, et tout votre malheur
N'est que la lassitude et l'abus du bonheur.
Ne me redites pas que vous n'êtes point maître
De ces noirs sentiments : on est ce qu'on veut être;

Souverain de son cœur, l'homme fait son état,
Et rien sans son aveu ne l'élève ou l'abat.
Mais enfin, parlez-moi sans fard, sans défiances,
Quelque dérangement causé par vos dépenses
N'est-il point le sujet de ces secrets dégoûts?
Je puis tout réparer, ma fortune est à vous.

SIDNEI.

Je sens comme je dois ces procédés sincères;
Mais nul désordre, ami, n'a troublé mes affaires.
Vous verrez quelque jour que du côté du bien
J'étais fort en repos, que je ne devais rien.

HAMILTON.

Ami, vous m'affligez; votre état m'inquiète;
Ce sinistre discours...

SIDNEI.

     Peut-être la retraite
Saura me délivrer de tous ces sentiments :
Il faut pour m'y fixer quelques arrangements.
Ma lettre vous instruit; suivez mon espérance,
Tout mon repos dépend de votre diligence.
Au reste, en attendant que j'aille au premier jour
De ce nouveau bienfait remercier la cour,
Vous m'y justifierez; d'une pareille absence
Ma mauvaise santé sauvera l'indécence :
Après ces soins remplis je vous attends ici.
Partez, si vous aimez un malheureux ami.

SCENE III.

HAMILTON.

Ce ton mystérieux, cette étrange conduite,
Ne m'assurent que trop du transport qui l'agite.
Il cache sûrement quelque dessein cruel ;
Et sa tranquillité n'a point l'air naturel...

SCENE IV.

HAMILTON, HENRI.

HENRI.

On m'a dit votre nom à la poste prochaine,
Monsieur ; d'aller plus loin je n'ons pas pris la peine :
Notre maître vers vous nous envoyait d'ici ;
Mais puisque vous voilà, voilà la lettre aussi.

HAMILTON.

Donne ; cela suffit : tu peux aller lui dire
Qu'elle est entre mes mains.

SCENE V.

HAMILTON.

Qu'a-t-il donc pu m'écrire ?

(Il lit.)

« Recevez, cher ami, mes éternels adieux.
« Vous savez à quel point j'adorai Rosalie,
« Et que j'osai trahir un amour vertueux :

« J'ignore son destin. Si la rigueur des cieux
« Permet qu'on la retrouve et conserve sa vie,
« Je lui donne mes biens par l'écrit que voici,
« Et remets son bonheur aux soins de mon ami.
« Daignez tout conserver, si sa mort est certaine.
« Épargnez sur mon sort des regrets superflus :
« J'étais lassé de vivre, et je brise ma chaîne;
« Quand vous lirez ceci je n'existerai plus. »
       SIDNEI.

Quel déplorable excès, et quelle frénésie!
Allons le retrouver, prévenons sa furie.

SCENE VI.

SIDNEI, entrant d'un air égaré; **HAMILTON**.

HAMILTON, après l'avoir embrassé en silence.

Reprenez ce dépôt qui me glace d'effroi :
Vous me trompiez, cruel!
   (Il lui rend sa lettre.)

    SIDNEI.
      Que voulez-vous de moi?
Puisque vous savez tout, plaignez un misérable :
Ma funeste existence est un poids qui m'accable.
Je vous ai déguisé ma triste extrémité :
Ce n'est point seulement insensibilité,
Dégoût de l'univers à qui le sort me lie;
C'est ennui de moi-même, et haine de ma vie :
Je les ai combattus, mais inutilement;
Ce dégoût désormais est mon seul sentiment;

Cette haine attachée au reste de mon être
A pris un ascendant dont je ne suis plus maître;
Mon cœur, mes sens flétris, ma funeste raison,
Tout me dit d'abréger le temps de ma prison.
Faut-il donc sans honneur attendre la vieillesse,
Traînant pour tout destin les regrets, la faiblesse,
Pour objet éternel l'affreuse vérité,
Et pour tout sentiment l'ennui d'avoir été?
C'est au stupide, au lâche, à plier sous la peine,
A ramper, à vieillir sous le poids de sa chaîne;
Mais, vous en conviendrez, quand on sait réfléchir,
Malheureux sans remède, on doit savoir finir.

HAMILTON.

Dans quel coupable oubli vous plonge ce délire!
Que la raison sur vous reprenne son empire :
Un frein sacré s'oppose à votre cruauté;
Vous vous devez d'ailleurs à la société;
Vous n'êtes point à vous : le temps, les biens, la vie,
Rien ne nous appartient, tout est à la patrie.
Les jours de l'honnête homme, au conseil, au combat,
Sont le vrai patrimoine et le bien de l'État :
Venez remplir le rang où vous devez paraître;
Votre esprit occupé va prendre un nouvel être;
Tout renaîtra pour vous... Mais, hélas! je vous voi
Plongé dans un repos qui me remplit d'effroi :
Quoi! sans appréhender l'horreur de ce passage,
Vous suivrez de sang-froid dans leur fatal courage
Ces héros insensés...

SIDNEI.
Ce courage n'est rien :

Je suis mal où je suis, et je veux être bien;
Voilà tout : je n'ai point l'espoir d'être célèbre,
Ni l'ardeur d'obtenir quelque éloge funèbre;
Et j'ignore pourquoi l'on vante en certains lieux
Un procédé tout simple à qui veut être mieux :
D'ailleurs que suis-je au monde? une faible partie
Peut bien sans nuire au tout en être désunie :
A la société je ne fais aucun tort;
Tout ira comme avant ma naissance et ma mort;
Peu de gens, selon moi, sont d'assez d'importance
Pour que cet univers remarque leur absence.

HAMILTON.

Continuez, cruel! calme dans vos fureurs,
Faites-vous des raisons de vos propres erreurs.
Mais l'amitié du moins n'est-elle point capable
De vous rendre la vie encore désirable?

SIDNEI.

Dans l'état où je suis on pèse à l'amitié;
Je ne puis désirer que d'en être oublié.

HAMILTON.

Vous m'offensez, Sidnei, quand votre ame incertaine
Peut douter de mon zèle à partager sa peine;
Mais cette Rosalie, adorée autrefois,
Sur ce jour qui vous luit n'a-t-elle point des droits?
Sont-ce là les conseils que l'amour vous inspire?
Que ne la cherchez-vous? sans doute elle respire,
Sans doute vous pourrez la revoir quelque jour.

SIDNEI.

Ah! ne me parlez point d'un malheureux amour;
Je l'ai trop outragé; méprisable, infidèle,

Quand je la reverrais, suis-je encor digne d'elle?
Et les derniers soupirs d'un cœur anéanti
Sont-ils faits pour l'amour qu'autrefois j'ai senti?
Témoin de mes erreurs, vous n'avez pu comprendre
Comment j'abandonnai l'amante la plus tendre;
Le savais-je moi-même? égaré, vicieux,
Je ne méritais point ce bonheur vertueux,
Ce cœur fait pour l'honneur comme pour la tendresse,
Que j'aurais respecté jusque dans sa faiblesse :
Lui promettant ma main, j'avais fixé son cœur;
Je la trompais : enfin, lassé de sa rigueur,
Lassé de sa vertu, j'abandonnai ses charmes,
J'affligeai l'amour même : indigne de ses larmes,
Je promenai partout mes aveugles désirs :
J'aimai sans estimer; triste au sein des plaisirs,
Errant loin de nos bords, j'oubliai Rosalie :
Elle avait disparu pleurant ma perfidie.
Hélas! peut-être, ami, j'aurai causé sa mort.
Depuis que je suis las du monde et de mon sort,
Au moment de finir ma vie et mon supplice,
J'ai voulu réparer ma honteuse injustice :
Pour lui donner mes biens, comme vous savez tout,
Je l'ai cherchée à Londre, aux environs, partout;
Mais depuis plus d'un mois les recherches sont vaines.

HAMILTON.
Du soin de la trouver fiez-vous à mes peines.

SIDNEI.
Non, quand je le pourrais je ne la verrais plus;
Mes sentiments troublés, tous mes sens confondus,
Tout me sépare d'elle, et mon ame éclipsée,

De ma fin seule, ami, conserve la pensée :
Je ne voulais savoir sa retraite et son sort
Que pour la rendre heureuse au moins après ma mort ;
Et ne prétendais pas à reporter près d'elle
Un cœur déjà frappé de l'atteinte mortelle.

HAMILTON.

Elle oubliera vos torts en voyant vos regrets;
L'amour pardonne tout : laissez d'affreux projets,
Différez-les du moins, rassurez ma tendresse.
Votre ame fut toujours faite pour la sagesse;
Vous entendrez sa voix, vous vaincrez vos dégoûts :
Je ne veux que du temps; me le promettez-vous ?
Mon cher Sidnei, parlez.

SIDNEI.

    J'ai honte de moi-même.
Laissez un malheureux qui vous craint et vous aime.
     (Dumont paraît.)
J'ai besoin d'être seul... Je vous promets, ami,
De revenir dans peu vous retrouver ici.

HAMILTON.

Non, je vous suis.

SCENE VII.

HAMILTON, DUMONT.

DUMONT, arrêtant Hamilton qui sort.
    Monsieur, un mot de conséquence.

HAMILTON.

Hâte-toi, je crains tout..

DUMONT.
Quoi! son extravagance...
HAMILTON.
Il veut se perdre; il faut observer tous ses pas,
Le sauver de lui-même.
DUMONT.
Oh! je ne le crains pas;
J'ai pris ses pistolets, son arsenal est vide,
Et j'ai su m'emparer de tout meuble homicide;
Consignez-moi sa vie en toute sûreté :
S'il vous voit à le suivre un soin trop affecté,
Il pourrait bien...
HAMILTON.
Va donc, ne le perds point de vue;
Vois si je puis entrer.
DUMONT, revenant sur ses pas.
A propos, l'inconnue...
Mais ce goût de mourir, monsieur, il faut, ma foi,
Que cela soit dans l'air, et j'en tremble pour moi :
Ce travers tient aussi l'une des pèlerines;
J'ignore le sujet de ses vapeurs chagrines.
Vous allez le savoir; ma course a réussi,
Mon maître est réformé, c'est vous qu'on veut ici :
Elle dit vous connaître; elle est, ma foi, jolie :
Cela rappellerait le défunt à la vie;
Des façons, des propos, des yeux à sentiments,
Un certain jargon tendre, imité des romans;
Tout cela... vous verrez. On vient, je crois... c'est elle.
Je cours dans mon donjon me mettre en sentinelle.

SCENE VIII.

ROSALIE, HAMILTON.

HAMILTON.
Que vois-je? Rosalie! ah! quel moment heureux!
Que je bénis le sort qui vous rend à nos vœux!

ROSALIE.
Ces transports sont-ils faits pour une infortunée
Prête à voir terminer sa triste destinée!
J'ose à peine élever mes regards jusqu'à vous.
Quelle étrange démarche! ah! dans des temps plus doux
J'étais bien sûre, hélas! d'obtenir votre estime;
Mais de tout au malheur on fait toujours un crime:
Vous me condamnez.

HAMILTON.
Non; vivez: cet heureux jour
N'est point fait pour les pleurs, il est fait pour l'amour.

ROSALIE.
Que dites-vous? ô ciel! ma surprise m'accable...

HAMILTON.
Sidnei dans les remords...

ROSALIE.
Quel songe favorable!
Il m'aimerait encore!

HAMILTON.
Il est digne de vous;
Vous finirez ses maux, il sera votre époux.

ROSALIE.
Laissez-moi respirer, vous me rendez la vie:

Quel heureux changement dans mon ame ravie!
Tous mes jours ressemblaient au moment de la mort!
Mais ne flattez-vous point un crédule transport?
HAMILTON.
Non; croyez votre cœur, vous êtes adorée.
Mais par quel heureux sort en ces lieux retirée...
ROSALIE.
Je n'ai point à rougir aux yeux de l'amitié;
Vous connaissez mon cœur, il est justifié.
Oui, je l'aimais encor, même sans espérance;
C'est un bien que n'a pu m'ôter son inconstance;
Et si, malgré l'excès de mon accablement,
J'ai vécu jusqu'ici, c'est par ce sentiment:
Victime du malheur, quand Sidnei m'eut trahie,
Privée au même temps d'une mère chérie,
Je vins cacher mes pleurs et fixer mon destin
Auprès d'une parente en ce château voisin;
Mais, loin de voir calmer ma vive inquiétude,
Je retrouvai l'amour dans cette solitude:
Voisine de ces lieux soumis à mon amant,
J'y venais malgré moi rêver incessamment;
Tout me parlait de lui, tout m'offrait son image;
J'avais tout l'univers dans ce séjour sauvage:
Mille fois j'ai voulu fuir dans d'autres déserts;
Mais un charme secret m'attachait à mes fers.
Après quatre ans entiers d'une vie inconnue,
Quel trouble me saisit quand j'appris sa venue!
Pour la dernière fois je voulais lui parler;
Des adieux de l'amour je venais l'accabler;
Je succombais sans doute à ma douleur mortelle

ACTE II, SCÈNE VIII.

Si je ne l'eusse vu que toujours infidèle.
Mais pourquoi retarder le bonheur de nous voir?
Venez, guidez mes pas, et comblez mon espoir.

HAMILTON.

Commandez un moment à votre impatience.
Je conçois pour vos vœux la plus sûre espérance;
Mais il me faut d'abord disposer votre amant
Au charme inespéré de cet heureux moment.
Il est dans la douleur, égaré, solitaire...
Je vous éclaircirai ce funeste mystère;
Qu'il vous suffise ici de savoir qu'en ce jour,
Fidèle, heureux par vous, il vivra pour l'amour.
Je diffère à regret l'instant de votre joie;
Mais enfin avant vous il faut que je le voie.

ROSALIE.

Tous ces retardements me pénètrent d'effroi...
Vous me trompez, Sidnei ne pensait plus à moi.

HAMILTON.

Je ne vous trompe pas : si je pouvais vous dire
Ce qu'il faisait pour vous... mais non, je me retire;
Je vais hâter l'instant que nous désirons tous.

ROSALIE.

Du destin de mes jours je me remets à vous :
Songez que ces délais dont mon ame est saisie
Sont autant de moments retranchés de ma vie.

FIN DU SECOND ACTE.

ACTE TROISIÈME.

SCENE I.

SIDNEI.

C'en est donc fait enfin, tout est fini pour moi :
Ce breuvage fatal que j'ai pris sans effroi,
Enchaînant tous mes sens dans une mort tranquille,
Va du dernier sommeil assoupir cette argile.
Nul regret, nul remords ne trouble ma raison :
L'esclave est-il coupable en brisant sa prison?
Le juge qui m'attend dans cette nuit obscure
Est le père et l'ami de toute la nature;
Rempli de sa bonté, mon esprit immortel
Va tomber sans frémir dans son sein paternel.

SCENE II.

SIDNEI, HAMILTON.

HAMILTON.

Qu'aux peines d'un ami vous êtes peu sensible!
Pourquoi donc, cher Sidnei, vous rendre inaccessible?
Depuis une heure entière en vain je veux vous voir,

ACTE III, SCÈNE II.

Et dissiper l'horreur d'un cruel désespoir,
Je n'ai pu pénétrer dans votre solitude.
Enfin vous m'arrachez à mon inquiétude,
Et la raison sur vous va reprendre ses droits.

SIDNEI.

Embrassons-nous, ami, pour la dernière fois.

HAMILTON.

Quel langage accablant! dans cette léthargie,
Quoi! je retrouve encor votre ame ensevelie?

SIDNEI.

De mes derniers désirs, de ma vive douleur
J'ai déposé l'espoir au fond de votre cœur;
Que mon attente un jour par vos soins soit remplie.
Si la mort a frappé la triste Rosalie...

HAMILTON.

Non; elle vit pour vous : répondez par pitié,
Répondez à l'espoir, aux vœux de l'amitié;
Parlez : si Rosalie, à votre amour rendue,
Dans ces lieux aujourd'hui s'offrait à votre vue
Telle encor qu'elle était dans ces heureux moments
Où vous renouveliez les plus tendres serments;
Sensible à vos remords, oubliant votre offense,
Fidèle à son amour, malgré votre inconstance,
Enfin avec ces traits, cette ingénuité,
Cet air intéressant qui pare la beauté,
Pourriez-vous résister à l'amour de la vie,
Au charme de revoir une amante attendrie,
De faire son bonheur, de réparer vos torts,
De partager ses vœux, sa vie, et ses transports!

SIDNEI.

Je rendrais grace au ciel de l'avoir conservée.
Vous savez mes projets : si je l'eusse trouvée,
Je recommanderais son bonheur à vos soins;
Mais dans ce même jour je ne mourrais pas moins.

HAMILTON.

Puisque en vain l'amitié vous conseille et vous prie,
L'amour doit commander : paraissez, Rosalie.

SIDNEI.

Rosalie! est-ce un songe? en croirai-je mes yeux?
Vous, Rosalie! ô ciel! et dans ces tristes lieux!

SCENE III.

ROSALIE, SIDNEI, HAMILTON.

ROSALIE.

Oui, c'est moi, qui, malgré mon injure et ma peine,
N'ai jamais pu pour vous me résoudre à la haine;
C'est moi, qui viens jouir d'un repentir heureux :
Votre cœur m'appartient, puisqu'il est vertueux...
Mais que vois-je? est-ce là l'effet de ma présence?
On me trompe, Hamilton; ce farouche silence...

SIDNEI.

Confondu des chagrins que j'ai pu vous causer,
Que répondre quand tout s'unit pour m'accuser?
Vous daignez oublier mes fureurs, mon caprice;
Puis-je m'en pardonner la cruelle injustice?
Du sort sans murmurer je dois subir les coups :

Je ne méritais pas le bonheur d'être à vous.

ROSALIE.

J'ai pleuré vos erreurs, j'ai plaint votre faiblesse;
Mais mon malheur jamais n'altéra ma tendresse.

SIDNEI.

Ne me regrettez plus; c'est pour votre bonheur
Qu'à d'autres passions le ciel livra mon cœur :
L'état que m'apprêtaient mes tristes destinées
Aurait semé d'ennuis vos plus belles journées :
Le destin vous devait des jours pleins de douceur;
Mon triste caractère eût fait votre malheur.

ROSALIE.

Le pouvez-vous penser? quelle injustice extrême!
Est-il quelque malheur, aimé de ce qu'on aime?
Sensible à vos chagrins, et sans m'en accabler,
Je ne les aurais vus que pour vous consoler :
Si mes soins redoublés, si ma vive tendresse
N'avaient pu vous guérir d'une sombre tristesse,
Je l'aurais partagée, et sans autres désirs
J'aurais du monde entier oublié les plaisirs :
Rosalie avec vous ne pouvait qu'être heureuse.

SIDNEI.

Vous ne connaissez pas ma destinée affreuse :
Insensible à la vie, au milieu de mes jours
Il m'était réservé d'en détester le cours;
De voir pour l'ennui seul renaître mes journées,
Et de marquer moi-même un terme à mes années.

ROSALIE.

Que dites-vous, cruel? quelle aveugle fureur
Vous inspire un dessein qui fait frémir mon cœur?

Calmez l'état affreux d'une amante alarmée :
Vous aimeriez vos jours si j'étais plus aimée ;
Dans le sein des vertus, dans les nœuds les plus doux,
L'image du bonheur s'offrant encore à vous
Affranchirait vos sens d'une langueur mortelle :
Le véritable amour donne une ame nouvelle ;
Sans doute l'union de deux cœurs vertueux,
L'un pour l'autre formés, et l'un par l'autre heureux,
Est faite pour calmer toute aveugle furie,
Pour adoucir les maux, pour embellir la vie.

SIDNEI.

Qu'entends-je ? je pouvais me voir encore heureux !
Quel bandeau tout à coup est tombé de mes yeux !
Tout était éclipsé ; tout pour moi se ranime ;
Et tout dans un moment retombe dans l'abîme !
Quel mélange accablant de tendresse et d'horreur !
D'un côté Rosalie, et de l'autre... O douleur !
Malheureux ! qu'ai-je fait ?... Fuyez.

ROSALIE.

     De ma tendresse
Voilà donc tout le prix !
   (A Hamilton.)
    Vous trompiez ma faiblesse !

SIDNEI, aux genoux de Rosalie qui veut sortir.

Non ; s'il vous a juré mon sincère retour,
S'il a peint les transports d'un immortel amour,
Il ne vous trompait pas, ma chère Rosalie.
Je déteste à vos pieds le crime de ma vie,
Je déteste ces jours où l'erreur enchaînait
Les sentiments d'un cœur qui vous appartenait

ACTE III, SCÈNE III.

Ah! si par mes fureurs vous fûtes outragée,
Si je fus criminel, vous êtes trop vengée;
L'amour pour me punir attendait ce moment.

ROSALIE.

Que dites-vous, Sidnei? quel triste égarement!

SIDNEI.

Je ne dis que trop vrai : plaignez mon sort funeste;
Au sein de mon bonheur le désespoir me reste;
L'amour rallume en vain ses plus tendres transports,
Mon cœur n'appartient plus qu'à l'horreur des remords.
Oui, d'une illusion échappée à ma vue
Je découvre trop tard l'effrayante étendue :
Quels lieux vous dérobaient? quelle aveugle fureur
Égara ma raison, et combla mon malheur!

ROSALIE.

Laissons des maux passés l'image déplorable :
Non, mon cœur ne sait plus que vous fûtes coupable;
Je vous vois tel encor que dans ces jours heureux
Où l'amour et l'honneur devaient former nos nœuds.
Mais pourquoi me causer ces nouvelles alarmes?
Vous vous troublez, vos yeux se remplissent de larmes.

SIDNEI.

Vaine félicité qu'empoisonne l'horreur!
Oubliez un barbare indigne du bonheur.
Je vous revois trop tard, ma chère Rosalie;
Je vous perds à jamais, c'en est fait de ma vie :
Je touche en frémissant aux bornes de mon sort;
Oui, cette nuit me livre au sommeil de la mort.

(A Hamilton.)

Apprenez, déplorez le plus affreux délire.

SIDNEI.

Vous m'aviez dit trop vrai, le voile se déchire;
Je suis un furieux que l'erreur a conduit,
Que la terre condamne, et que le ciel poursuit.
(Il donne à lire à Rosalie la lettre écrite à Hamilton.)
Voyez ce que pour vous mon amour voulut faire
Dans les extrémités d'un malheur nécessaire...

ROSALIE.

Que vois-je? ayez pitié de mon cœur alarmé;
Laissez...

SIDNEI.
        Il n'est plus temps, le crime est consommé;
Tout secours est sans fruit, toutes plaintes sont vaines,
Un poison invincible a passé dans mes veines.

ROSALIE.

Barbare!

HAMILTON.

Malheureux!

ROSALIE.
        Il faut sauver ses jours,
Peut-être en ce malheur il est quelque secours.

HAMILTON.

Je me charge de tout; comptez sur moi, j'y vole:
Ne l'abandonnez pas.
                    (Il sort.)

SIDNEI.
        Espérance frivole!

SCENE IV.

SIDNEI, ROSALIE.

ROSALIE.
Était-ce donc ainsi, cruel! que vous m'aimiez?
SIDNEI.
Moi si je vous aimais! ah! si vous en doutiez,
Ce soupçon me rendrait la mort plus douloureuse.
Voyant que ma recherche était infructueuse,
J'ai méprisé des jours qui n'étaient plus pour vous;
A la mort condamné, j'ai devancé ses coups :
J'aurais vu naître au sein des ennuis et des larmes
Un nouvel univers embelli par vos charmes;
La vérité trop tard a levé le bandeau
Pour ne me laisser voir que l'horreur du tombeau.
Soumis à mon auteur, je devais sur moi-même
Attendre en l'adorant sa volonté suprême;
Puisqu'il vous conservait, il voulait mon bonheur.
J'ai blessé sa puissance, il en punit mon cœur.

SCENE V.

HAMILTON, SIDNEI, ROSALIE, DUMONT.

HAMILTON, à Dumont.
Que n'obéis-tu?
SIDNEI.
Non, non; ma mort est trop sûre.
DUMONT.
Ah! vous vous regrettez? j'en comprends cette cure...

SIDNEI.

Chassez cet insensé.

DUMONT.

Vous êtes fort heureux
Que, loin d'extravaguer, j'étais sage pour deux :
Je vous gardais à vue, et d'une niche obscure
J'avais vu des apprêts de fort mauvais augure :
Distrait, ne voyant rien, en vous-même enfoncé,
Dans votre cabinet vous êtes repassé;
Par l'alcôve et sans bruit durant cet intervalle
Je suis venu changer cette liqueur fatale,
Et je ne vous tiens pas plus trépassé que moi.

ROSALIE.

Je renais.

HAMILTON.

O bonheur!

SIDNEI.

A peine je le croi...
Rosalie!... Hamilton!... et toi, dont l'heureux zèle
Me sauve des excès d'une erreur criminelle,
Comment puis-je payer?...

DUMONT.

Vivez, je suis payé :
Les gens de mon pays font tout par amitié,
Ils n'envisagent point d'autre reconnaissance ;
Le plaisir de bien faire est notre récompense.

SIDNEI.

O vous, dont la vertu, les graces, la candeur,
Vont fixer sur mes jours les plaisirs et l'honneur;
Vous, par qui je reçois une plus belle vie,

Oubliez mes fureurs, ma chère Rosalie;
Ne voyez que l'amour qui vient me ranimer.
Le jour ne serait rien sans le bonheur d'aimer;
Partagez mes destins : je vous dois tout mon être;
C'est pour vous adorer que je viens de renaître.
DUMONT.
Ne savais-je pas bien qu'on en revenait là?
Ennui, haine de soi, chansons que tout cela.
Malgré tout le jargon de la philosophie,
Malgré tous les chagrins, ma foi, vive la vie!

FIN DE SIDNEI.

LE MÉCHANT,

COMÉDIE EN CINQ ACTES,

Représentée en 1747.

PERSONNAGES.

CLÉON, méchant.
GÉRONTE, frère de Florise.
FLORISE, mère de Chloé.
CHLOÉ.
ARISTE, ami de Géronte.
VALÈRE, amant de Chloé.
LISETTE, suivante.
FRONTIN, valet de Cléon.
Un laquais.

La scène est à la campagne, dans un château de Géronte.

LE MÉCHANT,

COMÉDIE.

ACTE PREMIER.

SCENE I.

LISETTE, FRONTIN.

FRONTIN.

Te voilà de bonne heure, et toujours plus jolie.
LISETTE.
Je n'en suis pas plus gaie.
FRONTIN.
Eh! pourquoi, je te prie?
LISETTE.
Oh! pour bien des raisons.
FRONTIN.
Es-tu folle? comment!
On prépare une noce, une fête...
LISETTE.
Oui vraiment,
Crois cela; mais pour moi, j'en suis bien convaincue,
Nos affaires vont mal, et la noce est rompue.

FRONTIN.

Pourquoi donc?

LISETTE.

Oh! pourquoi? dans toute la maison
Il règne un air d'aigreur et de division
Qui ne le dit que trop. Au lieu de cette aisance
Qu'établissait ici l'entière confiance,
On se boude, on s'évite, on bâille, on parle bas;
Et je crains que demain on ne se parle pas.
Va, la noce est bien loin, et j'en sais trop la cause :
Ton maître sourdement...

FRONTIN.

Lui! bien loin qu'il s'oppose
Au choix qui doit unir Valère avec Chloé,
Je puis te protester qu'il l'a fort appuyé,
Et qu'au bonhomme d'oncle il répète sans cesse
Que c'est le seul parti qui convienne à sa nièce.

LISETTE.

S'il s'en mêle, tant pis; car, s'il fait quelque bien,
C'est que, pour faire mal, il lui sert de moyen.
Je sais ce que je sais; et je ne puis comprendre
Que, connaissant Cléon, tu veuilles le défendre.
Droit, franc comme tu l'es, comment estimes-tu
Un fourbe, un homme faux, déshonoré, perdu,
Qui nuit à tout le monde, et croit tout légitime?

FRONTIN.

Oh! quand on est fripon, je rabats de l'estime.
Mais, autant qu'on peut voir, et que je m'y connais,
Mon maître est honnête homme, à quelque chose près.
La première vertu qu'en lui je considère,

ACTE I, SCÈNE I.

C'est qu'il est libéral; excellent caractère!
Un maître, avec cela, n'a jamais de défaut;
Et, de sa probité, c'est tout ce qu'il me faut.
Il me donne beaucoup, outre de fort bons gages.

LISETTE.

Il faut, puisqu'il te fait de si grands avantages,
Que de ton savoir-faire il ait souvent besoin.
Mais tiens, parle-moi vrai, nous sommes sans témoin :
Cette chanson qui fit une si belle histoire...

FRONTIN.

Je ne me pique pas d'avoir de la mémoire.
Les rapports font toujours plus de mal que de bien :
Et de tout le passé je ne sais jamais rien.

LISETTE.

Cette méthode est bonne, et j'en veux faire usage.
Adieu, monsieur Frontin.

FRONTIN.

                  Quel est donc ce langage?
Mais, Lisette, un moment.

LISETTE.

                  Je n'ai que faire ici.

FRONTIN.

As-tu donc oublié, pour me traiter ainsi,
Que je t'aime toujours, et que tu dois m'en croire?

LISETTE.

Je ne me pique pas d'avoir de la mémoire.

FRONTIN.

Mais que veux-tu?

LISETTE.

                Je veux que, sans autre façon,

Si tu veux m'épouser, tu laisses là Cléon.

FRONTIN.

Oh! le quitter ainsi, c'est de l'ingratitude;
Et puis, d'ailleurs, je suis animal d'habitude.
Où trouverais-je mieux?

LISETTE.

Ce n'est pas l'embarras.
Si, malgré ce qu'on voit, et ce qu'on ne voit pas,
La noce en question parvenait à se faire,
Je pourrais, par Chloé, te placer chez Valère.
Mais à propos de lui, j'apprends avec douleur
Qu'il connaît fort ton maître, et c'est un grand malheur.
Valère, à ce qu'on dit, est aimable, sincère,
Plein d'honneur, annonçant le meilleur caractère;
Mais, séduit par l'esprit ou la fatuité,
Croyant qu'on réussit par la méchanceté,
Il a choisi, dit-on, Cléon pour son modèle;
Il est son complaisant, son copiste fidèle...

FRONTIN.

Mais tu fais des malheurs et des monstres de tout.
Mon maître a de l'esprit, des lumières, du goût,
L'air et le ton du monde; et le bien qu'il peut faire
Est au-dessus du mal que tu crains pour Valère.

LISETTE.

Si pourtant il ressemble à ce qu'on dit de lui,
Il changera de guide; il arrive aujourd'hui:
Tu verras; les méchants nous apprennent à l'être;
Par d'autres, ou par moi, je lui peindrai ton maître:
Au reste, arrange-toi, fais tes réflexions:
Je t'ai dit ma pensée, et mes conditions:

ACTE I, SCÈNE I.

J'attends une réponse, et positive, et prompte.
Quelqu'un vient, laisse-moi... Je crois que c'est Géronte.
Comment! il parle seul!

SCENE II.

GÉRONTE, LISETTE.

GÉRONTE, sans voir Lisette.

Ma foi, je tiendrai bon.
Quand on est bien instruit, bien sûr d'avoir raison,
Il ne faut pas céder. Elle suit son caprice:
Mais moi, je veux la paix, le bien, et la justice:
Valère aura Chloé.

LISETTE.

Quoi! sérieusement?

GÉRONTE.

Comment! tu m'écoutais?

LISETTE.

Tout naturellement.
Mais n'est-ce point un rêve? une plaisanterie?
Comment, monsieur! j'aurais, une fois en ma vie,
Le plaisir de vous voir, en dépit des jaloux,
De votre sentiment, et d'un avis à vous?

GÉRONTE.

Qui m'en empêcherait? je tiendrai ma promesse;
Sans l'avis de ma sœur, je marierai ma nièce:
C'est sa fille, il est vrai; mais les biens sont à moi:
Je suis le maître enfin. Je te jure ma foi
Que la donation, que je suis prêt à faire,

N'aura lieu pour Chloé qu'en épousant Valère :
Voilà mon dernier mot.

LISETTE.

Voilà parler, cela !

GÉRONTE.

Il n'est point de parti meilleur que celui-là.

LISETTE.

Assurément.

GÉRONTE.

C'était pour traiter cette affaire,
Qu'Ariste vint ici la semaine dernière.
La mère de Valère, entre tous ses amis,
Ne pouvait mieux choisir pour proposer son fils.
Ariste est honnête homme, intelligent et sage :
L'amitié qui nous lie est, ma foi, de notre âge ;
Il est parti muni de mon consentement,
Et l'affaire sera finie incessamment ;
Je n'écouterai plus aucun avis contraire ;
Pour la conclusion l'on n'attend que Valère :
Il a dû revenir de Paris ces jours-ci ;
Et ce soir au plus tard je les attends ici.

LISETTE.

Fort bien.

GÉRONTE.

Toujours plaider m'ennuie et me ruine ;
Des terres du futur cette terre est voisine,
Et confondant nos droits, je finis des procès
Qui, sans cette union, ne finiraient jamais.

LISETTE.

Rien n'est plus convenable.

GÉRONTE.

                    Et puis d'ailleurs, ma nièce
Ne me dédira point, je crois, de ma promesse,
Ni Valère non plus. Avant nos différends,
Ils se voyaient beaucoup, n'étant encor qu'enfants;
Ils s'aimaient; et souvent cet instinct de l'enfance
Devient un sentiment quand la raison commence.
Depuis près de six ans qu'il demeure à Paris
Ils ne se sont pas vus : mais je serais surpris
Si, par ses agréments et son bon caractère,
Chloé ne retrouvait tout le goût de Valère.

LISETTE.

Cela n'est pas douteux.

GÉRONTE.

                    Encore une raison
Pour finir: j'aime fort ma terre, ma maison;
Leur embellissement fit toujours mon étude.
On n'est pas immortel : j'ai quelque inquiétude
Sur ce qu'après ma mort tout ceci deviendra :
Je voudrais mettre au fait celui qui me suivra,
Lui laisser mes projets. J'ai vu naître Valère,
J'aurai, pour le former, l'autorité d'un père.

LISETTE.

Rien de mieux : mais...

GÉRONTE.

                  Quoi, mais? J'aime qu'on parle net.

LISETTE.

Tout cela serait beau ; mais cela n'est pas fait.

GÉRONTE.

Eh! pourquoi donc?

LISETTE.
Pourquoi? pour une bagatelle
Qui fera tout manquer. Madame y consent-elle?
Si j'ai bien entendu, ce n'est pas son avis.
GÉRONTE.
Qu'importe? ses conseils ne seront pas suivis.
LISETTE.
Ah! vous êtes bien fort, mais c'est loin de Florise :
Au fond, elle vous mène en vous semblant soumise :
Et, par malheur pour vous et toute la maison,
Elle n'a pour conseil que ce monsieur Cléon,
Un mauvais cœur, un traître, enfin un homme horrible,
Et pour qui votre goût m'est incompréhensible.
GÉRONTE.
Ah! te voilà toujours. On ne sait pas pourquoi
Il te déplaît si fort.
LISETTE.
Oh! je le sais bien, moi.
Ma maîtresse autrefois me traitait à merveille,
Et ne peut me souffrir depuis qu'il la conseille.
Il croit que de ses tours je ne soupçonne rien;
Je ne suis point ingrate, et je lui rendrai bien...
Je vous l'ai déjà dit, vous n'en voulez rien croire,
C'est l'esprit le plus faux, et l'ame la plus noire;
Et je ne vois que trop que ce qu'on m'en a dit...
GÉRONTE.
Toujours la calomnie en veut aux gens d'esprit.
Quoi donc! parce qu'il sait saisir le ridicule,
Et qu'il dit tout le mal qu'un flatteur dissimule,
On le prétend méchant! c'est qu'il est naturel :

ACTE I, SCÈNE II.

Au fond, c'est un bon cœur, un homme essentiel.

LISETTE.

Mais je ne parle pas seulement de son style.
S'il n'avait de mauvais que le fiel qu'il distille,
Ce serait peu de chose, et tous les médisants
Ne nuisent pas beaucoup chez les honnêtes gens.
Je parle de ce goût de troubler, de détruire,
Du talent de brouiller, et du plaisir de nuire :
Semer l'aigreur, la haine et la division,
Faire du mal enfin, voilà votre Cléon ;
Voilà le beau portrait qu'on m'a fait de son ame,
Dans le dernier voyage où j'ai suivi madame.
Dans votre terre ici fixé depuis long-temps,
Vous ignorez Paris et ce qu'on dit des gens.
Moi, le voyant là-bas s'établir chez Florise,
Et lui trouvant un ton suspect à ma franchise,
Je m'informai de l'homme, et ce qu'on m'en a dit
Est le tableau parfait du plus méchant esprit ;
C'est un enchaînement de tours, d'horreurs secrètes,
De gens qu'il a brouillés, de noirceurs qu'il a faites,
Enfin, un caractère effroyable, odieux.

GÉRONTE.

Fables que tout cela, propos des envieux.
Je le connais, je l'aime, et je lui rends justice.
Chez moi, j'aime qu'on rie, et qu'on me divertisse ;
Il y réussit mieux que tout ce que je voi.
D'ailleurs, il est toujours du même avis que moi ;
Preuve que nos esprits étaient faits l'un pour l'autre,
Et qu'une sympathie, un goût comme le nôtre,
Sont pour durer toujours ; et puis, j'aime ma sœur ;

Et quiconque lui plaît, convient à mon humeur :
Elle n'amène ici que bonne compagnie ;
Et, grace à ses amis, jamais je ne m'ennuie.
Quoi ! si Cléon était un homme décrié,
L'aurais-je ici reçu ? l'aurait-elle prié ?
Mais quand il serait tel qu'on te l'a voulu peindre,
Faux, dangereux, méchant, moi, qu'en aurais-je à craindre ?
Isolé dans nos bois, loin des sociétés,
Que me font les discours et les méchancetés ?

LISETTE.

Je ne jurerais pas qu'en attendant pratique,
Il ne divisât tout dans votre domestique.
Madame me paraît déjà d'un autre avis
Sur l'établissement que vous avez promis,
Et d'une... Mais enfin je me serai méprise,
Vous en êtes content ; madame en est éprise.
Je croirais même assez...

GÉRONTE.

    Quoi ? qu'elle aime Cléon ?

LISETTE.

C'est vous qui l'avez dit, et c'est avec raison
Que je le pense, moi ; j'en ai la preuve sûre.
Si vous me permettez de parler sans figure,
J'ai déjà vu madame avoir quelques amants ;
Elle en a toujours pris l'humeur, les sentiments,
Le différent esprit. Tour à tour je l'ai vue
Ou folle ou de bon sens, sauvage ou répandue ;
Six mois dans la morale, et six dans les romans,
Selon l'amant du jour et la couleur du temps ;
Ne pensant, ne voulant, n'étant rien d'elle-même,

Et n'ayant d'ame enfin que par celui qu'elle aime.
Or, comme je la vois, de bonne qu'elle était,
N'avoir qu'un ton méchant, ton qu'elle détestait;
Je conclus que Cléon est assez bien chez elle.
Autre conclusion tout aussi naturelle :
Elle en prendra conseil; vous en croirez le sien
Pour notre mariage, et nous ne tenons rien.

GÉRONTE.

Ah! je voudrais le voir! corbleu! tu vas connaître
Si je ne suis qu'un sot, ou si je suis le maître.
J'en vais dire deux mots à ma très-chère sœur,
Et la faire expliquer. J'ai déjà sur le cœur
Qu'elle s'est peu prêtée à bien traiter Ariste;
Tu m'y fais réfléchir : outre un accueil fort triste,
Elle m'avait tout l'air de se moquer de lui,
Et ne lui répondait qu'avec un ton d'ennui :
Oh! par exemple, ici tu ne peux pas me dire
Que Cléon ait montré le moindre goût de nuire,
Ni de choquer Ariste, ou de contrarier
Un projet dont ma sœur paraissait s'ennuyer,
Car il ne disait mot.

LISETTE.

Non, mais à la sourdine,
Quand Ariste parlait, Cléon faisait la mine;
Il animait madame en l'approuvant tout bas :
Son air, des demi-mots que vous n'entendiez pas,
Certain ricanement, un silence perfide;
Voilà comme il parlait, et tout cela décide.
Vraiment il n'ira pas se montrer tel qu'il est,
Vous présent : il entend trop bien son intérêt;

Il se sert de Florise, et sait se satisfaire
Du mal qu'il ne fait point, par le mal qu'il fait faire.
Enfin, à me prêcher vous perdez votre temps :
Je ne l'aimerai pas, j'abhorre les méchants :
Leur esprit me déplaît comme leur caractère;
Et les bons cœurs ont seuls le talent de me plaire.
Vous, monsieur, par exemple, à parler sans façon,
Je vous aime; pourquoi? c'est que vous êtes bon.

GÉRONTE.

Moi! je ne suis pas bon. Et c'est une sottise
Que pour un compliment...

LISETTE.

     Oui, bonté c'est bêtise,
Selon ce beau docteur : mais vous en reviendrez.
En attendant, en vain vous vous en défendrez,
Vous n'êtes pas méchant, et vous ne pouvez l'être.
Quelquefois, je le sais, vous voulez le paraître;
Vous êtes comme un autre, emporté, violent,
Et vous vous fâchez même assez honnêtement :
Mais au fond la bonté fait votre caractère,
Vous aimez qu'on vous aime, et je vous en révère.

GÉRONTE.

Ma sœur vient : tu vas voir si j'ai tant de douceur,
Et si je suis si bon.

LISETTE.

Voyons..

SCENE III.

FLORISE, GÉRONTE, LISETTE.

GÉRONTE, d'un ton brusque.

Bon jour, ma sœur.

FLORISE.

Ah dieux ! parlez plus bas, mon frère, je vous prie.

GÉRONTE.

Eh ! pourquoi, s'il vous plaît ?

FLORISE.

Je suis anéantie :
Je n'ai pas fermé l'œil ; et vous criez si fort...

GÉRONTE, bas à Lisette.

Lisette, elle est malade.

LISETTE, bas à Géronte.

Et vous, vous êtes mort ;
Voilà donc ce courage ?

FLORISE.

Allez savoir, Lisette,
Si l'on peut voir Cléon... Faut-il que je répète ?

SCENE IV.

FLORISE, GÉRONTE.

FLORISE.

Je ne sais ce que j'ai, tout m'excède aujourd'hui :
Aussi c'est vous... hier...

GÉRONTE.
Quoi donc?
FLORISE.
Oui, tout l'ennui
Que vous m'avez causé sur ce beau mariage,
Dont je ne vois pas bien l'important avantage :
Tous vos propos sans fin m'ont occupé l'esprit
Au point que j'ai passé la plus mauvaise nuit.
GÉRONTE.
Mais, ma sœur, ce parti...
FLORISE.
Finissons là, de grace :
Allez-vous m'en parler? je vous cède la place.
GÉRONTE.
Un moment : je ne veux...
FLORISE.
Tenez, j'ai de l'humeur,
Et je vous répondrais peut-être avec aigreur.
Vous savez que je n'ai de désirs que les vôtres :
Mais, s'il faut quelquefois prendre l'avis des autres,
Je crois que c'est surtout dans cette occasion.
Eh bien! sur cette affaire entretenez Cléon :
C'est un ami sensé, qui voit bien, qui vous aime.
S'il approuve ce choix, j'y souscrirai moi-même.
Mais je ne pense pas, à parler sans détours,
Qu'il soit de votre avis, comme il en est toujours.
D'ailleurs, qui vous a fait hâter cette promesse?
Tout bien considéré, je ne vois rien qui presse.
Oh! mais, me dites-vous, on nous chicanera :
Ce seront des procès! Eh bien! on plaidera.

Faut-il qu'un intérêt d'argent, une misère,
Nous fasse ainsi brusquer une importante affaire?
Cessez de m'en parler, cela m'excède.

GÉRONTE.

Moi!

Je ne dis rien, c'est vous...

FLORISE.

Belle alliance!

GÉRONTE.

Et quoi...

FLORISE.

La mère de Valère est maussade, ennuyeuse,
Sans usage du monde, une femme odieuse :
Que voulez-vous qu'on dise à de pareils oisons?

GÉRONTE.

C'est une femme simple et sans prétentions,
Qui, veillant sur ses biens...

FLORISE.

La belle emplette encore
Que ce Valère! un fat qui s'aime, qui s'adore.

GÉRONTE.

L'agrément de cet âge en couvre les défauts :
Eh! qui donc n'est pas fat? tout l'est, jusques aux sots.
Mais le temps remédie aux torts de la jeunesse.

FLORISE.

Non : il peut rester fat; n'en voit-on pas sans cesse
Qui jusqu'à quarante ans gardent l'air éventé,
Et sont les vétérans de la fatuité.

GÉRONTE.

Laissons cela. Cléon sera donc notre arbitre.

Je veux vous demander sur un autre chapitre
Un peu de complaisance, et j'espère, ma sœur...
FLORISE.
Ah! vous savez trop bien tous vos droits sur mon cœur.
GÉRONTE.
Ariste doit ici...
FLORISE.
Votre Ariste m'assomme :
C'est, je vous l'avouerai, le plus plat honnête homme...
GÉRONTE.
Ne vous voilà-t-il pas? j'aime tous vos amis?
Tous ceux que vous voulez, vous les voyez admis :
Et moi je n'en ai qu'un, que j'aime pour mon compte;
Et vous le détestez : oh! cela me démonte.
Vous l'avez accablé, contredit, abruti;
Croyez-vous qu'il soit sourd, et qu'il n'ait rien senti,
Quoiqu'il n'ait rien marqué? vous autres, fortes têtes,
Vous voilà! vous prenez tous les gens pour des bêtes;
Et ne ménageant rien...
FLORISE.
Eh mais! tant pis pour lui,
S'il s'en est offensé; c'est aussi trop d'ennui
S'il faut, à chaque mot, voir comme on peut le prendre;
Je dis ce qui me vient, et l'on peut me le rendre;
Le ridicule est fait pour notre amusement,
Et la plaisanterie est libre.
GÉRONTE.
Mais vraiment,
Je sais bien, comme vous, qu'il faut un peu médire.
Mais en face des gens, il est trop fort d'en rire.

ACTE I, SCÈNE IV.

Pour conserver vos droits, je veux bien vous laisser
Tous ces lourds campagnards que je voudrais chasser
Quand ils viennent : raillez leurs façons, leur langage,
Et tout l'arrière-ban de notre voisinage ;
Mais grace, je vous prie, et plus d'attention
Pour Ariste : il revient. Faites réflexion
Qu'il me croira, s'il est traité de même sorte,
Un maître à qui bientôt on fermera sa porte :
Je ne crois pas avoir cet air-là, Dieu merci.
Enfin, si vous m'aimez, traitez bien mon ami.

FLORISE.

Par malheur je n'ai point l'art de me contrefaire.
Il vient pour un sujet qui ne saurait me plaire,
Et je lui manquerais indubitablement :
Je ne sortirai pas de mon appartement.

GÉRONTE.

Ce serait une scène.

FLORISE.

          Eh non ! je ferai dire
Que je suis malade.

GÉRONTE.

          Oh ! toujours me contredire !

FLORISE.

Mais, marier Chloé ! mon frère, y pensez-vous ?
Elle est si peu formée, et si sotte, entre nous...

GÉRONTE.

Je ne vois pas cela. Je lui trouve, au contraire,
De l'esprit naturel, un fort bon caractère ;
Ce qu'elle a devant vous ne vient que d'embarras.
On imaginerait que vous ne l'aimez pas,

A vous la voir traiter avec tant de rudesse.
Loin de l'encourager, vous l'effrayez sans cesse,
Et vous l'abrutissez, dès que vous lui parlez.
Sa figure est fort bien d'ailleurs.

FLORISE.

Si vous voulez.
Mais c'est un air si gauche, une maussaderie...

GÉRONTE élève la voix, apercevant Lisette.

Tout comme il vous plaira. Finissons, je vous prie.
Puisque je l'ai promis, je veux bien voir Cléon,
Parce que je suis sûr de sa décision.
Mais quoi qu'on puisse dire, il faut ce mariage;
Il n'est point pour Chloé d'arrangement plus sage :
Feu son père, on le sait, a mangé tout son bien,
Le vôtre est médiocre, elle n'a que le mien :
Et quand je donne tout, c'est bien la moindre chose
Qu'on daigne se prêter à ce que je propose.

(Il sort.)

FLORISE.

Qu'un sot est difficile à vivre !

SCÈNE V.

FLORISE, LISETTE.

FLORISE.

Eh bien, Cléon
Paraîtra-t-il bientôt ?

LISETTE.

Mais oui, si ce n'est non.

FLORISE.
Comment donc?

LISETTE.
Mais, madame, au ton dont il s'explique,
A son air, où l'on voit dans un rire ironique
L'estime de lui-même et le mépris d'autrui,
Comment peut-on savoir ce qu'on tient avec lui?
Jamais ce qu'il vous dit n'est ce qu'il veut vous dire.
Pour moi, j'aime les gens dont l'ame peut se lire,
Qui disent bonnement oui pour oui, non pour non.

FLORISE.
Autant que je puis voir, vous n'aimez pas Cléon.

LISETTE.
Madame, je serai peut-être trop sincère.
Mais il a pleinement le don de me déplaire.
On lui croit de l'esprit, vous dites qu'il en a :
Moi, je ne voudrais point de tout cet esprit-là,
Quand il serait pour rien. Je n'y vois, je vous jure,
Qu'un style qui n'est pas celui de la droiture;
Et sous cet air capable, où l'on ne comprend rien,
S'il cache un honnête homme, il le cache très-bien.

FLORISE.
Tous vos raisonnements ne valent pas la peine
Que j'y réponde : mais pour calmer cette haine,
Disposez pour Paris tout votre arrangement :
Vous y suivrez Chloé; je l'envoie au couvent.
Dites-lui de ma part...

LISETTE.
Voici mademoiselle :
Vous-même apprenez-lui cette bonne nouvelle.

FLORISE, à Chloé qui lui baise la main.
Vous êtes aujourd'hui coiffée à faire horreur.

(Elle sort.)

SCENE VI.

CHLOÉ, LISETTE.

CHLOÉ.
Quoi! suis-je donc si mal?

LISETTE.
Bon! c'est une douceur
Qu'on vous dit en passant, par humeur, par envie;
Le tout pour vous punir d'oser être jolie :
N'importe; là-dessus allez votre chemin.

CHLOÉ.
Du chagrin qui me suit quand verrai-je la fin?
Je cherche à mériter l'amitié de ma mère;
Je veux la contenter, je fais tout pour lui plaire;
Je me sacrifierais : et tout ce que je fais
De son aversion augmente les effets.
Je suis bien malheureuse!

LISETTE.
Ah! quittez ce langage;
Les lamentations ne sont d'aucun usage :
Il faut de la vigueur. Nous en viendrons à bout
Si vous me secondez : vous ne savez pas tout.

CHLOÉ.
Est-il quelque malheur au-delà de ma peine?

LISETTE.
D'abord, parlez-moi vrai, sans que rien vous retienne.

ACTE I, SCÈNE VI.

Voyons; qu'aimez-vous mieux du cloître ou d'un époux?
CHLOÉ.
A quoi bon ce propos?
LISETTE.
C'est que j'ai près de vous
Des pouvoirs pour les deux. Votre oncle m'a chargée
De vous dire que c'est une affaire arrangée
Que votre mariage : et, d'un autre côté,
Votre mère m'a dit, avec même clarté,
De vous notifier qu'il fallait sans remise
Partir pour le couvent : jugez de ma surprise.
CHLOÉ.
Ma mère est ma maîtresse, il lui faut obéir;
Puisse-t-elle à ce prix cesser de me haïr!
LISETTE.
Doucement, s'il vous plaît, l'affaire n'est pas faite,
Et ma décision n'est pas pour la retraite;
Je ne suis point d'humeur d'aller périr d'ennui :
Frontin veut m'épouser, et j'ai du goût pour lui;
Je ne souffrirai pas l'exil qu'on nous ordonne.
Mais vous, n'aimez-vous plus Valère, qu'on vous donne?
CHLOÉ.
Tu le vois bien, Lisette, il n'y faut plus songer.
D'ailleurs, long-temps absent, Valère a pu changer :
La dissipation, l'ivresse de son âge,
Une ville où tout plaît, un monde où tout engage,
Tant d'objets séduisants, tant de divers plaisirs,
Ont loin de moi sans doute emporté ses désirs.
Si Valère m'aimait, s'il songeait que je l'aime,
J'aurais dû quelquefois l'apprendre de lui-même.

Qu'il soit heureux du moins! pour moi j'obéirai :
Aux ennuis de l'exil mon cœur est préparé;
Et j'y dois expier le crime involontaire
D'avoir pu mériter la haine de ma mère.
A quoi rêves-tu donc? tu ne m'écoutes pas.

LISETTE.

Fort bien... Voilà de quoi nous tirer d'embarras...
Et sûrement Florise...

CHLOÉ.

Eh bien?

LISETTE.

      Mademoiselle,
Soyez tranquille; allez, fiez-vous à mon zèle;
Nous verrons sans pleurer la fin de tout ceci.
C'est Cléon qui nous perd, et brouille tout ici :
Mais malgré son crédit je vous donne Valère.
J'imagine un moyen d'éclairer votre mère
Sur le fourbe insolent qui la mène aujourd'hui;
Et nous la guérirons du goût qu'elle a pour lui :
Vous verrez.

CHLOÉ.

   Ne fais rien que ce qu'elle souhaite :
Que ses vœux soient remplis, et je suis satisfaite.

SCENE VII.

LISETTE.

Pour faire son bonheur je n'épargnerai rien.
Hélas! on ne fait plus de cœurs comme le sien.

FIN DU PREMIER ACTE.

ACTE SECOND.

SCÈNE I.

CLÉON, FRONTIN.

CLÉON.

Qu'est-ce donc que cet air d'ennui, d'impatience?
Tu fais tout de travers : tu gardes le silence;
Je ne t'ai jamais vu de si mauvaise humeur.

FRONTIN.

Chacun a ses chagrins.

CLÉON.

Ah! tu me fais l'honneur
De me parler enfin. Je parviendrai peut-être
A voir de quel sujet tes chagrins peuvent naître.
Mais, à propos, Valère?

FRONTIN.

Un de vos gens viendra
M'avertir en secret dès qu'il arrivera.
Mais pourrais-je savoir d'où vient tout ce mystère?
Je ne comprends pas trop le projet de Valère :
Pourquoi, lui qu'on attend, qui doit bientôt, dit-on,
Se voir avec Chloé l'enfant de la maison,
Prétend-il vous parler sans se faire connaître?

CLÉON.

Quand il en sera temps, je le ferai paraître.

FRONTIN.

Je n'y vois pas trop clair : mais le peu que j'y voi
Me paraît mal à vous, et dangereux pour moi.
Je vous ai, comme un sot, obéi sans mot dire :
J'ai réfléchi depuis. Vous m'avez fait écrire
Deux lettres, dont chacune, en honnête maison,
A celui qui l'écrit vaut cent coups de bâton.

CLÉON.

Je te croyais du cœur. Ne crains point d'aventure :
Personne ne connaît ici ton écriture;
Elles arriveront de Paris; et pourquoi
Veux-tu que le soupçon aille tomber sur toi?
La mère de Valère a sa lettre, sans doute;
Et celle de Géronte?...

FRONTIN.

        Elle doit être en route :
La poste d'aujourd'hui va l'apporter ici.
Mais sérieusement tout ce manège-ci
M'alarme, me déplaît, et, ma foi, j'en ai honte :
Y pensez-vous, monsieur? Quoi! Florise et Géronte
Vous comblent d'amitié, de plaisirs et d'honneurs,
Et vous mandez sur eux quatre pages d'horreurs!
Valère, d'autre part, vous aime à la folie :
Il n'a d'autre défaut qu'un peu d'étourderie;
Et, grace à vous, Géronte en va voir le portrait
Comme d'un libertin et d'un colifichet.
Cela finira mal..

ACTE II, SCÈNE I.

CLÉON.

Oh! tu prends au tragique
Un débat qui pour moi ne sera que comique;
Je me prépare ici de quoi me réjouir,
Et la meilleure scène, et le plus grand plaisir...
J'ai bien voulu pour eux quitter un temps la ville :
Ne point m'en amuser, serait être imbécile;
Un peu de bruit rendra ceci moins ennuyeux,
Et me paiera du temps que je perds avec eux.
Valère à mon projet lui-même contribue :
C'est un de ces enfants dont la folle recrue
Dans les sociétés vient tomber tous les ans,
Et lasse tout le monde, excepté leurs parents.
Croirais-tu que sur moi tout son espoir se fonde?
Le hasard me l'a fait rencontrer dans le monde :
Ce petit étourdi s'est pris de goût pour moi,
Et me croit son ami, je ne sais pas pourquoi.
Avant que dans ces lieux je vinsse avec Florise,
J'avais tout arrangé pour qu'il eût Cidalise :
Elle a, pour la plupart, formé nos jeunes gens :
J'ai demandé pour lui quelques mois de son temps.
Soit que cette aventure, ou quelque autre l'engage...
Voulant absolument rompre son mariage,
Il m'a vingt fois écrit d'employer tous mes soins
Pour le faire manquer, ou l'éloigner du moins;
Parbleu, je vous le sers de la bonne manière.

FRONTIN.

Oui, vous voilà chargé d'une très-belle affaire.

CLÉON.

Mon projet était bien qu'il se tînt à Paris;

C'est malgré mes conseils qu'il vient en ce pays.
Depuis long-temps, dit-il, il n'a point vu sa mère;
Il compte, en lui parlant, gagner ce qu'il espère.

FRONTIN.

Mais vous, quel intérêt... Pourquoi vouloir aigrir
Des gens que pour toujours ce nœud doit réunir?
Et pourquoi seconder la bizarre entreprise
D'un jeune écervelé qui fait une sottise?

CLÉON.

Quand je n'y trouverais que de quoi m'amuser,
Oh! c'est le droit des gens, et je veux en user.
Tout languit, tout est mort sans la tracasserie;
C'est le ressort du monde, et l'ame de la vie;
Bien fou qui là-dessus contraindrait ses désirs;
Les sots sont ici-bas pour nos menus plaisirs.
Mais un autre intérêt que la plaisanterie
Me détermine encore à cette brouillerie.

FRONTIN.

Comment donc! à Chloé songeriez-vous aussi?
Florise croit pourtant que vous n'êtes ici
Que pour son compte, au moins. Je pense que sa fille
Lui pèse horriblement; et la voir si gentille
L'afflige: je lui vois l'air sombre et soucieux
Lorsque vous regardez long-temps Chloé.

CLÉON.

Tant mieux.
Elle ne me dit rien de cette jalousie:
Mais j'ai bien remarqué qu'elle en était remplie;
Et je la laisse aller.

FRONTIN.

C'est-à-dire, à peu près,

ACTE II, SCÈNE I.

Que Valère écarté sert à vos intérêts.
Mais je ne comprends pas quel dessein est le vôtre;
Quoi! Florise et Chloé?...

CLÉON.

Moi! ni l'une, ni l'autre.
Je n'agis ni par goût, ni par rivalité:
M'as-tu donc jamais vu dupe d'une beauté?
Je sais trop les défauts, les retours qu'on nous cache:
Toute femme m'amuse, aucune ne m'attache;
Si par hasard aussi je me vois marié,
Je ne m'ennuierai point pour ma chère moitié;
Aimera qui pourra. Florise, cette folle,
Dont je tourne à mon gré l'esprit faux et frivole,
Qui, malgré l'âge, encore a des prétentions,
Et me croit transporté de ses perfections,
Florise pense à moi. C'est pour notre avantage
Qu'elle veut de Chloé rompre le mariage,
Vu que l'oncle à la nièce assurant tout son bien,
S'il venait à mourir, Florise n'aurait rien.
Le point est d'empêcher qu'il ne se dessaisisse;
Et je souhaite fort que cela réussisse:
Si nous pouvons parer cette donation,
Je ne répondrais pas d'une tentation
Sur cet hymen secret dont Florise me presse;
D'un bien considérable elle sera maîtresse;
Et je n'épouserais que sous condition
D'une très-bonne part dans la succession.
D'ailleurs Géronte m'aime: il se peut très-bien faire
Que son choix me regarde en renvoyant Valère;
Et sur la fille alors arrêtant mon espoir,

Je laisserai la mère à qui voudra l'avoir.
Peut-être tout ceci n'est que vaines chimères.

FRONTIN.

Je le croirais assez.

CLÉON.

Aussi n'y tiens-je guères,
Et je ne m'en fais point un fort grand embarras :
Si rien ne réussit, je ne m'en pendrai pas.
Je puis avoir Chloé, je puis avoir Florise;
Mais, quand je manquerais l'une et l'autre entreprise,
J'aurai, chemin faisant, les ayant conseillés,
Le plaisir d'être craint et de les voir brouillés.

FRONTIN.

Fort bien! mais si j'osais vous dire en confidence
Où cela va tout droit.

CLÉON.

Eh bien?

FRONTIN.

En conscience,
Cela vise à nous voir donner notre congé;
Déjà, vous le savez, et j'en suis affligé,
Pour vos maudits plaisirs on nous a pour la vie
Chassés de vingt maisons.

CLÉON.

Chassés! quelle folie!

FRONTIN.

Oh! c'est un mot pour l'autre, et puisqu'il faut choisir,
Point chassés, mais priés de ne plus revenir.
Comment n'aimez-vous pas un commerce plus stable?
Avec tout votre esprit, et pouvant être aimable,

Ne prétendez-vous donc qu'au triste amusement
De vous faire haïr universellement?

CLÉON.

Cela m'est fort égal : on me craint, on m'estime;
C'est tout ce que je veux; et je tiens pour maxime
Que la plate amitié, dont on fait tant de cas,
Ne vaut pas les plaisirs des gens qu'on n'aime pas :
Être cité, mêlé dans toutes les querelles,
Les plaintes, les rapports, les histoires nouvelles,
Être craint à la fois et désiré partout,
Voilà ma destinée et mon unique goût.
Quant aux amis, crois-moi, ce vain nom qu'on se donne
Se prend chez tout le monde, et n'est vrai chez personne;
J'en ai mille, et pas un. Veux-tu que limité
Au petit cercle obscur d'une société,
J'aille m'ensevelir dans quelque coterie?
Je vais où l'on me plaît, je pars quand on m'ennuie,
Je m'établis ailleurs, me moquant au surplus
D'être haï des gens chez qui je ne vais plus :
C'est ainsi qu'en ce lieu, si la chance varie,
Je compte planter là toute la compagnie.

FRONTIN.

Cela vous plaît à dire, et ne m'arrange pas :
De voir tout l'univers vous pouvez faire cas;
Mais je suis las, monsieur, de cette vie errante :
Toujours visages neufs, cela m'impatiente;
On ne peut, grace à vous, conserver un ami,
On est tantôt au nord, et tantôt au midi :
Quand je vous crois logé, j'y compte, je me lie
Aux femmes de madame, et je fais leur partie,

J'ose même avancer que je vous fais honneur :
Point du tout, on vous chasse, et votre serviteur.
Je ne puis plus souffrir cette humeur vagabonde,
Et vous ferez tout seul le voyage du monde.
Moi, j'aime ici, j'y reste.

CLÉON.

Et quels sont les appas,
L'heureux objet?...

FRONTIN.

Parbleu, ne vous en moquez pas;
Lisette vaut, je crois, la peine qu'on s'arrête;
Et je veux l'épouser.

CLÉON.

Tu serais assez bête
Pour te marier, toi? ton amour, ton dessein,
N'ont pas le sens commun.

FRONTIN.

Il faut faire une fin;
Et ma vocation est d'épouser Lisette :
J'aimais assez Marton, et Nérine, et Finette,
Mais quinze jours chacune, ou toutes à la fois;
Mon amour le plus long n'a point passé le mois :
Mais ce n'est plus cela, tout autre amour m'ennuie;
Je suis fou de Lisette, et j'en ai pour la vie.

CLÉON.

Quoi! tu veux te mêler aussi de sentiment?

FRONTIN.

Comme un autre.

CLÉON.

Le fat! Aime moins tristement;

ACTE II, SCÈNE I.

Pasquin, Lolive, et cent d'amour aussi fidèle,
L'ont aimée avant toi, mais sans se charger d'elle :
Pourquoi veux-tu payer pour tes prédécesseurs ?
Fais de même, aucun d'eux n'est mort de ses rigueurs.

FRONTIN.

Vous la connaissez mal, c'est une fille sage.

CLÉON.

Oui, comme elles le sont.

FRONTIN.

Oh! monsieur, ce langage
Nous brouillera tous deux.

CLÉON, après un moment de silence.

Eh bien! écoute-moi.
Tu me conviens, je t'aime, et si l'on veut de toi,
J'emploierai tous mes soins pour t'unir à Lisette ;
Soit ici, soit ailleurs, c'est une affaire faite.

FRONTIN.

Monsieur, vous m'enchantez.

CLÉON.

Ne va point nous trahir.
Vois si Valère arrive, et reviens m'avertir.

SCENE II.

CLÉON.

Frontin est amoureux ; je crains bien qu'il ne cause :
Comment parer le risque où son amour m'expose ?
Mais si je lui donnais quelque commission
Pour Paris ? oui, vraiment, l'expédient est bon :

J'aurai seul mon secret; et si, par aventure,
On sait que les billets sont de son écriture,
Je dirai que de lui je m'étais défié,
Que c'était un coquin, et qu'il est renvoyé.

SCENE III.

FLORISE, CLÉON.

FLORISE.

Je vous cherche partout. Ce que prétend mon frère,
Est-il vrai? vous parlez, m'a-t-il dit, pour Valère,
Changeriez-vous d'avis?

CLÉON.

        Comment! vous l'avez cru?

FLORISE.

Mais il en est si plein et si bien convaincu...

CLÉON.

Tant mieux. Malgré cela, soyez persuadée
Que tout ce beau projet ne sera qu'en idée,
Vous y pouvez compter, je vous réponds de tout:
Et ne paraissant pas contrarier son goût,
J'en suis beaucoup plus maître; et la bête est si bonne,
Soit dit sans vous fâcher...

FLORISE.

        Ah! je vous l'abandonne;
Faites-en les honneurs : je me sens, entre nous,
Sa sœur on ne peut moins.

CLÉON.

        Je pense comme vous;

ACTE II, SCÈNE III.

La parenté m'excède, et ces liens, ces chaînes
De gens dont on partage ou les torts ou les peines,
Tout cela préjugés, misères du vieux temps ;
C'est pour le peuple enfin que sont faits les parents.
Vous avez de l'esprit, et votre fille est sotte,
Vous avez pour surcroît un frère qui radote,
Eh bien! c'est leur affaire après tout : selon moi,
Tous ces noms ne sont rien, chacun n'est que pour soi.

FLORISE

Vous avez bien raison ; je vous dois le courage
Qui me soutient, contre eux, contre ce mariage.
L'affaire presse au moins, il faut se décider :
Ariste nous arrive, il vient de le mander ;
Et, par une façon des galants du vieux style,
Géronte sur la route attend l'autre imbécile ;
Il compte voir ce soir les articles signés.

CLÉON.

Et ce soir finira tout ce que vous craignez.
Premièrement, sans vous on ne peut rien conclure ;
Il faudra, ce me semble, un peu de signature
De votre part ; ainsi tout dépendra de vous :
Refusez de signer, grondez, et boudez-nous ;
Car, pour me conserver toute sa confiance,
Je serai contre vous moi-même en sa présence,
Et je me fâcherais, s'il en était besoin :
Mais nous l'emporterons sans prendre tout ce soin.
Il m'est venu d'ailleurs une assez bonne idée,
Et dont, faute de mieux, vous pourrez être aidée...
Mais non ; car ce serait un moyen un peu fort :
J'aime trop à vous voir vivre de bon accord.

FLORISE.

Oh! vous me le direz. Quel scrupule est le vôtre?
Quoi! ne pensons-nous pas tout haut l'un devant l'autre?
Vous savez que mon goût tient plus à vous qu'à lui;
Et que vos seuls conseils sont ma règle aujourd'hui :
Vous êtes honnête homme, et je n'ai point à craindre
Que vous proposiez rien dont je puisse me plaindre;
Ainsi, confiez-moi tout ce qui peut servir
A combattre Géronte, ainsi qu'à nous unir.

CLÉON.

Au fond je n'y vois pas de quoi faire un mystère...
Et c'est ce que de vous mérite votre frère.
Vous m'avez dit, je crois, que jamais sur les biens
On n'avait éclairci ni vos droits ni les siens,
Et que, vous assurant d'avoir son héritage,
Vous aviez au hasard réglé votre partage:
Vous savez à quel point il déteste un procès,
Et qu'il donne Chloé pour acheter la paix:
Cela fait contre lui la plus belle matière,
Des biens à répéter, des partages à faire;
Vous voyez que voilà de quoi le mettre aux champs
En lui faisant prévoir un procès de dix ans:
S'il va donc s'obstiner, malgré vos répugnances,
A l'établissement qui rompt nos espérances,
Partons d'ici, plaidez; une assignation
Détruira le projet de la donation:
Il ne peut pas souffrir d'être seul; vous partie,
On ne me verra plus lui tenir compagnie;
Et quant à vos procès, ou vous les gagnerez,
Ou vous plaiderez tant que vous l'achèverez.

FLORISE.

Contre les préjugés dont votre ame est exempte
La mienne, par malheur, n'est pas aussi puissante,
Et je vous avouerai mon imbécillité:
Je n'irais pas sans peine à cette extrémité.
Il m'a toujours aimée, et j'aimais à lui plaire;
Et soit cette habitude, ou quelque autre chimère,
Je ne puis me résoudre à le désespérer:
Mais votre idée au moins sur lui peut opérer;
Dites-lui qu'avec vous, paraissant fort aigrie,
J'ai parlé de procès, de biens, de brouillerie,
De départ; et qu'enfin, s'il me poussait à bout,
Vous avez entrevu que je suis prête à tout.

CLÉON.

S'il s'obstine pourtant, quoi qu'on lui puisse dire...
On pourrait consulter pour le faire interdire,
Ne le laisser jouir que d'une pension:
Mon procureur fera cette expédition;
C'est un homme admirable, et qui, par son adresse,
Aurait fait enfermer les sept sages de Grèce,
S'il eût plaidé contre eux. S'il est quelque moyen
De vous faire passer ses droits et tout son bien,
L'affaire est immanquable, il ne faut qu'une lettre
De moi.

FLORISE.

Non, différez... Je crains de me commettre:
Dites-lui seulement, s'il ne veut point céder,
Que je suis, malgré vous, résolue à plaider.
De l'humeur dont il est, je crois être bien sûre
Que sans mon agrément il craindra de conclure;

Et pour me ramener ne négligeant plus rien,
Vous le verrez finir par m'assurer son bien.
Au reste vous savez pourquoi je le désire.

CLÉON.

Vous connaissez aussi le motif qui m'inspire,
Madame : ce n'est point du bien que je prétends,
Et mon goût seul pour vous fait mes engagements.
Des amants du commun j'ignore le langage,
Et jamais la fadeur ne fut à mon usage;
Mais je vous le redis tout naturellement,
Votre genre d'esprit me plaît infiniment;
Et je ne sais que vous avec qui j'aie envie
De penser, de causer, et de passer ma vie;
C'est un goût décidé.

FLORISE.

Puis-je m'en assurer?
Et loin de tout ici pourrez-vous demeurer?
Je ne sais, répandu, fêté comme vous l'êtes,
Je vois plus d'un obstacle au projet que vous faites:
Peut-être votre goût vous a séduit d'abord;
Mais tout Paris...

CLÉON.

Paris! il m'ennuie à la mort,
Et je ne vous fais pas un fort grand sacrifice
En m'éloignant d'un monde à qui je rends justice;
Tout ce qu'on est forcé d'y voir et d'endurer
Passe bien l'agrément qu'on peut y rencontrer;
Trouver à chaque pas des gens insupportables,
Des flatteurs, des valets, des plaisants détestables,
Des jeunes gens d'un ton, d'une stupidité!...

Des femmes d'un caprice, et d'une fausseté!...
Des prétendus esprits souffrir la suffisance,
Et la grosse gaieté de l'épaisse opulence,
Tant de petits talents où je n'ai pas de foi;
Des réputations on ne sait pas pourquoi;
Des protégés si bas! des protecteurs si bêtes...
Des ouvrages vantés qui n'ont ni pieds ni têtes;
Faire des soupers fins où l'on périt d'ennui;
Veiller par air, enfin se tuer pour autrui;
Franchement, des plaisirs, des biens de cette sorte,
Ne font pas, quand on pense, une chaîne bien forte :
Et, pour vous parler vrai, je trouve plus sensé
Un homme sans projets dans sa terre fixé,
Qui n'est ni complaisant, ni valet de personne,
Que tous ces gens brillants qu'on mange, qu'on friponne,
Qui, pour vivre à Paris avec l'air d'être heureux,
Au fond n'y sont pas moins ennuyés qu'ennuyeux.

FLORISE.
J'en reconnais grand nombre à ce portrait fidèle.

CLÉON.
Paris me fait pitié, lorsque je me rappelle
Tant d'illustres faquins, d'insectes freluquets...

FLORISE.
Votre estime, je crois, n'a pas fait plus de frais
Pour les femmes?

CLÉON.
        Pour vous je n'ai point de mystères,
Et vous verrez ma liste avec les caractères :
J'aime l'ordre, et je garde une collection
Des lettres dont je puis faire une édition.

Vous ne vous doutiez pas qu'on pût avoir Lesbie ;
Vous verrez de sa prose. Il me vient une envie
Qui peut nous réjouir dans ces lieux écartés,
Et désoler là-bas bien des sociétés ;
Je suis tenté, parbleu, d'écrire mes mémoires ;
J'ai des traits merveilleux, mille bonnes histoires
Qu'on veut cacher...

FLORISE.
Cela sera délicieux.

CLÉON.
J'y ferai des portraits qui sauteront aux yeux.
Il m'en vient déjà vingt qui retiennent des places :
Vous y verrez Mélite avec toutes ses graces ;
Et ce que j'en dirai tempérera l'amour
De nos petits messieurs qui rôdent à l'entour ;
Sur l'aigre Céliante et la fade Uranie
Je compte bien aussi passer ma fantaisie ;
Pour le petit Damis, et monsieur Dorilas,
Et certain plat seigneur, l'automate Alcidas,
Qui, glorieux et bas, se croit un personnage ;
Tant d'autres importants, esprits du même étage ;
Oh ! fiez-vous à moi, je veux les célébrer
Si bien que de six mois ils n'osent se montrer.
Ce n'est pas sur leurs mœurs que je veux qu'on en cause,
Un vice, un déshonneur, font assez peu de chose,
Tout cela dans le monde est oublié bientôt ;
Un ridicule reste, et c'est ce qu'il leur faut.
Qu'en dites-vous ? cela peut faire un bruit du diable,
Une brochure unique, un ouvrage admirable,
Bien scandaleux, bien bon : le style n'y fait rien ;

ACTE II, SCÈNE III.

Pourvu qu'il soit méchant, il sera toujours bien.

FLORISE.

L'idée est excellente, et la vengeance est sûre.
Je vous prierai d'y joindre avec quelque aventure
Une madame Orphise, à qui j'en dois d'ailleurs,
Et qui mérite bien quelques bonnes noirceurs;
Quoiqu'elle soit affreuse, elle se croit jolie,
Et de l'humilier j'ai la plus grande envie:
Je voudrais que déjà votre ouvrage fût fait.

CLÉON.

On peut toujours à compte envoyer son portrait,
Et dans trois jours d'ici désespérer la belle.

FLORISE.

Et comment?

CLÉON.

On peut faire une chanson sur elle;
Cela vaut mieux qu'un livre, et court tout l'univers.

FLORISE.

Oui, c'est très-bien pensé; mais faites-vous des vers?

CLÉON.

Qui n'en fait pas? est-il si mince coterie
Qui n'ait son bel esprit, son plaisant, son génie?
Petits auteurs honteux, qui font, malgré les gens,
Des bouquets, des chansons, et des vers innocents.
Oh! pour quelques couplets, fiez-vous à ma muse:
Si votre Orphise en meurt, vous plaire est mon excuse;
Tout ce qui vit n'est fait que pour nous réjouir,
Et se moquer du monde est tout l'art d'en jouir.
Ma foi, quand je parcours tout ce qui le compose,
Je ne trouve que nous qui valions quelque chose.

SCENE IV.

CLÉON, FLORISE, FRONTIN.

FRONTIN, un peu éloigné.

Monsieur, je voudrais bien...

CLÉON.

(A Florise.)

Attends... Permettez-vous?...

FLORISE.

Veut-il vous parler seul?

FRONTIN.

Mais, madame...

FLORISE.

Entre nous
Entière liberté. Frontin est impayable;
Il vous sert bien; je l'aime.

CLÉON, à Florise qui sort.

Il est assez bon diable,
Un peu bête...

SCENE V.

CLÉON, FRONTIN.

FRONTIN.

Ah! monsieur, ma réputation
Se passerait fort bien de votre caution;
De mon panégyrique épargnez-vous la peine.
Valère entrera-t-il?

CLÉON.
Je ne veux pas qu'il vienne.
Ne t'avais-je pas dit de venir m'avertir,
Que j'irais le trouver?

FRONTIN.
Il a voulu venir :
Je ne suis point garant de cette extravagance;
Il m'a suivi de loin, malgré ma remontrance,
Se croyant invisible, à ce que je conçois,
Parce qu'il a laissé sa chaise dans le bois.
Caché près de ces lieux, il attend qu'on l'appelle.

CLÉON.
Florise heureusement vient de rentrer chez elle.
Qu'il vienne. Observe tout pendant notre entretien.

SCÈNE VI.

CLÉON.

L'affaire est en bon train, et tout ira fort bien
Après que j'aurai fait la leçon à Valère
Sur toute la maison, et sur l'art d'y déplaire :
Avec son ton, ses airs, et sa frivolité,
Il n'est pas mal en fonds pour être détesté;
Une vieille franchise à ses talents s'oppose ;
Sans cela l'on pourrait en faire quelque chose.

SCÈNE VII.

VALÈRE, en habit de campagne; CLÉON.

VALÈRE, embrassant Cléon.

Eh! bonjour, cher Cléon! je suis comblé, ravi
De retrouver enfin mon plus fidèle ami.
Je suis au désespoir des soins dont vous accable
Ce mariage affreux : vous êtes adorable !
Comment reconnaîtrai-je...?

CLÉON.

Ah! point de compliments ;
Quand on peut être utile, et qu'on aime les gens,
On est payé d'avance... Eh bien ! quelles nouvelles
A Paris ?

VALÈRE.

Oh! cent mille, et toutes des plus belles :
Paris est ravissant, et je crois que jamais
Les plaisirs n'ont été si nombreux, si parfaits,
Les talents plus féconds, les esprits plus aimables :
Le goût fait chaque jour des progrès incroyables ;
Chaque jour le génie et la diversité
Viennent nous enrichir de quelque nouveauté.

CLÉON.

Tout vous paraît charmant, c'est le sort de votre âge ;
Quelqu'un pourtant m'écrit (et j'en crois son suffrage)
Que de tout ce qu'on voit on est fort ennuyé ;
Que les arts, les plaisirs, les esprits font pitié ;
Qu'il ne nous reste plus que des superficies,
Des pointes, du jargon, de tristes facéties ;

ACTE II, SCÈNE VII.

Et qu'à force d'esprit et de petits talents,
Dans peu nous pourrions bien n'avoir plus le bon sens.
Comment, vous qui voyez si bien les ridicules,
Ne m'en dites-vous rien? tenez-vous aux scrupules,
Toujours bon, toujours dupe.

VALÈRE.

Oh! non, en vérité;
Mais c'est que je vois tout assez du bon côté :
Tout est colifichet, pompon et parodie;
Le monde, comme il est, me plaît à la folie.
Les belles tous les jours vous trompent, on leur rend;
On se prend, on se quitte, assez publiquement;
Les maris savent vivre, et sur rien ne contestent;
Les hommes s'aiment tous; les femmes se détestent
Mieux que jamais : enfin c'est un monde charmant;
Et Paris s'embellit délicieusement.

CLÉON.

Et Cidalise?...

VALÈRE.

Mais...

CLÉON.

C'est une affaire faite?
Sans doute vous l'avez?... Quoi! la chose est secrète?

VALÈRE.

Mais cela fût-il vrai, le dirais-je?

CLÉON.

Partout;
Et ne point l'annoncer c'est mal servir son goût.

VALÈRE.

Je m'en détacherais si je la croyais telle.

J'ai, je vous l'avouerai, beaucoup de goût pour elle;
Et pour l'aimer toujours, si je m'en fais aimer,
J'observe ce qui peut me la faire estimer.

CLÉON, avec un grand éclat de rire.

Feu Céladon, je crois, vous a légué son ame :
Il faudrait des six mois pour aimer une femme,
Selon vous; on perdrait son temps, la nouveauté,
Et le plaisir de faire une infidélité.
Laissez la bergerie, et sans trop de franchise,
Soyez de votre siècle, ainsi que Cidalise;
Ayez-la, c'est d'abord ce que vous lui devez;
Et vous l'estimerez après si vous pouvez :
Au reste affichez tout. Quelle erreur est la vôtre!
Ce n'est qu'en se vantant de l'une qu'on a l'autre,
Et l'honneur d'enlever l'amant qu'une autre a pris
A nos gens du bel air met souvent tout leur prix.

VALÈRE.

Je vous en crois assez... Eh bien! mon mariage?
Concevez-vous ma mère, et tout ce radotage?

CLÉON.

N'en appréhendez rien. Mais, soit dit entre nous,
Je me reproche un peu ce que je fais pour vous;
Car enfin, si, voulant prouver que je vous aime,
J'aide à vous nuire, et si vous vous trompez vous-même
En fuyant un parti peut-être avantageux?

VALÈRE.

Eh! non : vous me sauvez un ridicule affreux.
Que dirait-on de moi, si j'allais, à mon âge,
D'un ennuyeux mari jouer le personnage?
Ou j'aurais une prude au ton triste, excédant,

ACTE II, SCÈNE VII.

Une bégueule enfin qui serait mon pédant;
Ou, si pour mon malheur ma femme était jolie,
Je serais le martyr de sa coquetterie.
Fuir Paris, ce serait m'égorger de ma main.
Quand je puis m'avancer et faire mon chemin,
Irais-je, accompagé d'une femme importune,
Me rouiller dans ma terre et borner ma fortune?
Ma foi, se marier, à moins qu'on ne soit vieux,
Fi ! cela me paraît ignoble, crapuleux.

CLÉON.

Vous pensez juste.

VALÈRE.

A vous en est toute la gloire :
D'après vos sentimens je prévois mon histoire
Si j'allais m'enchaîner; et je ne vous vois pas
Le plus petit scrupule à m'ôter d'embarras.

CLÉON.

Mais malheureusement on dit que votre mère
Par de mauvais conseils s'obstine à cette affaire :
Elle a chez elle un homme, ami de ces gens-ci,
Qui, dit-on, avec elle est assez bien aussi;
Un Ariste, un esprit d'assez grossière étoffe;
C'est une espèce d'ours qui se croit philosophe ;
Le connaissez-vous?

VALÈRE.

Non, je ne l'ai jamais vu;
Chez moi depuis six ans je ne suis pas venu;
Ma mère m'a mandé que c'est un homme sage,
Fixé depuis long-temps dans notre voisinage;
Que c'était son ami, son conseil aujourd'hui,

Et qu'elle prétendait me lier avec lui.
CLÉON.
Je ne vous dirai pas tout ce qu'on en raconte ;
Il vous suffit qu'elle est aveugle sur son compte :
Mais moi, qui vois pour vous les choses de sang-froid,
Au fond je ne puis croire Ariste un homme droit :
Géronte est son ami depuis l'enfance.
VALÈRE.
A mes dépens peut-être ils sont d'intelligence ?
CLÉON.
Cela m'en a tout l'air.
VALÈRE.
J'aime mieux un procès :
J'ai des amis là-bas, je suis sûr du succès.
CLÉON.
Quoique je sois ici l'ami de la famille,
Je dois vous parler franc ; à moins d'aimer leur fille,
Je ne vois pas pourquoi vous vous empresseriez
Pour pareille alliance : on dit que vous l'aimiez
Quand vous étiez ici ?
VALÈRE.
Mais assez, ce me semble ;
Nous étions élevés, accoutumés ensemble ;
Je la trouvais gentille, elle me plaisait fort :
Mais Paris guérit tout, et les absents ont tort.
On m'a mandé souvent qu'elle était embellie ;
Comment la trouvez-vous ?
CLÉON.
Ni laide, ni jolie ;
C'est un de ces minois que l'on a vus partout,

ACTE II, SCÈNE VII.

Et dont on ne dit rien.

VALÈRE.
J'en crois fort votre goût.
CLÉON.
Quant à l'esprit, néant; il n'a pas pris la peine
Jusqu'ici de paraître, et je doute qu'il vienne;
Ce qu'on voit à travers son petit air boudeur,
C'est qu'elle sera fausse, et qu'elle a de l'humeur :
On la croit une Agnès; mais comme elle a l'usage
De sourire à des traits un peu forts pour son âge,
Je la crois avancée; et, sans trop me vanter,
Si je m'étais donné la peine de tenter...
Enfin, si je n'ai pas suivi cette conquête,
La faute en est aux dieux, qui la firent si bête.
VALÈRE.
Assurément Chloé serait une beauté,
Que sur ce portrait-là j'en serais peu tenté.
Allons, je vais partir; et comptez que j'espère
Dans deux heures d'ici désabuser ma mère :
Je laisse en bonnes mains...
CLÉON.
Non; il vous faut rester.
VALÈRE.
Mais comment voulez-vous ici me présenter?
CLÉON.
Non pas dans le moment, dans une heure.
VALÈRE.
A votre aise.
CLÉON.
Il faut que vous alliez retrouver votre chaise :

Dans l'instant que Géronte ici sera rentré,
(Car c'est lui qu'il nous faut) je vous le manderai;
Et vous arriverez par la route ordinaire,
Comme ayant prétendu nous surprendre et nous plaire.

VALÈRE.

Comment concilier cet air impatient,
Cette galanterie, avec mon compliment?
C'est se moquer de l'oncle, et c'est me contredire :
Toute mon ambassade est réduite à lui dire
Que je serai (soit dit dans le plus simple aveu)
Toujours son serviteur, et jamais son neveu.

CLÉON.

Et voilà justement ce qu'il ne faut pas faire :
Ce ton d'autorité choquerait votre mère :
Il faut dans vos propos paraître consentir,
Et tâcher, d'autre part, de ne point réussir.
Écoutez : conservons toutes les vraisemblances;
On ne doit se lâcher sur les impertinences
Que selon le besoin, selon l'esprit des gens;
Il faut, pour les mener, les prendre dans leur sens :
L'important est d'abord que l'oncle vous déteste;
Si vous y parvenez, je vous réponds du reste :
Or, notre oncle est un sot, qui croit avoir reçu
Toute sa part d'esprit en bon sens prétendu ;
De tout usage antique amateur idolâtre,
De toutes nouveautés frondeur opiniâtre;
Homme d'un autre siècle, et ne suivant en tout
Pour ton qu'un vieux honneur, pour loi que le vieux goût;
Cerveau des plus bornés, qui, tenant pour maxime
Qu'un seigneur de paroisse est un être sublime,

Vous entretient sans cesse avec stupidité
De son banc, de ses soins, et de sa dignité :
On n'imagine pas combien il se respecte ;
Ivre de son château, dont il est l'architecte,
De tout ce qu'il a fait sottement entêté,
Possédé du démon de la propriété,
Il réglera pour vous son penchant ou sa haine
Sur l'air dont vous prendrez tout son petit domaine.
D'abord, en arrivant, il faut vous préparer
A le suivre partout, tout voir, tout admirer,
Son parc, son potager, ses bois, son avenue ;
Il ne vous fera pas grace d'une laitue.
Vous, au lieu d'approuver, trouvant tout fort commun,
Vous ne lui paraîtrez qu'un fat très-importun,
Un petit raisonneur, ignorant, indocile,
Peut-être ira-t-il même à vous croire imbécile.

VALÈRE.

Oh ! vous êtes charmant.... Mais n'aurais-je point tort
J'ai de la répugnance à le choquer si fort.

CLÉON.

Eh bien !... mariez-vous... Ce que je viens de dire
N'était que pour forcer Géronte à se dédire,
Comme vous désiriez : moi, je n'exige rien ;
Tout ce que vous ferez sera toujours très-bien ;
Ne consultez que vous.

VALÈRE.

        Écoutez-moi, de grace ;
Je cherche à m'éclairer.

CLÉON.

        Mais tout vous embarrasse,

Et vous ne savez point prendre votre parti.
Je n'approuverais pas ce début étourdi,
Si vous aviez affaire à quelqu'un d'estimable
Dont la vue exigeât un maintien raisonnable ;
Mais avec un vieux fou dont on peut se moquer,
J'avais imaginé qu'on pouvait tout risquer,
Et que, pour vos projets, il fallait sans scrupule
Traiter légèrement un vieillard ridicule.

VALÈRE.

Soit. Il a la fureur de me croire à son gré :
Mais, fiez-vous à moi, je l'en détacherai.

SCENE VIII.

CLÉON, VALÈRE, FRONTIN.

FRONTIN.

Monsieur, j'entends du bruit, et je crains qu'on ne vienne.

CLÉON.

Ne perdez point de temps ; que Frontin vous ramène.

SCENE IX.

CLÉON.

Maintenant éloignons Frontin, et qu'à Paris
Il porte le mémoire où je demande avis
Sur l'interdiction de cet ennuyeux frère.
Florise s'en défend ; son faible caractère
Ne sait point embrasser un parti courageux :
Embarquons-la si bien, qu'amenée où je veux,

ACTE II, SCENE IX.

Mon projet soit pour elle un parti nécessaire.
Je ne sais si je dois trop compter sur Valère...
Il pourrait bien manquer de résolution,
Et je veux appuyer son expédition :
C'est un fat subalterne; il est né trop timide :
On ne va point au grand, si l'on n'est intrépide.

FIN DU SECOND ACTE.

ACTE TROISIÈME.

SCÈNE I.

CHLOÉ, LISETTE.

CHLOÉ.

Oui, je te le répète, oui, c'est lui que j'ai vu ;
Mieux encor que mes yeux mon cœur l'a reconnu :
C'est Valère lui-même : et pourquoi ce mystère ?
Venir sans demander mon oncle ni ma mère,
Sans marquer pour me voir le moindre empressement !
Ce procédé m'annonce un affreux changement.

LISETTE.

Eh ! non, ce n'est pas lui ; vous vous serez trompée.

CHLOÉ.

Non, crois-moi ; de ses traits je suis trop occupée
Pour pouvoir m'y tromper ; et nul autre sur moi
N'aurait jamais produit le trouble où je me voi :
Si tu le connaissais, si tu pouvais l'entendre,
Ah ! tu saurais trop bien qu'on ne peut s'y méprendre ;
Que rien ne lui ressemble, et que ce sont des traits
Qu'avec d'autres, Lisette, on ne confond jamais.
Le doux saisissement d'une joie imprévue,
Tous les plaisirs du cœur m'ont remplie à sa vue :
J'ai voulu l'appeler, je l'aurais dû, je crois ;
Mes transports m'ont ôté l'usage de la voix,

Il était déjà loin... Mais, dis-tu vrai, Lisette?
Quoi! Frontin!...

####### LISETTE.

Il me tient l'aventure secrète;
Son maître l'attendait, et je n'ai pu savoir...

####### CHLOÉ.

Informe-toi d'ailleurs; d'autres l'auront pu voir;
Demande à tout le monde... Eh! va donc.

####### LISETTE.

Patience!
Du zèle n'est pas tout, il faut de la prudence :
N'allons pas nous jeter dans d'autres embarras;
Raisonnons : c'est Valère, ou bien ce ne l'est pas :
Si c'est lui, dans la règle il faut qu'il vous prévienne;
Et si ce ne l'est pas, ma course serait vaine;
On le saurait; Cléon, dans ses jeux innocents,
Dirait que nous courons après tous les passants;
Ainsi, tout bien pensé, le plus sûr est d'attendre
Le retour de Frontin, dont je veux tout apprendre...
Serait-ce bien Valère?... Eh! mais, en vérité,
Je commence à le croire... Il l'aura consulté :
De quelque bon conseil cette fuite est l'ouvrage;
Oui, brouiller des parents le jour d'un mariage,
Pour prélude chasser l'époux de la maison,
L'histoire est toute simple, et digne de Cléon :
Plus le trait serait noir, plus il est vraisemblable.

####### CHLOÉ.

Il faudrait que ce fût un homme abominable :
Tes soupçons vont trop loin; qu'ai-je fait contre lui?
Et pourquoi voudrait-il m'affliger aujourd'hui?

Peut-il être des cœurs assez noirs pour se plaire
A faire ainsi du mal pour le plaisir d'en faire?
Mais toi-même pourquoi soupçonner cette horreur?
Je te vois lui parler avec tant de douceur.

LISETTE.

Vraiment, pour mon projet, il ne faut pas qu'il sache
Le fonds d'aversion qu'avec soin je lui cache.
Souvent il m'interroge, et du ton le plus doux
Je flatte les desseins qu'il a, je crois, sur vous :
Il imagine avoir toute ma confiance,
Il me croit sans ombrage et sans expérience;
Il en sera la dupe : allez, ne craignez rien :
Géronte amène Ariste, et j'en augure bien.
Les desseins de Cléon ne nuiront point aux nôtres :
J'ai vu ces gens si fins plus attrapés que d'autres;
On l'emporte souvent sur la duplicité
En allant son chemin avec simplicité,
Et...

FRONTIN, derrière le théâtre.

Lisette!

LISETTE, à Chloé.

Rentrez; c'est Frontin qui m'appelle.

SCENE II.

FRONTIN, LISETTE.

FRONTIN, sans voir Lisette.

Parbleu, je vais lui dire une bonne nouvelle!
On est bien malheureux d'être né pour servir :
Travailler, ce n'est rien : mais toujours obéir!

ACTE III, SCÈNE II.

LISETTE.

Comment! ce n'est que vous? Moi, je cherchais Ariste.

FRONTIN.

Tiens, Lisette, finis, ne me rends pas plus triste;
J'ai déjà trop ici de sujet d'enrager,
Sans que ton air fâché vienne encor m'affliger :
Il m'envoie à Paris, que dis-tu du message?

LISETTE.

Rien.

FRONTIN.

Comment, rien! un mot, pour le moins.

LISETTE.

Bon voyage;
Partez, ou demeurez, cela m'est fort égal.

FRONTIN.

Comment as-tu le cœur de me traiter si mal?
Je n'y puis plus tenir, ta gravité me tue;
Il ne tiendra qu'à moi, si cela continue,
Oui... de mourir.

LISETTE.

Mourez.

FRONTIN.

Pour t'avoir résisté
Sur celui qui tantôt s'est ici présenté...
Pour n'avoir pas voulu dire ce que j'ignore...

LISETTE.

Vous le savez très-bien, je le répète encore :
Vous aimez les secrets : moi, chacun a son goût,
Je ne veux point d'amant qui ne me dise tout.

FRONTIN.

Ah! comment accorder mon honneur et Lisette?
Si je te le disais.

LISETTE.

Oh! la paix serait faite,
Et pour nous marier tu n'aurais qu'à vouloir.

FRONTIN.

Eh bien, l'homme qu'ici vous ne deviez pas voir,
Était un inconnu... dont je ne sais pas l'âge...
Qui, pour nous consulter sur certain mariage
D'une fille... non, veuve... ou les deux... au surplus
Tout va bien... M'entends-tu?

LISETTE.

Moi? non.

FRONTIN.

Ni moi non plus :
Si bien que pour cacher et l'homme et l'aventure...

LISETTE.

As-tu dit? A quoi bon te donner la torture!
Va, mon pauvre Frontin, tu ne sais pas mentir;
Et je t'en aime mieux : moi, pour te secourir,
Et ménager l'honneur que tu mets à te taire,
Je dirai, si tu veux, qui c'était.

FRONTIN.

Qui?

LISETTE.

Valère.
Il ne faut pas rougir, ni tant me regarder.

FRONTIN.

Eh bien! si tu le sais, pourquoi le demander?

ACTE III, SCÈNE II.

LISETTE.

Comme je n'aime pas les demi-confidences,
Il faudra m'éclaircir de tout ce que tu penses
De l'apparition de Valère en ces lieux,
Et m'apprendre pourquoi cet air mystérieux :
Mais je n'ai pas le temps d'en dire davantage :
Voici mon dernier mot, je défends ton voyage ;
Tu m'aimes, obéis. Si tu pars, dès demain
Toute promesse est nulle, et j'épouse Pasquin.

FRONTIN.

Mais...

LISETTE.

Point de mais... On vient. Va, fais croire à ton maître
Que tu pars ; nous saurons te faire disparaître.

SCÈNE III.

ARISTE, GÉRONTE, CLÉON, LISETTE.

GÉRONTE.

Que fait donc ta maîtresse, où chercher maintenant ?
Je cours... j'appelle...

LISETTE.

Elle est dans son appartement.

GÉRONTE.

Cela peut être, mais elle ne répond guère.

LISETTE.

Monsieur, elle a si mal passé la nuit dernière...

GÉRONTE.

Oh! parbleu, tout ceci commence à m'ennuyer :

Je suis las des humeurs qu'il me faut essuyer ;
Comment! on ne peut plus être un seul jour tranquille.
Je vois bien qu'elle boude, et je connais son style ;
Oh bien! moi, les boudeurs sont mon aversion ;
Et je n'en veux jamais souffrir dans ma maison :
A mon exemple ici je prétends qu'on en use ;
Je tâche d'amuser, et je veux qu'on m'amuse.
Sans cesse de l'aigreur, des scènes, des refus,
Et des maux éternels, auxquels je ne crois plus ;
Cela m'excède enfin. Je veux que tout le monde
Se porte bien chez moi, que personne n'y gronde,
Et qu'avec moi chacun aime à se réjouir ;
Ceux qui s'y trouvent mal, ma foi, peuvent partir.

ARISTE.

Florise a de l'esprit : avec cet avantage
On a de la ressource : et je crois bien plus sage
Que vous la rameniez par raison, par douceur,
Que d'aller opposer la colère à l'humeur :
Ces nuages légers se dissipent d'eux-mêmes :
D'ailleurs je ne suis point pour les partis extrêmes ;
Vous vous aimez tous deux.

GÉRONTE.

    Et qu'en pense Cléon?

CLÉON.

Que vous n'avez pas tort, et qu'Ariste a raison.

GÉRONTE.

Mais encor quel conseil...?

CLÉON.

    Que voulez-vous qu'on dise?
Vous savez mieux que nous comment mener Florise :

S'il faut se déclarer pourtant de bonne foi,
Je voudrais, comme vous, être maître chez moi.
D'autre part, se brouiller... A propos de querelle,
Il faut que je vous parle : en causant avec elle,
Je crois avoir surpris un projet dangereux,
Et que je vous dirai pour le bien de tous deux;
Car vous voir bien ensemble est ce que je désire.

GÉRONTE.

Allons, chemin faisant vous pourrez me le dire.
Je vais la retrouver; venez-y; je verrai,
Quand vous m'aurez parlé, ce que je lui dirai.
Ariste, permettez qu'un moment je vous quitte.
Je vais avec Cléon voir ce qu'elle médite,
Et la déterminer à vous bien recevoir;
Car de façon ou d'autre... Enfin nous allons voir.

SCENE IV.

ARISTE, LISETTE.

LISETTE.

Ah! que votre retour nous était nécessaire,
Monsieur; vous seul pouvez rétablir cette affaire :
Elle tourne au plus mal; et si votre crédit
Ne détrompe Géronte, et ne nous garantit,
Cléon va perdre tout.

ARISTE.

        Que veux-tu que je fasse?
Géronte n'entend rien : ce que je vois me passe;
J'ai beau citer des faits, et lui parler raison,

Il ne croit rien, il est aveugle sur Cléon.
J'ai pourtant tout espoir dans une conjecture
Qui le détromperait si la chose était sûre;
Il s'agit de soupçons, que je puis voir détruits :
Comme je crois le mal le plus tard que je puis,
Je n'ai rien dit encor; mais aux yeux de Géronte
Je démasque le traître et le couvre de honte,
Si je puis avérer le tour le plus sanglant
Dont je l'ai soupçonné, graces à son talent.

LISETTE.

Le soupçonner! comment c'est là que vous en êtes?
Ma foi, c'est trop d'honneur, monsieur, que vous lui faites;
Croyez d'avance, et tout...

ARISTE.

     Il s'en est peu fallu
Que pour ce mariage on ne m'ait pas revu :
Sans toutes mes raisons, qui l'ont bien ramenée,
La mère de Valère était déterminée
A les remercier.

LISETTE.

Pourquoi?

ARISTE.

     C'est une horreur
Dont je veux dévoiler et confondre l'auteur;
Et tu m'y serviras.

LISETTE.

   A propos de Valère,
Où croyez-vous qu'il soit?

ARISTE.

     Peut-être chez sa mère

ACTE III, SCÈNE IV.

Au moment où j'en parle; à toute heure on l'attend.
LISETTE.
Bon! il est ici.
ARISTE.
        Lui?
LISETTE.
          Lui, le fait est constant.
ARISTE.
Mais quelle étourderie!
LISETTE.
              Oh! toutes ses mesures
Semblaient, pour le cacher, bien prises et bien sûres:
Il n'a vu que Cléon; et, l'oracle entendu,
Dans le bois près d'ici Valère s'est perdu,
Et je l'y crois encor : comptez que c'est lui-même,
Je le sais de Frontin.
ARISTE.
           Quel embarras extrême!
Que faire? L'aller voir, on saurait tout ici :
Lui mander mes conseils est le meilleur parti.
Donne-moi ce qu'il faut; hâte-toi, que j'écrive.
LISETTE.
J'y vais... J'entends, je crois, quelqu'un qui nous arrive.

SCÈNE V.

ARISTE.

Ce voyage insensé, d'accord avec Cléon,
Sur la lettre anonyme augmenté mon soupçon :

La noirceur masque en vain les poisons qu'elle verse,
Tout se sait tôt ou tard, et la vérité perce :
Par eux-mêmes souvent les méchants sont trahis.

SCENE VI.

VALÈRE, ARISTE.

VALÈRE.

Ah! les affreux chemins, et le maudit pays!
(à Ariste.)
Mais, de grace, monsieur, voulez-vous bien m'apprendre
Où je puis voir Géronte?

ARISTE.

Il serait mieux d'attendre :
En ce moment, monsieur, il est fort occupé.

VALÈRE.

Et Florise. On viendrait, ou je suis bien trompé :
L'étiquette du lieu serait un peu légère ;
Et quand un gendre arrive, on n'a point d'autre affaire.

ARISTE.

Quoi! vous êtes...

VALÈRE.

Valère.

ARISTE.

Eh quoi! surprendre ainsi!
Votre mère voulait vous présenter ici,
A ce qu'on m'a dit.

VALÈRE.

Bon! vieille cérémonie :

ACTE III, SCÈNE VI.

D'ailleurs, je sais très-bien que l'affaire est finie ;
Ariste a décidé... Cet Ariste, dit-on,
Est aujourd'hui chez moi maître de la maison :
On suit aveuglément tous les conseils qu'il donne :
Ma mère est, par malheur, fort crédule, trop bonne.

ARISTE.
Sur l'amitié d'Ariste, et sur sa bonne foi...

VALÈRE.
Oh ! cela...

ARISTE.
Doucement ; cet Ariste, c'est moi.

VALÈRE.
Ah ! monsieur...

ARISTE.
Ce n'est point sur ce qui me regarde
Que je me plains des traits que votre erreur hasarde ;
Ne me connaissant point, ne pouvant me juger,
Vous ne m'offensez pas : mais je dois m'affliger
Du ton dont vous parlez d'une mère estimable,
Qui vous croit de l'esprit, un caractère aimable ;
Qui veut votre bonheur : voilà ses seuls défauts.
Si votre cœur au fond ressemble à vos propos...

VALÈRE.
Vous me faites ici les honneurs de ma mère,
Je ne sais pas pourquoi : son amitié m'est chère ;
Le hasard vous a fait prendre mal mes discours,
Mais mon cœur la respecte et l'aimera toujours.

ARISTE.
Valère, vous voilà ; ce langage est le vôtre :
Oui, le bien vous est propre ; et le mal est d'un autre.

VALÈRE.

(à part.)   (haut.)

Oh! voici les sermons, l'ennui!... Mais, s'il vous plaît,
Ne ferions-nous pas bien d'aller voir où l'on est?
Il convient...

ARISTE.

   Un moment : si l'amitié sincère
M'autorise à parler au nom de votre mère,
De grace, expliquez-moi ce voyage secret
Qu'aujourd'hui même ici vous avez déjà fait.

VALÈRE.

Vous savez...?

ARISTE.

  Je le sais.

VALÈRE.

    Ce n'est point un mystère
Bien merveilleux; j'avais à parler d'une affaire
Qui regarde Cléon, et m'intéresse fort;
J'ai voulu librement l'entretenir d'abord,
Sans être interrompu par la mère et la fille,
Et nous voir assiégés de toute une famille.
Comme il est mon ami...

ARISTE.

  Lui?

VALÈRE.

    Mais assurément.

ARISTE.

Vous osez l'avouer?

VALÈRE.

  Ah! très-parfaitement :

ACTE III, SCÈNE VI.

C'est un homme d'esprit, de bonne compagnie,
Et je suis son ami de cœur et pour la vie.
Ah ! ne l'est pas qui veut.

ARISTE.

Et si l'on vous montrait
Que vous le haïrez ?

VALÈRE.

On serait bien adroit.

ARISTE.

Si l'on vous faisait voir que ce bon air, ces graces,
Ce clinquant de l'esprit, ces trompeuses surfaces,
Cachant un homme affreux, qui veut vous égarer,
Et que l'on ne peut voir sans se déshonorer ?

VALÈRE.

C'est juger par des bruits de pédants, de commères.

ARISTE.

Non, par la voix publique ; elle ne trompe guères.
Géronte peut venir, et je n'ai pas le temps
De vous instruire ici de tous mes sentiments :
Mais il faut sur Cléon que je vous entretienne ;
Après quoi choisissez son commerce ou sa haine.
Je sens que je vous lasse, et je m'aperçois bien,
A vos distractions, que vous ne croyez rien :
Mais, malgré vos mépris, votre bien seul m'occupe ;
Il serait odieux que vous fussiez sa dupe.
L'unique grace encor qu'attend mon amitié,
C'est que vous n'alliez point paraître si lié
Avec lui : vous verrez avec trop d'évidence
Que je n'exigeais pas une vaine prudence.
Quant au ton dont il faut ici vous présenter,

Rien, je crois, là-dessus ne doit m'inquiéter :
Vous avez de l'esprit, un heureux caractère,
De l'usage du monde, et je crois que pour plaire,
Vous tiendrez plus de vous que des leçons d'autrui.
Géronte vient; allons...

SCENE VII.

GÉRONTE, ARISTE, VALÈRE.

GÉRONTE, d'un air fort empressé.

Eh! vraiment oui, c'est lui.
Bonjour, mon enfant... Viens donc que je t'embrasse.
(à Ariste.)
Comme le voilà grand !... Ma foi, cela nous chasse.

VALÈRE.

Monsieur, en vérité....

GÉRONTE.

Parbleu! je l'ai vu là,
Je m'en souviens toujours, pas plus haut que cela;
C'était hier, je crois... Comme passe notre âge!
Mais te voilà, vraiment, un grave personnage.
(à Ariste.)
Vous voyez qu'avec lui j'en use sans façon;
C'est tout comme autrefois, je n'ai pas d'autre ton.

VALÈRE.

Monsieur, c'est trop d'honneur...

GÉRONTE.

Oh! non pas, je te prie :
N'apporte point ici l'air de cérémonie,
Regarde-toi déjà comme de la maison.

(à Ariste.)
A propos, nous comptons qu'elle entendra raison.
Oh! j'ai fait un beau bruit : c'est bien moi qu'on étonne :
La menace est plaisante! ah! je ne crains personne :
Je ne la croyais pas capable de cela.
Mais je commence à voir que tout s'apaisera,
Et que ma fermeté remettra sa cervelle.
Vous pouvez maintenant vous présenter chez elle :
Dites bien que je veux terminer aujourd'hui;
Je vais renouveler connaissance avec lui.
Allez, si l'on ne peut la résoudre à descendre,
J'irai dans un moment lui présenter son gendre.

SCENE VIII.

GÉRONTE, VALÈRE.

GÉRONTE.

Eh bien, es-tu toujours vif, joyeux, amusant?
Tu nous réjouissais.

VALÈRE.

Oh! j'étais fort plaisant.

GÉRONTE.

Tu peux de cet air grave avec moi te défaire;
Je t'aime comme un fils, et tu dois...

VALÈRE, à part.

Comment faire?

Son amitié me touche.

GÉRONTE, à part.

Il paraît bien distrait.

Eh bien...?

VALÈRE.

Assurément, monsieur... j'ai tout sujet
De chérir les bontés...

GÉRONTE.

Non; ce ton-là m'ennuie :
Je te l'ai déjà dit, point de cérémonie.

SCÈNE IX.

CLÉON, GÉRONTE, VALÈRE.

CLÉON.

Ne suis-je pas de trop?

GÉRONTE.

Non, non, mon cher Cléon;
Venez, et partagez ma satisfaction.

CLÉON.

Je ne pouvais trop tôt renouer connaissance
Avec monsieur.

VALÈRE.

J'avais la même impatience.

CLÉON, bas à Valère.

Comment va?

VALÈRE, bas à Cléon.

Patience.

GÉRONTE, bas à Cléon.

Il est complimenteur;
C'est un défaut.

CLÉON.

Sans doute; il ne faut que le cœur.

ACTE III, SCÈNE IX.

GÉRONTE.

J'avais grande raison de prédire à ta mère
Que tu serais bien fait, noblement, sûr de plaire :
Je m'y connais, je sais beaucoup de bien de toi.
Des lettres de Paris, et des gens que je croi....

VALÈRE.

On reçoit donc ici quelquefois des nouvelles?
Les dernières, monsieur, les sait-on?

GÉRONTE.

Qui sont-elles?

Nous est-il arrivé quelque chose d'heureux?
Car, quoique loin de tout, enterré dans ces lieux,
Je suis toujours sensible au bien de ma patrie :
Eh bien! voyons donc, qu'est-ce? apprends-moi, je te prie...

VALÈRE, d'un ton précipité.

Julie a pris Damon, non qu'elle l'aime fort;
Mais il avait Phriné, qu'elle hait à la mort.
Lisidor à la fin a quitté Doralise :
Elle est bien, mais, ma foi! d'une horrible bêtise;
Déjà depuis long-temps cela devrait finir,
Et le pauvre garçon n'y pouvait plus tenir.

CLÉON, bas, à Valère.

Très-bien : continuez.

VALÈRE.

J'oubliais de vous dire

Qu'on a fait des couplets sur Lucile et Delphire :
Lucile en est outrée, et ne se montre plus;
Mais Delphire a mieux pris son parti là-dessus;
On la trouve partout s'affichant de plus belle,
Et se moquant du ton, pourvu qu'on parle d'elle.

Lise a quitté le rouge, et l'on se dit tout bas
Qu'elle ferait bien mieux de quitter Licidas;
On prétend qu'il n'est pas compris dans la réforme,
Et qu'elle est seulement bégueule pour la forme.

GÉRONTE.

Quels diables de propos me tenez-vous donc là?

VALÈRE.

Quoi! vous ne saviez pas un mot de tout cela?
On n'en dit rien ici? l'ignorance profonde!
Mais c'est, en vérité, n'être pas de ce monde;
Vous n'avez donc, monsieur, aucune liaison?
Eh mais! où vivez-vous?

GÉRONTE.

Parbleu! dans ma maison,
M'embarrassant fort peu des intrigues frivoles
D'un tas de freluquets, d'une troupe de folles;
Aux gens que je connais paisiblement borné.
Eh! que m'importe à moi si madame Phriné
Ou madame Lucile affichent leurs folies?
Je ne m'occupe point de telles minuties,
Et laisse aux gens oisifs tous ces menus propos,
Ces puérilités, la pâture des sots.

CLÉON.

(à Géronte.) (bas à Valère.)
Vous avez bien raison... Courage.

GÉRONTE.

Cher Valère,
Nous avons, je le vois, la tête un peu légère,
Et je sens que Paris ne t'a pas mal gâté:
Mais nous te guérirons de ta frivolité.

ACTE III, SCÈNE IX.

Ma nièce est raisonnable, et ton amour pour elle
Va rendre à ton esprit sa forme naturelle.

VALÈRE.

C'est moi, sans me flatter, qui vous corrigerai
De n'être au fait de rien, et je vous conterai...

GÉRONTE.

Je t'en dispense.

VALÈRE.

On peut vous rendre un homme aimable,
Mettre votre maison sur un ton convenable,
Vous donner l'air du monde au lieu des vieilles mœurs :
On ne vit qu'à Paris, et l'on végète ailleurs.

CLÉON.

(bas à Valère.) (bas à Géronte.)
Ferme !... Il est singulier.

GÉRONTE.

Mais c'est de la folie.
Il faut qu'il ait...

VALÈRE.

La nièce est-elle encor jolie ?

GÉRONTE.

Comment encor ! je crois qu'il a perdu l'esprit ;
Elle est dans son printemps, chaque jour l'embellit.

VALÈRE.

Elle était assez bien.

CLÉON, bas à Géronte.

L'éloge est assez mince.

VALÈRE.

Elle avait de beaux yeux, pour des yeux de province.

GÉRONTE.

Sais-tu que je commence à m'impatienter,
Et qu'avec nous ici c'est très-mal débuter?
Au lieu de témoigner l'ardeur de voir ma nièce,
Et d'en parler du ton qu'inspire la tendresse...

VALÈRE.

Vous voulez des fadeurs, de l'adoration?
Je ne me pique pas de belle passion.
Je l'aime... sensément.

GÉRONTE.
Comment donc?

VALÈRE.
Comme on aime...
Sans que la tête tourne... Elle en fera de même :
Je réserve au contrat toute ma liberté;
Nous vivrons bons amis chacun de son côté.

CLÉON, bas à Valère.

A merveille! appuyez.

GÉRONTE.
Ce petit train de vie
Est tout-à-fait touchant, et donne grande envie...

VALÈRE.

Je veux d'abord...

GÉRONTE.
D'abord il faut changer de ton.

CLÉON, bas à Valère.

Dites, pour l'achever, du mal de la maison.

GÉRONTE.

Or, écoute...

ACTE III, SCÈNE IX.

VALÈRE.
Attendez, il me vient une idée.

(Il se promène au fond du théâtre, regardant de côté et d'autre, sans écouter Géronte.)

GÉRONTE, à Cléon.
Quelle tête! Oh! ma foi! la noce est retardée;
Je ferais à ma nièce un fort joli présent!
Je lui veux un mari sensible, complaisant;
Et s'il veut l'obtenir (car je sens que je l'aime)
Il faut, sur mes avis, qu'il change son système.
Mais qu'examine-t-il?

VALÈRE.
Pas mal... cette façon...

GÉRONTE.
Tu trouves bien, je crois, le goût de la maison?
Elle est belle, en bon air; enfin c'est mon ouvrage;
Il faut bien embellir son petit ermitage:
J'ai de quoi te montrer pendant huit jours ici.
Mais quoi?

VALÈRE.
Je suis à vous... En abattant ceci...

CLÉON, à Géronte.
Que parle-t-il d'abattre?

VALÈRE.
Oh! rien.

GÉRONTE.
Mais je l'espère.
Sachons ce qui l'occupe: est-ce donc un mystère?

VALÈRE.
Non, c'est que je prenais quelques dimensions

Pour des ajustements, des augmentations.
GÉRONTE.
En voici bien d'une autre ! eh ! dis-moi, je te prie,
Te prennent-ils souvent, tes accès de folie ?
VALÈRE.
Parlons raison, mon oncle; oubliez un moment
Que vous avez tout fait, et point d'aveuglement :
Avouez, la maison est maussade, odieuse,
Je trouve tout ici d'une vieillesse affreuse :
Vous voyez...
GÉRONTE.
Que tu n'as qu'un babil importun,
De l'esprit, si l'on veut, mais pas le sens commun.
VALÈRE.
Oui... vous avez raison; il serait inutile
D'ajuster, d'embellir...
GÉRONTE, à Cléon.
Il devient plus docile;
Il change de langage.
VALÈRE.
Écoutez, faisons mieux :
En me donnant Chloé, l'objet de tous mes vœux,
Vous lui donnez vos biens, la maison?
GÉRONTE.
C'est-à-dire
Après ma mort.
VALÈRE.
Vraiment, c'est tout ce qu'on désire,
Mon cher oncle : or voici mon projet sur cela :
Un bien qu'on doit avoir est comme un bien qu'on a.

ACTE III, SCÈNE IX.

La maison est à nous, on ne peut rien en faire;
Un jour je l'abattrais : donc il est nécessaire,
Pour jouir tout à l'heure et pour en voir la fin,
Qu'aujourd'hui marié, je bâtisse demain :
J'aurai soin...

GÉRONTE.

De partir : ce n'était pas la peine
De venir m'ennuyer.

CLÉON, bas à Géronte.

Sa folie est certaine.

GÉRONTE.

Et quant à vos beaux plans et vos dimensions,
Faites bâtir pour vous aux Petites-Maisons.

VALÈRE.

Parce que pour nos biens je prends quelques mesures,
Mon cher oncle se fâche, et me dit des injures!

GÉRONTE.

Oui, va, je t'en réponds, mon cher oncle! oh! parbleu,
La peste emporterait jusqu'au dernier neveu,
Je ne te prendrais pas pour rétablir l'espèce.

VALÈRE, à Cléon.

Par malheur j'ai du goût; l'air maussade me blesse;
Et monsieur ne veut rien changer dans sa façon!
Sous prétexte qu'il est maître de la maison,
Il prétend...

GÉRONTE.

Je prétends n'avoir point d'autre maître.

CLÉON.

Sans doute.

VALÈRE.

Mais, monsieur, je ne prétends pas l'être.

(à Cléon.)

Faites ici ma paix; je ferai ce qu'il faut...
Arrangez tout, je vais faire ma cour là-haut.

SCENE X.

GÉRONTE, CLÉON.

GÉRONTE.

A-t-on vu quelque part un fonds d'impertinences
De cette force-là ?

CLÉON.

Si sur les apparences...

GÉRONTE.

Où diable preniez-vous qu'il avait de l'esprit ?
C'est un original qui ne sait ce qu'il dit,
Un de ces merveilleux gâtés par des *caillettes*,
Ni goût, ni jugement, un tissu de sornettes,
Et monsieur celui-ci, madame celle-là,
Des riens, des airs, du vent, en trois mots le voilà.
Ma foi, sauf votre avis...

CLÉON.

Je m'en rapporte au vôtre;
Vous vous y connaissez tout aussi bien qu'un autre :
Prenez qu'on m'a surpris, et que je n'ai rien dit;
Après tout, je n'ai fait que rendre le récit
De gens qu'il voit beaucoup; moi, qui ne le vois guère
Qu'en passant, j'ignorais le fond du caractère.

GÉRONTE.
Oh! sur parole ainsi ne louons point les gens :
Avant que de louer j'examine long-temps;
Avant que de blâmer, même cérémonie :
Aussi connais-je bien mon monde; et je défie,
Quand j'ai toisé mes gens, qu'on m'en impose en rien.
Autrefois j'ai tant vu, soit en mal, soit en bien,
De réputations contraires aux personnes,
Que je n'en admets plus ni mauvaises ni bonnes;
Il faut y voir soi-même; et, par exemple, vous,
Si je les en croyais, ne disent-ils pas tous
Que vous êtes méchant? ce langage m'assomme :
Je vous ai bien suivi, je vous trouve bon homme.

CLÉON.
Vous avez dit le mot; et la méchanceté
N'est qu'un nom odieux par les sots inventé;
C'est là, pour se venger, leur formule ordinaire :
Dès qu'on est au-dessus de leur petite sphère,
Que, de peur d'être absurde on fronde leur avis,
Et qu'on ne rampe pas comme eux; fâchés, aigris,
Furieux contre vous, ne sachant que répondre,
Croyant qu'on les remarque, et qu'on veut les confondre;
Un tel est très-méchant, vous disent-ils tout bas :
Et pourquoi? c'est qu'un tel a l'esprit qu'ils n'ont pas.

(Un laquais arrive.)

GÉRONTE.
Eh bien, qu'est-ce?

LE LAQUAIS.
Monsieur, ce sont vos lettres.

GÉRONTE.

Donne.

Cela suffit.

(Le laquais sort.)

Voyons... Ah! celle-ci m'étonne...
Quelle est cette écriture?... Oui-da! j'allais vraiment
Faire une belle affaire! Oh! je crois aisément
Tout ce qu'on dit de lui, la matière est féconde:
Je vois qu'il est encor des amis dans le monde.

CLÉON.

Que vous mande-t-on? Qui?

GÉRONTE.

Je ne sais pas qui c'est;
Quelqu'un sans se nommer, sans aucun intérêt...
Mais je ne sais s'il faut vous montrer cette lettre:
On parle mal de vous.

CLÉON.

De moi! daignez permettre...

GÉRONTE.

C'est peu de chose; mais...

CLÉON.

Voyons: je ne veux pas
Que sur mes procédés vous ayez d'embarras,
Qu'il soit aucun soupçon, ni le moindre nuage.

GÉRONTE.

Ne craignez rien; sur vous je ne prends nul ombrage:
Vous pensez comme moi sur ce plat freluquet:
Tenez, vous allez voir l'éloge qu'on en fait.

CLÉON lit.

« J'apprends, monsieur, que vous donnez votre

ACTE III, SCÈNE X.

« nièce à Valère : vous ignorez apparemment que
« c'est un libertin, dont les affaires sont très-déran-
« gées, et le courage fort suspect. Un ami de sa mère,
« dont on ne m'a pas dit le nom, s'est fait le média-
« teur de ce mariage, et vous sacrifie. Il m'est revenu
« aussi que Cléon est fort lié avec Valère; prenez
« garde que ses conseils ne vous embarquent dans
« une affaire qui ne peut que vous faire tort de toute
« façon. »

GÉRONTE.

Eh bien, qu'en dites-vous?

CLÉON.

Je dis, et je le pense,
Que c'est quelque noirceur sous l'air de confidence.
Pourquoi cacher son nom?

(Il déchire la lettre.)

GÉRONTE.

Comment? vous déchirez!...

CLÉON.

Oui..... Qu'en voulez-vous faire?

GÉRONTE.

Et vous conjecturez
Que c'est quelque ennemi; qu'on en veut à Valère?

CLÉON.

Mais je n'assure rien : dans toute cette affaire
Me voilà suspect, moi, puisqu'on me dit lié....

GÉRONTE.

Je ne crois pas un mot d'une telle amitié.

CLÉON.

Le mieux sera d'agir selon votre système;

N'en croyez point autrui, jugez tout par vous-même.
Je veux croire qu'Ariste est honnête homme, mais
Votre écrivain peut-être..... Enfin, sachez les faits;
Sans humeur, sans parler de l'avis qu'on vous donne,
Soit calomnie ou non, la lettre est toujours bonne.
Quant à vos sûretés, rien encor n'est signé :
Voyez, examinez.....

GÉRONTE.

Tout est examiné :
Je renverrai mon fat, et mon affaire est faite.
Il vient... proposez-lui de hâter sa retraite;
Deux mots : je vous attends.

SCENE XI.

CLÉON, VALÈRE, d'un air rêveur.

CLÉON, fort vite et à demi-voix.

Vous êtes trop heureux;
Géronte vous déteste : il s'en va furieux;
Il m'attend, je ne puis vous parler davantage;
Mais ne craignez plus rien sur votre mariage.

SCENE XII.

VALÈRE.

Je ne sais où j'en suis, ni ce que je résous.
Ah! qu'un premier amour a d'empire sur nous!
J'allais braver Chloé par mon étourderie :
La braver! j'aurais fait le malheur de ma vie;

ACTE III, SCÈNE XII.

Ses regards ont changé mon ame en un moment;
Je n'ai pu lui parler qu'avec saisissement.
Que j'étais pénétré! que je la trouve belle!
Que cet air de douceur, et noble et naturelle,
A bien renouvelé cet instinct enchanteur,
Ce sentiment si pur, le premier de mon cœur!
Ma conduite à mes yeux me pénètre de honte.
Pourrai-je réparer mes torts près de Géronte?
Il m'aimait autrefois; j'espère mon pardon.
Mais comment avouer mon amour à Cléon?
Moi sérieusement amoureux!... Il n'importe:
Qu'il m'en plaisante ou non, ma tendresse l'emporte.
Je ne vois que Chloé... Si j'avais pu prévoir...
Allons tout réparer : je suis au désespoir.

FIN DU TROISIÈME ACTE.

ACTE QUATRIÈME.

SCENE I.

CHLOÉ, LISETTE.

LISETTE.

Eh quoi! mademoiselle, encor cette tristesse!
Comptez sur moi, vous dis-je; allons, point de faiblesse.

CHLOÉ.

Que les hommes sont faux! et qu'ils savent, hélas!
Trop bien persuader ce qu'ils ne sentent pas!
Je n'aurais jamais cru l'apprendre par Valère :
Il revient, il me voit, il semblait vouloir plaire;
Son trouble lui prêtait de nouveaux agréments,
Ses yeux semblaient répondre à tous mes sentiments:
Le croiras-tu, Lisette, et qu'y puis-je comprendre?
Cet amant adoré que je croyais si tendre,
Oui, Valère, oubliant ma tendresse et sa foi,
Valère me méprise!... il parle mal de moi.

LISETTE.

Il en parle très-bien; je le sais, je vous jure.

CHLOÉ.

Je le tiens de mon oncle, et ma peine est trop sûre:
Tout est rompu; je suis dans un chagrin mortel.

ACTE IV, SCÈNE I.

LISETTE.

Ouais! tout ceci me passe, et n'est pas naturel.
Valère vous adore, et fait cette équipée!
Je vois là du Cléon, ou je suis bien trompée.
Mais il faut par vous-même entendre votre amant;
Je vous ménagerai cet éclaircissement,
Sans que dans mon projet Florise nous dérange :
Ma foi, je lui prépare un tour assez étrange,
Qui l'occupera trop pour avoir l'œil sur vous.
Le moment est heureux; tous les noms les plus doux
Ne reviennent-ils pas? c'est *ma chère Lisette,*
Mon enfant... On m'écoute, on me trouve parfaite;
Tantôt on ne pouvait me souffrir : à présent,
Vu que pour terminer Géronte est moins pressant,
Elle est d'une gaîté, d'une folie extrême :
Moi, je vais profiter de l'instant où l'on m'aime,
Dès qu'à tous ses propos Cléon aura mis fin :
Il *est délicieux, incroyable, divin;*
Cent autres petits mots qu'elle redit sans cesse,
Ces noms dureront peu, comptez sur ma promesse.
Géronte le demande; on le dit en fureur :
Mais je compte guérir le frère par la sœur.

CHLOÉ.

Eh! que fait Valère?

LISETTE.

Ah! j'oubliais de vous dire
Qu'il est à sa toilette, et cela doit détruire
Vos soupçons mal fondés; car vous concevez bien
Que, s'il va se parer, ce soin n'est pas pour rien.
Ariste est avec lui; j'en tire bon augure.

Pour Valère et Cléon, quoique je sois bien sûre
Qu'ils se connaissent fort, ils s'évitent tous deux :
Serait-ce intelligence ou brouillerie entre eux?
Je le démêlerai, quoiqu'il soit difficile...
Votre mère descend; allez, soyez tranquille.

SCENE II.

LISETTE.

Moi, tout ceci me donne une peine, un tourment!...
N'importe si mes soins tournent heureusement.
Mais que prétend Ariste? et pour quelle aventure
Veut-il que je lui fasse avoir de l'écriture
De Frontin? Comment faire? Et puis d'ailleurs Frontin
Au plus signe son nom, et n'est pas écrivain.

SCENE III.

FLORISE, LISETTE.

FLORISE.

Eh bien, Lisette?

LISETTE.

Eh bien, madame?

FLORISE.

Es-tu contente?

LISETTE.

Mais, madame, pas trop : ce couvent m'épouvante.

FLORISE.

Pour y suivre Chloé je destine Marton;
Tu resteras ici. Je parlais de Cléon.

ACTE IV, SCÈNE III.

Dis-moi, n'en es-tu pas extrêmement contente?
Ai-je tort de défendre un esprit qui m'enchante?
J'ai bien vu tout à l'heure (et ton goût me plaisait)
Que tu t'amusais fort de tout ce qu'il disait :
Conviens qu'il est charmant; et laisse, je te prie,
Tous les petits discours que fait tenir l'envie.

LISETTE.

Moi, madame, eh mon dieu! je n'aimerais rien tant
Que d'en croire du bien : vous pensez sensément;
Et, si vous persistez à le juger de même,
Si vous l'aimez toujours, il faut bien que je l'aime.

FLORISE.

Ah! tu l'aimeras donc; je te jure aujourd'hui
Que de tout l'univers je n'estime que lui :
Cléon a tous les tons, tous les esprits ensemble:
Il est toujours nouveau : tout le reste me semble
D'une misère affreuse, ennuyeux à mourir;
Et je rougis des gens qu'on me voyait souffrir.

LISETTE.

Vous avez bien raison : quand on a l'avantage
D'avoir mieux rencontré, le parti le plus sage
Est de s'y tenir; mais...

FLORISE.
Quoi?
LISETTE.
      Rien.
FLORISE.
            Je veux savoir...
LISETTE.

Non.

FLORISE.

Je l'exige.

LISETTE.

Eh bien!... J'ai cru m'apercevoir
Qu'il n'avait pas pour vous tout le goût qu'il vous marque :
Il me parle souvent, et souvent je remarque
Qu'il a, quand je vous loue, un air embarrassé :
Et sur certains discours si je l'avais poussé...

FLORISE.

Chimère! Il faut pourtant éclaircir ce nuage;
Il est vrai que Chloé me donne quelque ombrage,
Et que c'est à dessein de l'éloigner de lui
Qu'à la mettre au couvent je m'apprête aujourd'hui :
Toi, fais causer Cléon, et que je puisse apprendre...

LISETTE.

Je voudrais qu'en secret vous vinssiez nous entendre;
Vous ne m'en croiriez pas.

FLORISE.

Quelle folie!

LISETTE.

Oh! non.
Il faut s'aider de tout dans un juste soupçon;
Si ce n'est pas pour vous, que ce soit pour moi-même :
J'ai l'esprit défiant; vous voulez que je l'aime,
Et je ne puis l'aimer, comme je le prétends,
Que quand nous aurons fait l'épreuve où je l'attends.

FLORISE.

Mais comment ferions-nous?

LISETTE.

Ah! rien n'est plus facile :

C'est avec moi tantôt que vous verrez son style ;
Faux ou vrai, bien ou mal, il s'expliquera là.
Vous avez vu souvent qu'au moment où l'on va
Se promener ensemble au bois, à la prairie,
Cléon ne part jamais avec la compagnie,
Il reste à me parler, à me questionner :
Et de ce cabinet vous pourriez vous donner
Le plaisir de l'entendre appuyer ou détruire...

FLORISE.

Tout ce que tu voudras ; je ne veux que m'instruire
Si Cléon pour ma fille a le goût que je croi :
Mais je ne puis penser qu'il parle mal de moi.

LISETTE.

Eh bien ! c'est de ma part une galanterie :
L'éloge des absents se fait sans flatterie.
Il faudra que sur vous, dans tout cet entretien,
Je dise un peu de mal, dont je ne pense rien,
Pour lui faire beau jeu.

FLORISE.

    Je te le passe encore.

LISETTE.

S'il trompe mon attente, oh ! ma foi, je l'adore.

FLORISE, voyant venir Ariste et Valère.

Encor monsieur Ariste avec son protégé !
Je voudrais bien tous deux qu'ils prissent leur congé ;
Mais ils ne sentent rien : laissons-les.

SCENE IV.

ARISTE; VALÈRE, paré.

VALÈRE.

On m'évite;
O ciel! je suis perdu.

ARISTE.

Réglez votre conduite
Sur ce que je vous dis, et fiez-vous à moi
Du soin de mettre fin au trouble où je vous voi :
Soyez-en sûr, j'ai fait demander à Géronte
Un moment d'entretien; et c'est sur quoi je compte.
Je vais de l'amitié joindre l'autorité
Au ton de la franchise et de la vérité,
Et nous éclaircirons ce qui nous embarrasse.

VALÈRE.

Mais il a, par malheur, fort peu d'esprit.

ARISTE.

De grace,
Le connaissez-vous?

VALÈRE.

Non; mais je vois ce qu'il est :
D'ailleurs ne juge-t-on que ceux que l'on connaît?
La conversation deviendrait fort stérile :
J'en sais assez pour voir que c'est un imbécile.

ARISTE.

Vous retombez encore, après m'avoir promis
D'éloigner de votre air et de tous vos avis

ACTE IV, SCÈNE IV.

Cette méchanceté qui vous est étrangère;
Eh! pourquoi s'opposer à son bon caractère?
Tenez, devant vos gens je n'ai pu librement
Vous parler de Cléon : il faut absolument
Rompre...

VALÈRE.

Que je me donne un pareil ridicule!
Rompre avec un ami!

ARISTE.

Que vous êtes crédule!
On entre dans le monde, on en est enivré,
Au plus frivole accueil on se croit adoré;
On prend pour des amis de simples connaissances :
Et que de repentirs suivent ces imprudences!
Il faut pour votre honneur que vous y renonciez.
On vous juge d'abord par ceux que vous voyez :
Ce préjugé s'étend sur votre vie entière;
Et c'est des premiers pas que dépend la carrière.
Débuter par ne voir qu'un homme diffamé!

VALÈRE.

Je vous réponds, monsieur, qu'il est très-estimé :
Il a les ennemis que nous fait le mérite;
D'ailleurs on le consulte, on l'écoute, on le cite :
Aux spectacles surtout il faut voir le crédit
De ses décisions, le poids de ce qu'il dit;
Il faut l'entendre après une pièce nouvelle;
Il règne, on l'environne; il prononce sur elle,
Et son autorité, malgré les protecteurs,
Pulvérise l'ouvrage et les admirateurs.

ARISTE.

Mais vous le condamnez en croyant le défendre :
Est-ce bien là l'emploi qu'un bon esprit doit prendre ?
L'orateur des foyers et des mauvais propos !
Quels titres sont les siens ? l'insolence et des mots,
Des applaudissements, le respect idolâtre
D'un essaim d'étourdis, chenilles du théâtre,
Et qui, venant toujours grossir le tribunal
Du bavard imposant qui dit le plus de mal,
Vont semer d'après lui l'ignoble parodie
Sur les fruits des talents et les dons du génie.
Cette audace d'ailleurs, cette présomption
Qui prétend tout ranger à sa décision,
Est d'un fat ignorant la marque la plus sûre.
L'homme éclairé suspend l'éloge et la censure ;
Il sait que sur les arts, les esprits, et les goûts,
Le jugement d'un seul n'est point la loi de tous ;
Qu'attendre est pour juger la règle la meilleure,
Et que l'arrêt public est le seul qui demeure.

VALÈRE.

Il est vrai ; mais enfin Cléon est respecté,
Et je vois les rieurs toujours de son côté.

ARISTE.

De si honteux succès ont-ils de quoi vous plaire ?
Du rôle de plaisant connaissez la misère :
J'ai rencontré souvent de ces gens à bons mots,
De ces hommes charmants qui n'étaient que des sots ;
Malgré tous les efforts de leur petite envie,
Une froide épigramme, une bouffonnerie,
A ce qui vaut mieux qu'eux n'ôtera jamais rien ;

ACTE IV, SCÈNE IV.

Et, malgré les plaisants, le bien est toujours bien.
J'ai vu d'autres méchants d'un grave caractère,
Gens laconiques, froids, à qui rien ne peut plaire;
Examinez-les bien, un ton sentencieux
Cache leur nullité sous un air dédaigneux.
Cléon souvent aussi prend cet air d'importance;
Il veut être méchant jusque dans son silence :
Mais qu'il se taise ou non, tous les esprits bien faits
Sauront le mépriser jusque dans ses succès.

VALÈRE.

Lui refuseriez-vous l'esprit? j'ai peine à croire...

ARISTE.

Mais à l'esprit méchant je ne vois point de gloire :
Si vous saviez combien cet esprit est aisé,
Combien il en faut peu, comme il est méprisé!
Le plus stupide obtient la même réussite :
Eh! pourquoi tant de gens ont-ils ce plat mérite?
Stérilité de l'ame, et de ce naturel
Agréable, amusant, sans bassesse et sans fiel.
On dit l'esprit commun; par son succès bizarre,
La méchanceté prouve à quel point il est rare :
Ami du bien, de l'ordre, et de l'humanité,
Le véritable esprit marche avec la bonté.
Cléon n'offre à nos yeux qu'une fausse lumière :
La réputation des mœurs est la première;
Sans elle, croyez-moi, tout succès est trompeur :
Mon estime toujours commence par le cœur;
Sans lui l'esprit n'est rien; et, malgré vos maximes,
Il produit seulement des erreurs et des crimes.
Fait pour être chéri, ne serez-vous cité

Que pour le complaisant d'un homme détesté?

VALÈRE.

Je vois tout le contraire ; on le recherche, on l'aime;
Je voudrais que chacun me détestât de même :
On se l'arrache au moins ; je l'ai vu quelquefois
A des soupers divins retenu pour un mois;
Quand il est à Paris, il ne peut y suffire :
Me direz-vous qu'on hait un homme qu'on désire ?

ARISTE.

Que dans ses procédés l'homme est inconséquent!
On recherche un esprit dont on hait le talent :
On applaudit aux traits du méchant qu'on abhorre;
Et, loin de le proscrire, on l'encourage encore.
Mais convenez aussi qu'avec ce mauvais ton,
Tous ces gens, dont il est l'oracle ou le bouffon,
Craignent pour eux le sort des absents qu'il leur livre,
Et que tous avec lui seraient fâchés de vivre :
On le voit une fois, il peut être applaudi ;
Mais quelqu'un voudrait-il en faire son ami ?

VALÈRE.

On le craint, c'est beaucoup.

ARISTE.

Mérite pitoyable!
Pour les esprits sensés est-il donc redoutable?
C'est ordinairement à de faibles rivaux
Qu'il adresse les traits de ses mauvais propos.
Quel honneur trouvez-vous à poursuivre, à confondre,
A désoler quelqu'un qui ne peut vous répondre?
Ce triomphe honteux de la méchanceté
Réunit la bassesse et l'inhumanité.

Quand sur l'esprit d'un autre on a quelque avantage,
N'est-il pas plus flatteur d'en mériter l'hommage,
De voiler, d'enhardir la faiblesse d'autrui,
Et d'en être à la fois et l'amour et l'appui?

VALÈRE.

Qu'elle soit un peu plus, un peu moins vertueuse,
Vous m'avoûrez du moins que sa vie est heureuse :
On épuise bientôt une société ;
On sait tout votre esprit, vous n'êtes plus fêté
Quand vous n'êtes plus neuf; il faut une autre scène
Et d'autres spectateurs : il passe, il se promène
Dans les cercles divers, sans gêne, sans lien ;
Il a la fleur de tout, n'est esclave de rien...

ARISTE.

Vous le croyez heureux? Quelle ame méprisable!
Si c'est là son bonheur, c'est être misérable,
Étranger au milieu de la société,
Et partout fugitif, et partout rejeté.
Vous connaîtrez bientôt par votre expérience
Que le bonheur du cœur est dans la confiance :
Un commerce de suite avec les mêmes gens,
L'union des plaisirs, des goûts, des sentiments,
Une société peu nombreuse, et qui s'aime,
Où vous pensez tout haut, où vous êtes vous-même,
Sans lendemain, sans crainte, et sans malignité,
Dans le sein de la paix et de la sûreté ;
Voilà le seul bonheur honorable et paisible
D'un esprit raisonnable, et d'un cœur né sensible.
Sans amis, sans repos, suspect et dangereux,
L'homme frivole et vague est déjà malheureux.

Mais jugez avec moi combien l'est davantage
Un méchant affiché, dont on craint le passage;
Qui, traînant avec lui les rapports, les horreurs,
L'esprit de fausseté, l'art affreux des noirceurs,
Abhorré, méprisé, couvert d'ignominie,
Chez les honnêtes gens demeure sans patrie :
Voilà le vrai proscrit, et vous le connaissez.

VALÈRE.

Je ne le verrais plus si ce que vous pensez
Allait m'être prouvé : mais on outre les choses;
C'est donner à des riens les plus horribles causes :
Quant à la probité, nul ne peut l'accuser;
Ce qu'il dit, ce qu'il fait n'est que pour s'amuser.

ARISTE.

S'amuser, dites-vous? Quelle erreur est la vôtre!
Quoi! vendre tour à tour, immoler l'une à l'autre
Chaque société, diviser les esprits,
Aigrir des gens brouillés, ou brouiller des amis,
Calomnier, flétrir des femmes estimables,
Faire du mal d'autrui ses plaisirs détestables;
Ce germe d'infamie et de perversité
Est-il dans la même ame avec la probité?
Et parmi vos amis vous souffrez qu'on le nomme!

VALÈRE.

Je ne le connais plus s'il n'est point honnête homme :
Mais il me reste un doute; avec trop de bonté
Je crains de me piquer de singularité :
Sans condamner l'avis de Cléon, ni le vôtre,
J'ai l'esprit de mon siècle, et je suis comme un autre.
Tout le monde est méchant; et je serais partout

ACTE IV, SCÈNE IV.

Ou dupe, ou ridicule, avec un autre goût.

ARISTE.

Tout le monde est méchant? oui, ces cœurs haïssables,
Ce peuple d'hommes faux, de femmes, d'agréables,
Sans principes, sans mœurs, esprits bas et jaloux,
Qui se rendent justice en se méprisant tous.
En vain ce peuple affreux, sans frein et sans scrupule,
De la bonté du cœur veut faire un ridicule;
Pour chasser ce nuage, et voir avec clarté
Que l'homme n'est point fait pour la méchanceté,
Consultez, écoutez pour juges, pour oracles,
Les hommes rassemblés; voyez à nos spectacles;
Quand on peint quelque trait de candeur, de bonté,
Où brille en tout son jour la tendre humanité,
Tous les cœurs sont remplis d'une volupté pure,
Et c'est là qu'on entend le cri de la nature.

VALÈRE.

Vous me persuadez.

ARISTE.

Vous ne réussirez
Qu'en suivant ces conseils; soyez bon, vous plairez;
Si la raison ici vous a plu dans ma bouche,
Je le dois à mon cœur, que votre intérêt touche.

VALÈRE.

Géronte vient : calmez son esprit irrité,
Et comptez pour toujours sur ma docilité.

SCENE V.

GÉRONTE, ARISTE, VALÈRE.

GÉRONTE.

Le voilà bien paré! Ma foi, c'est grand dommage
Que vous ayez ici perdu votre étalage!

VALÈRE.

Cessez de m'accabler, monsieur, et par pitié
Songez qu'avant ce jour j'avais votre amitié.
Par l'erreur d'un moment ne jugez point ma vie :
Je n'ai qu'une espérance, ah! m'est-elle ravie?
Sans l'aimable Chloé je ne puis être heureux :
Voulez-vous mon malheur?

GÉRONTE.

     Elle a d'assez beaux yeux...
Pour des yeux de province.

VALÈRE.

     Ah! laissez là, de grace,
Des torts que pour toujours mon repentir efface :
Laissez un souvenir...

GÉRONTE.

     Vous-même laissez-nous :
Monsieur veut me parler. Au reste arrangez-vous
Tout comme vous voudrez, vous n'aurez point ma nièce.

VALÈRE.

Quand j'abjure à jamais ce qu'un moment d'ivresse...

GÉRONTE.

Oh! pour rompre, vraiment, j'ai bien d'autres raisons.

ACTE IV, SCÈNE V.

VALÈRE.

Quoi donc?

GÉRONTE.

Je ne dis rien : mais sans tant de façons
Laissez-nous, je vous prie, ou bien je me retire.

VALÈRE.

Non, monsieur, j'obéis... A peine je respire.,.
Ariste, vous savez mes vœux et mes chagrins,
Décidez de mes jours, leur sort est dans vos mains.

SCENE VI.

GÉRONTE, ARISTE.

ARISTE.

Vous le traitez bien mal; je ne vois pas quel crime...

GÉRONTE.

A la bonne heure; il peut obtenir votre estime;
Vous avez vos raisons apparemment, et moi
J'ai les miennes aussi ; chacun juge pour soi.
Je crois, pour votre honneur, que du petit Valère
Vous pouviez ignorer le mauvais caractère.

ARISTE.

Ce ton-là m'est nouveau; jamais votre amitié
Avec moi jusqu'ici ne l'avait employé.

GÉRONTE.

Que diable voulez-vous? Quelqu'un qui me conseille
De m'empêtrer ici d'une espèce pareille,
M'aime-t-il? Vous voulez que je trouve parfait

Un petit suffisant qui n'a que du caquet,
D'ailleurs mauvais esprit, qui décide, qui fronde,
Parle bien de lui-même, et mal de tout le monde?

ARISTE.

Il est jeune, il peut être indiscret, vain, léger;
Mais quand le cœur est bon, tout peut se corriger.
S'il vous a révolté par une extravagance,
Quoique sur cet article il s'obstine au silence,
Vous devez moins, je crois, vous en prendre à son cœur,
Qu'à de mauvais conseils, dont on saura l'auteur.
Sur la méchanceté vous lui rendrez justice :
Valère a trop d'esprit pour ne pas fuir ce vice;
Il peut en avoir eu l'apparence et le ton
Par vanité, par air, par indiscrétion;
Mais de ce caractère il a vu la bassesse :
Comptez qu'il est bien né, qu'il pense avec noblesse...

GÉRONTE.

Il fait donc l'hypocrite avec vous : en effet
Il lui manquait ce vice, et le voilà parfait.
Ne me contraignez pas d'en dire davantage;
Ce que je sais de lui...

ARISTE.

Cléon...

GÉRONTE.

Encor ! J'enrage :
Vous avez la fureur de mal penser d'autrui;
Qu'a-t-il à faire là? Vous parlez mal de lui
Tandis qu'il vous estime et qu'il vous justifie.

ARISTE.

Moi! me justifier! eh! de quoi, je vous prie?

ACTE IV, SCÈNE VI.

GÉRONTE.

Enfin...

ARISTE.

Expliquez-vous, ou je romps pour jamais :
Vous ne m'estimez plus, si des soupçons secrets...

GÉRONTE.

Tenez, voilà Cléon; il pourra vous apprendre,
S'il veut, des procédés que je ne puis comprendre.
C'est de mon amitié faire bien peu de cas...
Je sors... car je dirais ce que je ne veux pas.

SCENE VII.

CLÉON, ARISTE.

ARISTE.

M'apprendrez-vous, monsieur, quelle odieuse histoire
Me brouille avec Géronte, et quelle ame assez noire...

CLÉON.

Vous n'êtes pas brouillés; amis de tous les temps,
Vous êtes au-dessus de tous les différends :
Vous verrez simplement que c'est quelque nuage;
Cela finit toujours par s'aimer davantage.
Géronte a sur le cœur nos persécutions
Sur un parti qu'en vain vous et moi conseillons.
Moi, j'aime fort Valère, et je vois avec peine
Qu'il se soit annoncé par donner une scène;
Mais, soit dit entre nous, peut-on compter sur lui ?
A bien examiner ce qu'il fait aujourd'hui,
On imaginerait qu'il détruit notre ouvrage,

Qu'il agit sourdement contre son mariage ;
Il veut, il ne veut plus : sait-il ce qu'il lui faut ?
Il est près de Chloé, qu'il refusait tantôt.

ARISTE.

Tout serait expliqué si l'on cessait de nuire,
Si la méchanceté ne cherchait à détruire...

CLÉON.

Oh bon ! quelle folie ! Êtes-vous de ces gens
Soupçonneux, ombrageux ! croyez-vous aux méchans ?
Et réalisez-vous cet être imaginaire,
Ce petit préjugé qui ne va qu'au vulgaire ?
Pour moi, je n'y crois pas : soit dit sans intérêt,
Tout le monde est méchant, et personne ne l'est ;
On reçoit et l'on rend ; on est à peu près quitte :
Parlez-vous des propos ? comme il n'est ni mérite,
Ni goût, ni jugement qui ne soit contredit,
Que rien n'est vrai sur rien ; qu'importe ce qu'on dit ?
Tel sera mon héros, et tel sera le vôtre ;
L'aigle d'une maison n'est qu'un sot dans une autre ;
Je dis ici qu'Éraste est un mauvais plaisant ;
Eh bien ! on dit ailleurs qu'Éraste est amusant.
Si vous parlez des faits et des tracasseries,
Je n'y vois dans le fond que des plaisanteries ;
Et si vous attachez du crime à tout cela,
Beaucoup d'honnêtes gens sont de ces fripons-là.
L'agrément couvre tout, il rend tout légitime :
Aujourd'hui dans le monde on ne connaît qu'un crime,
C'est l'ennui ; pour le fuir tous les moyens sont bons ;
Il gagnerait bientôt les meilleures maisons
Si l'on s'aimait si fort ; l'amusement circule

ACTE IV, SCÈNE VII.

Par les préventions, les torts, le ridicule :
Au reste, chacun parle et fait comme il l'entend.
Tout est mal, tout est bien, tout le monde est content.

ARISTE.

On n'a rien à répondre à de telles maximes :
Tout est indifférent pour les ames sublimes.
Le plaisir, dites-vous, y gagne : en vérité,
Je n'ai vu que l'ennui chez la méchanceté :
Ce jargon éternel de la froide ironie,
L'air de dénigrement, l'aigreur, la jalousie,
Ce ton mystérieux, ces petits mots sans fin ;
Toujours avec un air qui voudrait être fin,
Ces indiscrétions, ces rapports infidèles,
Ces basses faussetés, ces trahisons cruelles ;
Tout cela n'est-il pas, à le bien définir,
L'image de la haine, et la mort du plaisir?
Aussi ne voit-on plus où sont ces caractères,
L'aisance, la franchise, et les plaisirs sincères.
On est en garde, on doute enfin si l'on rira :
L'esprit qu'on veut avoir gâte celui qu'on a.
De la joie et du cœur on perd l'heureux langage
Pour l'absurde talent d'un triste persiflage.
Faut-il donc s'ennuyer pour être du bon air?
Mais, sans perdre en discours un temps qui nous est cher,
Venons au fait, monsieur ; connaissez ma droiture :
Si vous êtes ici, comme on le conjecture,
L'ami de la maison ; si vous voulez le bien ;
Allons trouver Géronte, et qu'il ne cache rien.
Sa défiance ici tous deux nous déshonore :
Je lui révélerai des choses qu'il ignore ;

Vous serez notre juge : allons, secondez-moi,
Et soyons tous trois sûrs de notre bonne foi.

CLÉON.

Une explication ! en faut-il quand on s'aime ?
Ma foi, laissez tomber tout cela de soi-même.
Me mêler là-dedans !... ce n'est pas mon avis :
Souvent un tiers se brouille avec les deux partis ;
Et je crains... Vous sortez ? Mais vous me faites rire.
De grace, expliquez-moi...

ARISTE.

Je n'ai rien à vous dire.

SCENE VIII.

CLÉON, ARISTE, LISETTE.

LISETTE.

Messieurs, on vous attend dans le bois.

ARISTE, bas à Lisette, en sortant.

Songe au moins...

LISETTE, bas à Ariste.

Silence.

SCENE IX.

CLÉON, LISETTE.

CLÉON.

Heureusement nous voilà sans témoins :
Achève de m'instruire, et ne fais aucun doute...

LISETTE.

Laissez-moi voir d'abord si personne n'écoute

ACTE IV, SCÈNE IX.

Par hasard à la porte, ou dans ce cabinet;
Quelqu'un des gens pourrait entendre mon secret.

CLÉON, seul.

La petite Chloé, comme me dit Lisette,
Pourrait vouloir de moi ! l'aventure est parfaite :
Feignons; c'est à Valère assurer son refus;
Et tourmenter Florise est un plaisir de plus.

LISETTE, à part, en revenant.

Tout va bien.

CLÉON.

Tu me vois dans la plus douce ivresse;
Je l'aimais sans oser lui dire ma tendresse.
Sonde encor ses désirs : s'ils répondent aux miens,
Dis-lui que dès long-temps j'ai prévenu les siens.

LISETTE.

Je crains pourtant toujours.

CLÉON.

Quoi ?

LISETTE.

Ce goût pour madame.

CLÉON.

Si tu n'as pour raison que cette belle flamme...
Je te l'ai déjà dit; non, je ne l'aime pas.

LISETTE.

Ma foi, ni moi non plus. Je suis dans l'embarras;
Je veux sortir d'ici, je ne saurais m'y plaire :
Ce n'est pas pour monsieur; j'aime son caractère;
Il est assez bon maître, et le même en tout temps,
Bon homme...

CLÉON.

Oui, les bavards sont toujours bonnes gens.

LISETTE.

Pour madame!... Oh! d'honneur... Mais je crains ma franchise :
Si vous redeveniez amoureux de Florise...
Car vous l'avez été sûrement, et je croi...

CLÉON.

Moi, Lisette, amoureux ! tu te moques de moi :
Je ne me le suis cru qu'une fois en ma vie;
J'eus Araminte un mois : elle était très-jolie,
Mais coquette à l'excès; cela m'ennuyait fort.
Elle mourut : je fus enchanté de sa mort.
Il faut, pour m'attacher, une ame simple et pure,
Comme Chloé, qui sort des mains de la nature,
Faite pour allier les vertus aux plaisirs,
Et mériter l'estime en donnant des désirs.
Mais madame Florise!...

LISETTE.

Elle est insupportable;
Rien n'est bien. Autrefois je la croyais aimable;
Je ne la trouvais pas difficile à servir :
Aujourd'hui, franchement, on n'y peut plus tenir;
Et pour rester ici, j'y suis trop malheureuse.
Comment la trouvez-vous?

CLÉON.

Ridicule, odieuse...
L'air commun, qu'elle croit avoir noble pourtant;
Ne pouvant se guérir de se croire un enfant :
Tant de prétentions, tant de petites graces,
Que je mets, vu leur date, au nombre des grimaces,

Tout cela, dans le fond, m'ennuie horriblement;
Une femme qui fuit le monde en enrageant,
Parce qu'on n'en veut plus, et se croit philosophe;
Qui veut être méchante, et n'en a pas l'étoffe;
Courant après l'esprit, ou plutôt se parant
De l'esprit répété qu'elle attrape en courant;
Jouant le sentiment : il faudrait, pour lui plaire,
Tous les menus propos de la vieille Cythère,
Ou sans cesse essuyer des scènes de dépit,
Des fureurs sans amour, de l'humeur sans esprit;
Un amour-propre affreux, quoique rien ne soutienne...

LISETTE.

Au fond, je ne vois pas ce qui la rend si vaine.

CLÉON.

Quoiqu'elle garde encor des airs sur la vertu,
De grands mots sur le cœur, qui n'a-t-elle pas eu?
Elle a perdu les noms, elle a peu de mémoire;
Mais tout Paris pourrait en retrouver l'histoire :
Et je n'aspire pas à l'honneur singulier
D'être le successeur de l'univers entier.

LISETTE, allant vers le cabinet.

Paix! j'entends là-dedans... Je crains quelque aventure.

CLÉON, seul.

Lisette est difficile, ou la voilà bien sûre
Que je n'ai point l'amour qu'elle me soupçonnait :
Et si, comme elle, aussi Chloé l'imaginait,
Elle ne craindra plus...

LISETTE, à part, en revenant.

                Elle est, ma foi! partie,
De rage, apparemment, ou bien par modestie.

CLÉON.

Eh bien?

LISETTE.

On me cherchait. Mais vous n'y pensez pas,
Monsieur; souvenez-vous qu'on vous attend là-bas.
Gardons bien le secret, vous sentez l'importance...

CLÉON.

Compte sur les effets de ma reconnaissance
Si tu peux réussir à faire mon bonheur.

LISETTE.

Je ne demande rien, j'oblige pour l'honneur.

(A part, en sortant.)

Ma foi, nous le tenons.

CLÉON, seul.

Pour couronner l'affaire
Achevons de brouiller et de noyer Valère.

FIN DU QUATRIÈME ACTE.

ACTE CINQUIÈME.

SCENE I.

FRONTIN, LISETTE.

LISETTE.

Entre donc... ne crains rien, te dis-je, ils n'y sont pas.
Eh bien! de ta prison tu dois être fort las?

FRONTIN.

Moi! non. Qu'on veuille ainsi me faire bonne chère,
Et que j'aie en tout temps Lisette pour geôlière,
Je serai prisonnier, ma foi, tant qu'on voudra.
Mais si mon maître enfin...

LISETTE.

                    Supprime ce nom-là;
Tu n'es plus à Cléon, je te donne à Valère :
Chloé doit l'épouser, et voilà ton affaire;
Grace à la noce, ici tu restes attaché,
Et nous nous marierons par-dessus le marché.

FRONTIN.

L'affaire de la noce est donc raccommodée?

LISETTE.

Pas tout-à-fait encor, mais j'en ai bonne idée;
Je ne sais quoi me dit qu'en dépit de Cléon
Nous ne sommes pas loin de la conclusion :

En gens congédiés je crois bien me connaître;
Ils ont d'avance un air que je trouve à ton maître;
Dans l'esprit de Florise il est expédié.
Grace aux conseils d'Ariste, au pouvoir de Chloé,
Valère l'abandonne : ainsi, selon mon compte,
Cléon n'a plus pour lui que l'erreur de Géronte,
Qui par nous tous dans peu saura la vérité :
Veux-tu lui rester seul? et que ta probité...

FRONTIN.

Mais le quitter! jamais je n'oserai lui dire.

LISETTE.

Bon! Eh bien! écris-lui... Tu ne sais pas écrire
Peut-être?

FRONTIN.

Si parbleu!

LISETTE.

Tu te vantes?

FRONTIN.

Moi? non :
Tu vas voir.

(Il écrit.)

LISETTE.

Je croyais que tu signais ton nom
Simplement; mais tant mieux : mande-lui sans mystère
Qu'un autre arrangement que tu crois nécessaire,
Des raisons de famille enfin, t'ont obligé
De lui signifier que tu prends ton congé.

FRONTIN.

Ma foi, sans compliment, je demande mes gages :
Tiens, tu lui porteras...

ACTE V, SCÈNE I.

LISETTE.
Dès que tu te dégages
De ta condition, tu peux compter sur moi ;
Et j'attendais cela pour finir avec toi.
Valère, c'en est fait, te prend à son service.
Tu peux dès ce moment entrer en exercice ;
Et, pour que ton état soit dûment éclairci,
Sans retour, sans appel, dans un moment d'ici,
Je te ferai porter au château de Valère
Un billet qu'il m'a dit d'envoyer à sa mère :
Cela te sauvera toute explication,
Et le premier moment de l'humeur de Cléon...
Mais je crois qu'on revient.

FRONTIN.
Il pourrait nous surprendre,
J'en meurs de peur : adieu.

LISETTE.
Ne crains rien : va m'attendre.
Je vais t'expédier.

FRONTIN, revenant sur ses pas.
Mais à propos vraiment,
J'oubliais...

LISETTE.
Sauve-toi : j'irai dans un moment
T'entendre et te parler.

SCENE II.

LISETTE.

J'ai de son écriture :
Je voudrais bien savoir quelle est cette aventure,
Et pour quelle raison Ariste m'a prescrit
Un si profond secret quand j'aurais cet écrit.
Il se peut que ce soit pour quelque gentillesse
De Cléon ; en tout cas, je ne rends cette pièce
Que sous condition, et s'il m'assure bien
Qu'à mon pauvre Frontin il n'arrivera rien :
Car enfin, bien des gens, à ce que j'entends dire,
Ont été quelquefois pendus pour trop écrire.
Mais le voici.

SCENE III.

ARISTE, FLORISE, LISETTE.

LISETTE, à part, à Ariste.

Monsieur, pourrais-je vous parler ?

ARISTE.

Je te suis dans l'instant.

SCENE IV.

FLORISE, ARISTE.

ARISTE.

C'est trop vous désoler ;

ACTE V, SCÈNE IV.

En vérité, madame, il ne vaut point la peine
Du moindre sentiment de colère ou de haine :
Libre de vos chagrins, partagez seulement
Le plaisir que Chloé ressent en ce moment
D'avoir pu recouvrer l'amitié de sa mère,
Et de vous voir sensible à l'espoir de Valère.
Vous ne m'étonnez point, au reste, et vous deviez
Attendre de Cléon tout ce que vous voyez.

FLORISE.

Qu'on ne m'en parle plus : c'est un fourbe exécrable,
Indigne du nom d'homme, un monstre abominable.
Trop tard pour mon malheur je déteste aujourd'hui
Le moment où j'ai pu me lier avec lui.
Je suis outrée!

ARISTE.

Il faut, sans tarder, sans mystère,
Qu'il soit chassé d'ici.

FLORISE.

Je ne sais comment faire,
Je le crains; c'est pour moi le plus grand embarras.

ARISTE.

Méprisez-le à jamais, vous ne le craindrez pas.
Voulez-vous avec lui vous abaisser à feindre?
Vous l'honoreriez trop en paraissant le craindre ;
Osez l'apprécier : tous ces gens redoutés,
Fameux par les propos et par les faussetés,
Vus de près ne sont rien, et toute cette espèce
N'a de force sur nous que par notre faiblesse.
Des femmes sans esprit, sans graces, sans pudeur,
Des hommes décriés, sans talents, sans honneur,

Verront donc à jamais leurs noirceurs impunies,
Nous tiendront dans la crainte à force d'infamies,
Et se feront un nom d'une méchanceté
Sans qui l'on n'eût pas su qu'ils avaient existé!
Non; il faut s'épargner tout égard, toute feinte;
Les braver sans faiblesse, et les nommer sans crainte.
Tôt ou tard la vertu, les graces, les talents,
Sont vainqueurs des jaloux, et vengés des méchants.

FLORISE.

Mais songez qu'il peut nuire à toute ma famille,
Qu'il va tenir sur moi, sur Géronte et ma fille,
Les plus affreux discours...

ARISTE.

     Qu'il parle mal ou bien,
Il est déshonoré, ses discours ne sont rien;
Il vient de couronner l'histoire de sa vie:
Je vais mettre le comble à son ignominie
En écrivant partout les détails odieux
De la division qu'il semait en ces lieux:
Autant qu'il faut de soins, d'égards, et de prudence
Pour ne point accuser l'honneur et l'innocence,
Autant il faut d'ardeur d'inflexibilité
Pour déférer un traître à la société;
Et l'intérêt commun veut qu'on se réunisse
Pour flétrir un méchant, pour en faire justice.
J'instruirai l'univers de sa mauvaise foi,
Sans me cacher; je veux qu'il sache que c'est moi :
Un rapport clandestin n'est pas d'un honnête homme;
Quand j'accuse quelqu'un, je le dois, et me nomme.

ACTE V, SCÈNE IV.

FLORISE.

Non; si vous m'en croyez, laissez-moi tout le soin
De l'éloigner de nous sans éclat, sans témoin.
Quelque peine que j'aie à soutenir sa vue,
Je veux l'entretenir, et dans cette entrevue
Je vais lui faire entendre intelligiblement
Qu'il est de trop ici : tout autre arrangement
Ne réussirait pas sur l'esprit de mon frère;
Cléon plus que jamais a le don de lui plaire;
Ils ne se quittent plus, et Géronte prétend
Qu'il doit à sa prudence un service important.
Enfin, vous le voyez, vous avez eu beau dire
Qu'on soupçonnait Cléon d'une affreuse satire,
Géronte ne croit rien : nul doute, nul soupçon
N'a pu faire sur lui la moindre impression...
Mais ils viennent, je crois : sortons, je vais attendre
Que Cléon soit tout seul.

SCÈNE V.

GÉRONTE, CLÉON.

GÉRONTE.

Je ne veux rien entendre ;
Votre premier conseil est le seul qui soit bon.
Je n'oublierai jamais cette obligation :
Cessez de me parler pour ce petit Valère ;
Il ne sait ce qu'il veut, mais il sait me déplaire :
Il refusait tantôt, il consent maintenant.
Moi, je n'ai qu'un avis, c'est un impertinent.

Ma sœur sur son chapitre est, dit-on, revenue :
Autre esprit inégal sans aucune tenue ;
Mais ils ont beau s'unir, je ne suis pas un sot :
Un fou n'est pas mon fait, voilà mon dernier mot.
Qu'ils en enragent tous, je n'en suis pas plus triste.
Que dites-vous aussi de ce bon homme Ariste ?
Ma foi, mon vieux ami n'a plus le sens commun ;
Plein de préventions, discoureur importun,
Il veut que vous soyez l'auteur d'une satire
Où je suis pour ma part ; il vous fait même écrire
Ma lettre de tantôt : vainement je lui dis
Qu'elle était clairement d'un de vos ennemis,
Puisqu'on voulait donner des soupçons sur vous-même ;
Rien n'y fait ; il soutient son absurde système.
Soit dit confidemment, je crois qu'il est jaloux
De tous les sentiments qui m'attachent à vous.

CLÉON.

Qu'il choisisse donc mieux les crimes qu'il me donne ;
Car moi, je suis si loin d'écrire sur personne,
Que, sans autre sujet, j'ai renvoyé Frontin
Sur le simple soupçon qu'il était écrivain ;
Il m'était revenu que dans des brouilleries
On l'avait employé pour des tracasseries :
On peut nous imputer les fautes de nos gens,
Et je m'en suis défait de peur des accidents.
Je ne répondrais pas qu'il n'eût part au mystère
De l'écrit contre vous ; et peut-être Valère,
Qui refusait d'abord, et qui connaît Frontin
Depuis qu'il me connaît, s'est servi de sa main
Pour écrire à sa mère une lettre anonyme.

Au reste... il ne faut point que cela vous anime
Contre lui; ce soupçon peut n'être pas fondé.

GÉRONTE.

Oh! vous êtes trop bon : je suis persuadé,
Par le ton qu'employait ce petit agréable,
Qu'il est faux, méchant, noir, et qu'il est bien capable
Du mauvais procédé dont on veut vous noircir.
Qu'on vous accuse encore! oh! laissez-les venir.
Puisque de leur présence on ne peut se défaire,
Je vais leur déclarer d'une façon très-claire
Que je romps tout accord; car, sans comparaison,
J'aime mieux vingt procès qu'un fat dans ma maison.

SCENE VI.

CLÉON.

Que je tiens bien mon sot! Mais par quelle inconstance
Florise semble-t-elle éviter ma présence?
L'imprudente Lisette aurait-elle avoué?
Elle consent, dit-on, à marier Chloé.
On ne sait ce qu'on tient avec ces femmelettes,
Mais je l'ai subjuguée... un mot, quelques fleurettes
Me la ramèneront... ou, si je suis trahi,
J'en suis tout consolé, je me suis réjoui.

SCENE VII.

CLÉON, FLORISE.

CLÉON.

Vous venez à propos : j'allais chez vous, madame...

Mais quelle rêverie occupe donc votre ame ?
Qu'avez-vous? vos beaux yeux me semblent moins sereins ;
Faite pour les plaisirs, auriez-vous des chagrins ?

FLORISE

J'en ai de trop réels.

CLÉON.

Dites-les moi, de grace,
Je les partagerai, si je ne les efface.
Vous connaissez...

FLORISE.

J'ai fait bien des réflexions,
Et je ne trouve pas que nous nous convenions.

CLÉON.

Comment, belle Florise? et quel affreux caprice
Vous force à me traiter avec tant d'injustice ?
Quelle était mon erreur! quand je vous adorais.
Je me croyais aimé...

FLORISE.

Je me l'imaginais ;
Mais je vois à présent que je me suis trompée :
Par d'autres sentiments mon ame est occupée ;
Des folles passions j'ai reconnu l'erreur,
Et ma raison enfin a détrompé mon cœur.

CLÉON.

Mais est-ce bien à moi que ce discours s'adresse ?
A moi dont vous savez l'estime et la tendresse,
Qui voulais à jamais tout vous sacrifier,
Qui ne voyais que vous dans l'univers entier?
Ne me confirmez pas l'arrêt que je redoute ;
Tranquillisez mon cœur : vous l'éprouvez, sans doute?

ACTE V, SCÈNE VII.

FLORISE.

Une autre vous aurait fait perdre votre temps,
Ou vous amuserait par l'air des sentiments;
Moi, qui ne suis point fausse...

CLÉON, à genoux, et de l'air le plus affligé.

Et vous pouvez, cruelle,
M'annoncer froidement cette affreuse nouvelle?

FLORISE.

Il faut ne nous plus voir.

CLÉON, se relevant, et éclatant de rire.

Ma foi, si vous voulez
Que je vous parle aussi très-vrai, vous me comblez.
Vous m'avez épargné, par cet aveu sincère,
Le même compliment que je voulais vous faire.
Vous cessez de m'aimer, vous me croyez quitté;
Mais j'ai depuis long-temps gagné de primauté.

FLORISE.

C'est trop souffrir ici la honte où je m'abaisse;
Je rougis des égards qu'employait ma faiblesse.
Eh bien! allez, monsieur : que vos talents sur nous
Épuisent tous les traits qui sont dignes de vous;
Ils partent de trop bas pour pouvoir nous atteindre.
Vous êtes démasqué, vous n'êtes plus à craindre :
Je ne demande pas d'autre éclaircissement,
Vous n'en méritez point. Partez dès ce moment;
Ne me voyez jamais.

CLÉON.

La dignité s'en mêle!
Vous mettez de l'humeur à cette bagatelle!
Sans nous en aimer moins nous nous quittons tous deux-

Épargnons à Géronte un éclat scandaleux,
Ne donnons point ici de scène extravagante ;
Attendons quelques jours, et vous serez contente :
D'ailleurs il m'aime assez, et je crois malaisé...

FLORISE.

Oh! je veux sur-le-champ qu'il soit désabusé.

SCENE VIII.

GÉRONTE, ARISTE, VALÈRE, CLÉON, FLORISE, CHLOÉ.

GÉRONTE.

Eh bien! qu'est-ce, ma sœur? Pourquoi tout ce tapage?

FLORISE.

Je ne puis point ici demeurer davantage,
Si monsieur, qu'il fallait n'y recevoir jamais...

CLÉON.

L'éloge n'est pas fade.

GÉRONTE.

          Oh! qu'on me laisse en paix ;
Ou, si vous me poussez, tel ici qui m'écoute...

ARISTE.

Valère ne craint rien : pour moi, je ne redoute
Nulle explication. Voyons, éclaircissez...

GÉRONTE.

Je m'entends, il suffit.

ARISTE.

          Non, ce n'est point assez :
Ainsi que l'amitié, la vérité m'engage...

ACTE V, SCÈNE VIII.

GÉRONTE.

Et moi je n'en veux point entendre davantage :
Dans ces misères-là je n'ai plus rien à voir,
Et je sais là-dessus tout ce qu'on peut savoir.

ARISTE.

Sachez donc avec moi confondre l'imposture ;
De la lettre sur vous connaissez l'écriture...
C'est Frontin, le valet de monsieur que voilà.

GÉRONTE.

Vraiment oui, c'est Frontin ! je savais tout cela :
Belle nouvelle !

ARISTE.

Eh quoi ! votre raison balance ?
Et vous ne voyez pas avec trop d'évidence...

GÉRONTE.

Un valet, un coquin !...

VALÈRE.

Connaissez mieux les gens ;
Vous accusez Frontin, et moi je le défends.

GÉRONTE.

Parbleu ! je le crois bien, c'est votre secrétaire.

VALÈRE.

Que dites-vous, monsieur ? et quel nouveau mystère...
Pour vous en éclaircir, interrogeons Frontin.

CLÉON.

Il est parti, je l'ai renvoyé ce matin.

VALÈRE.

Vous l'avez renvoyé : moi je l'ai pris ; qu'il vienne.

(à un laquais.)

Qu'on appelle Lisette, et qu'elle nous l'amène.

GÉRONTE.

(à Valère.)   (à Cléon.)

Frontin vous appartient? Autre preuve pour nous!
Il était à monsieur, même en servant chez vous,
Et je ne doute pas qu'il ne le justifie.

CLÉON.

Valère, quelle est donc cette plaisanterie?

VALÈRE.

Je ne plaisante plus, et ne vous connais point.
Dans tous les lieux, au reste, observez bien ce point,
Respectez ce qu'ici je respecte et que j'aime ;
Songez que l'offenser, c'est m'offenser moi-même.

GÉRONTE.

Mais vraiment il est brave; on me mandait que non.

SCENE IX.

CLÉON, GÉRONTE, ARISTE, VALÈRE, FLORISE, CHLOÉ, LISETTE.

ARISTE, à Lisette.

Qu'as-tu fait de Frontin? et par quelle raison...

LISETTE.

Il est parti.

ARISTE.

Non, non ! ce n'est plus un mystère.

LISETTE.

Il est allé porter la lettre de Valère :
Vous ne m'aviez pas dit...

ACTE V, SCÈNE IX.

ARISTE.

Quel contre-temps fâcheux !

CLÉON.

Comment ! malgré mon ordre il était en ces lieux !
Je veux de ce fripon...

LISETTE.

Un peu de patience,
Et moins de compliments; Frontin vous en dispense.
Il peut bien par hasard avoir l'air d'un fripon,
Mais dans le fond il est fort honnête garçon;

(montrant Valère.)

Il vous quitte d'ailleurs, et monsieur en ordonne :
Mais comme il ne prétend rien avoir à personne,
J'aurais bien à vous rendre un paquet qu'à Paris
A votre procureur vous auriez cru remis ;
Mais...

FLORISE, se saisissant du paquet.

Donne cet écrit; j'en sais tout le mystère.

CLÉON, très-vivement.

Mais, madame, c'est vous... Songez...

FLORISE.

Lisez, mon frère.
Vous connaissez la main de monsieur; apprenez
Les dons que son bon cœur vous avait destinés,
Et jugez par ce trait des indignes manœuvres...

GÉRONTE, en fureur, après avoir lu.

M'interdire ? corbleu !... Voilà donc de vos œuvres !
Ah ! monsieur l'honnête homme, enfin je vous connais :
Remarquez ma maison pour n'y rentrer jamais.

CLÉON.

C'est à l'attachement de madame Florise
Que vous devez l'honneur de toute l'entreprise :
Au reste, serviteur. Si l'on parle de moi,
Avec ce que j'ai vu, je suis en fonds, je croi,
Pour prendre ma revanche.

(Il sort.)

SCENE X.

GÉRONTE, ARISTE, VALÈRE, FLORISE, CHLOÉ, LISETTE.

GÉRONTE, à Cléon qui sort.

Oh ! l'on ne vous craint guère...
Je ne suis pas plaisant, moi, de mon caractère ;
Mais, morbleu ! s'il ne part...

ARISTE.

Ne pensez plus à lui.
Malgré l'air satisfait qu'il affecte aujourd'hui,
Du moindre sentiment si son ame est capable,
Il est assez puni quand l'opprobre l'accable.

GÉRONTE.

Sa noirceur me confond... Daignez oublier tous
L'injuste éloignement qu'il m'inspirait pour vous.
Ma sœur, faisons la paix... Ma nièce aurait Valère,
Si j'étais bien certain...

ARISTE.

S'il a pu vous déplaire,
(Je vous l'ai déjà dit) un conseil ennemi...

ACTE V, SCÈNE X.

GÉRONTE.

(à Valère.) (à Ariste.)
Allons, je te pardonne... Et nous, mon cher ami,
Qu'il ne soit plus parlé de torts ni de querelles,
Ni de gens à la mode, et d'amitiés nouvelles.
Malgré tout le succès de l'esprit des méchants,
Je sens qu'on en revient toujours aux bonnes gens.

FIN DU MÉCHANT.

DISCOURS

SUR L'HARMONIE.

Prévenu de tout temps, messieurs, contre le style du panégyrique, je ne prêterais point aujourd'hui ma voix à des louanges si ce n'était en faveur d'un art au-dessus des louanges mêmes; art brillant, art consacré dans tous les âges par l'amour de tous les peuples; art sublime par qui la terre s'entretient toujours avec les cieux, et paie encore aux immortels le tribut de ses hommages. A ces traits de lumière qui peut méconnaître l'harmonie? Vos goûts réunis pour elle feront plus ici que ne pourraient faire tous ces mensonges brillants qu'on décore du nom d'éloquence. La réflexion suit volontiers la pente où le sentiment la mène, et toujours l'esprit souscrit rapidement au mérite de ce que le cœur adore. Je ne viens point prouver que la musique doit plaire; c'est une de ces vérités de la nature dont chacun porte la preuve écrite dans son ame : je ne viens point expliquer comme elle plaît, c'est un de ces plaisirs intimes dont il faut jouir avec transport sans analyser froidement ses causes : je veux seulement développer d'abord la dignité de l'harmonie aux yeux de ceux qui la chérissent par instinct sans avoir réfléchi sur son prix; je veux ensuite démontrer les nombreux avantages de cette science à ceux qui ne la croient que riante et frivole, fortifier le goût de ses amateurs, lui réconcilier ses adversaires, s'il en peut être; voilà mon projet. La noblesse de l'harmonie, l'utilité de l'harmonie; c'est sous ces deux idées que je vais réunir et ranger tous ses attributs et toutes ses graces. Déclamations emphatiques, métaphores ampoulées, fastueuses hyperboles, disparaissez, soyez les beautés et les dieux du pédantisme; la vérité sera ma seule éloquence. Heureux un art dont l'histoire est l'éloge!

PREMIÈRE PARTIE.

La noblesse des arts, comme celle de la naissance, me paraît fondée sur trois illustres prérogatives; l'antiquité de son origine, sa puissance marquée, la vénération des peuples: triple avantage qu'on ne peut contester à la musique : suivons-en les preuves.

Il règne chez les historiens des sciences et des arts un défaut qui leur est commun avec les historiens des peuples et des empires; les uns et les autres, plus épris du merveilleux que du vrai, ont souvent placé dans la fable l'origine de ce qu'ils célébraient: tantôt ils ont choisi à la nation, ou à l'art qu'ils vantaient, des dieux pour aïeux ou pour inventeurs; tantôt dans des ténèbres augustes ils en ont voilé l'origine. La plupart n'ont pu souffrir des commencements simples et obscurs, oubliant que les fleuves les plus majestueux dans leur cours n'ont été d'abord que de faibles ruisseaux, partis souvent d'une source ignorée. Autorisé par ces exemples, je pourrais ou tirer un voile mystérieux sur le berceau de l'harmonie naissante, ou lui prêter une descendance fabuleuse, la faire naître des dieux dans un Parnasse chimérique, ou dans un Olympe imaginaire. Que dis-je? La musique existait beaucoup long-temps avant que ces dieux, l'ouvrage des hommes, fussent nés dans la fable. A ces pompeuses fictions je pourrais joindre les songes brillants de Pythagore, vanter la magnifique harmonie des astres, leur marche mélodieuse, leurs révolutions cadencées, et ce concert sublime que forment tous les corps célestes et les cieux divers; mais des rêveries ne sont point mes preuves. Consultons les archives du monde, ces vastes vainqueurs de l'oubli, témoins de tous les temps, et contemporains de tous les arts: que nous diront-ils? que la musique compte autant de siècles de durée que l'univers même; ils nous apprendront que l'aimable compagne du premier mortel fut l'inventrice des premiers sons mesurés; que dès qu'elle eut entendu les gracieux accents des oiseaux, devenue leur rivale, elle essaya son gosier; que bientôt elle y trouva une flexibilité qu'elle ignorait, et des graces plus touchantes que celles des oiseaux mêmes; qu'enfin, s'appliquant chaque jour à chercher dans sa voix des mouvements plus légers et des cadences plus tendres, instruite par les amours déjà nés avec elle, bientôt elle se fit un art du chant, présent des cieux, par lequel après sa disgrace elle sut souvent adoucir et charmer les peines de son époux exilé du divin Élysée.

Si ce trait peut ne point suffire, ouvrons les fastes sacrés : dès l'entrée des annales saintes (1) nous verrons que Jubal, fils de Lamech, fut le père ou le maître de ceux qui chantaient le printemps de la nature et les bienfaits récents du Dieu créateur au son de l'orgue et des cithares : d'où il est nécessaire de conclure qu'avant Jubal même le chant était un art, puisque de son temps la musique instrumentale, faite pour accompagner la voix, était déjà inventée, soit que cette charmante invention ait été enfantée par le seul génie, soit qu'elle ait été un art d'imitation, et que, comme les oiseaux avaient déjà été nos maîtres pour le chant, les zéphyrs l'aient été pour les instruments, et que leur souffle, ou agitant les feuillages par des frémissements légers, ou formant au travers des roseaux une espèce de tendres soupirs et de gémissements harmonieux, ait donné naissance aux flûtes, aux métaux organisés par l'art, et à tous les instruments que l'air anime et vivifie. Avançons : de la jeunesse du monde descendons de siècle en siècle; à chaque pas nous trouverons des vestiges de l'antique noblesse de la musique; nous la verrons marcher de beautés en beautés, de nations en nations, de trônes en trônes. Née dans l'Orient, la première patrie de l'imagination et du génie, chaque âge à l'envi lui prête de nouveaux agréments. Tour à tour le peuple hébreu, l'heureuse Assyrie, la savante Égypte, la sage Grèce, font de l'harmonie une de leurs lois fon-

---

(1) Gen., c. IV, 21.

SUR L'HARMONIE.

damentales; déjà partout elle devient la dépositaire des monuments de la patrie : je m'explique.

Dans ces premiers temps, où l'on ignorait encore l'art d'écrire et de peindre la voix, les peuples ne conservaient leurs chroniques que dans des vers qu'on chantait fréquemment pour en perpétuer le souvenir; par le secours de cette tradition ils rappelaient leur origine, les exploits de leurs conquérants, les préceptes de leurs arts, les louanges de leurs dieux, leur morale, leur mythologie, leur religion. Que dis-je? leur religion elle-même était fondée, établie, appuyée sur les secours de la musique; par elle les premiers législateurs des nations étaient sûrs d'engager, de persuader, de soumettre les esprits : ils savaient qu'on ne gagne bien sûrement les cœurs que par l'appât du plaisir; qu'on facilite les devoirs en leur associant l'agrément; qu'il faut parer les vertus, égayer les leçons, dérider la sagesse, orner la raison, et prêter des graces à des lois trop austères, à des vérités trop tristes; ils savaient qu'il faut prendre l'homme dans des filets dorés; que c'est un enfant malade; si pour le guérir on veut lui faire prendre quelque liqueur amère, il faut que les bords du vase soient baignés d'une liqueur plus flatteuse, afin que, trompé par ce salutaire artifice, il boive à pleine coupe la santé et la vie. Ainsi Hermès-Trismégiste, Orphée, le dernier Zoroastre, les Gymnosophistes, tous les fondateurs des religions diverses, connaissant le goût naturel de l'homme pour les agréables accords, mirent à profit cette sensibilité; ils donnèrent à l'harmonie l'une des premières places dans le sanctuaire : en donnant des dieux aux nations, ils confièrent au pouvoir et aux règles du chant l'histoire de ces divinités, les hymnes, les lois des fêtes, les coutumes des sacrifices, les chants des victoires, des hyménées, des funérailles, persuadés que leur religion, placée sur l'autel à côté de la paisible harmonie, s'y maintiendrait plus long-temps que si son autorité était seulement gravée sur le marbre ou sur les tables de bronze, et que si elle ne régnait que par la terreur au milieu des feux, et la foudre à la main.

Ici peut-être quelqu'un en secret m'interrompt, et me dit : J'avoue l'antiquité de la musique; mais qu'était-ce que la musique des anciens ? c'était sans doute l'enfance de l'art, des chants sans délicatesse, des voix sans goût, des airs sans mouvement, des instruments sans ame, une harmonie sans expression, du bruit sans accords; enfin, poursuit-on, comparer la musique ancienne à celle des derniers âges, c'est comparer le premier crépuscule du matin, l'éclat douteux de l'aurore, au soleil dans sa course. Illusion ordinaire du préjugé; les siècles sont rivaux et réciproquement ennemis : le siècle présent croit toujours avoir surpassé ceux qui l'ont précédé, et ne rien laisser à perfectionner à ceux qui doivent le suivre; mais (j'ose le dire sur la foi d'un savant (1) critique de nos jours, très-profond connaisseur de l'antiquité), oui, la musique ne fut peut-être jamais plus régulière

---

(1) Dom Calmet.

SUR L'HARMONIE.

que chez les premiers peuples : alors dans son printemps, telle encore qu'une jeune nymphe, belle sans fard, vive sans affectation, elle marchait à la suite de l'aimable nature; depuis ces précieux jours, souvent déchue de l'état parfait, elle est à présent plus occupée à recouvrer ce qu'elle a perdu de beautés qu'à s'en chercher de nouvelles. En effet les premiers enfants de la nature, ses favoris, avaient-ils moins que nous le don de l'invention? les anciens avaient-ils moins de passion pour la belle harmonie? chez eux les musiciens étaient plus illustrés; chez eux la musique produisait de surprenants effets, que la nôtre ne produit plus; par elle on voyait des séditions apaisées, des combats arrêtés, des tyrans fléchis, des frénétiques calmés, des mourants sauvés du tombeau. Doutera-t-on de ces prodiges attestés par les auteurs profanes, si l'on se rappelle ceux qu'attestent les monuments sacrés? Ici les Israélites devenus subitement prophètes du Seigneur au seul son (1) des instruments, subitement frappés d'une sainte ivresse, subitement instruits de l'histoire de l'avenir; là le premier roi (2) d'Israël, du sein des fureurs infernales ramené au calme et rendu à la paix par les accords de la harpe. Tant de faits brillants permettent-ils encore d'ignorer les charmes de l'antique harmonie? Qu'on ne dise point que la musique ancienne était trop simple, trop peu variée; déjà l'ivoire, l'airain et les bois précieux s'étaient animés sous les doigts légers de

---

(1) I. Reg., xviii, 6. (2) I. Reg., xvi, 23.

l'harmonie : alors même on connaissait plusieurs instruments inconnus à notre musique ; car où sont maintenant les lyres antiques, les hazurs du peuple hébreu, les sistres dorés de Memphis, les kinnors de Tyr, les nables de Sidon ? à peine leurs noms sont-ils venus jusqu'à nous, la mémoire même en a péri ; mais il reste toujours vrai que leurs effets tenaient du prodige : preuve victorieuse que l'ancienne musique n'était point sans force et sans beauté, puisqu'elle n'était point sans pouvoir ; seconde prérogative de l'harmonie. Sa puissance marquée, seconde preuve de la noblesse de cet art.

Sans que je parle, messieurs, déjà cette puissance est assez prouvée : tout l'empire de la nature est l'empire de l'harmonie ; tout ce qui respire, tout ce qui est né sensible, subit sa loi. S'il est quelqu'un qui l'ose contester, il est sans entrailles, il est né sans doute dans l'absence des graces, et sous un astre sinistre, au sein des rochers impitoyables, et parmi les animaux farouches. Que dis-je ? les rochers mêmes et les plus farouches animaux sont sensibles à de touchants accords, et tiennent plus de l'humanité que ce cœur inflexible. A la voix de l'harmonie, cette reine aimable de l'air, les êtres les plus insensibles sont animés, les êtres les plus tristes sont égayés, les êtres les plus féroces sont attendris ; partout où elle passe, la nature s'embellit, le ciel se pare, les fleurs s'épanouissent : elle entre dans une solitude vaste, muette et désolée ; bientôt par elle tout se réveille, l'affreux silence s'enfuit, tout vit, tout entend, tout prend une voix pour applaudir; sommets des collines, ruisseaux, vallons, antres des bois, tout répond à l'envi; l'air par ses doux frémissements, l'onde par son murmure, les oiseaux par leur ramage, les feuillages même par leur agitation harmonieuse; les zéphyrs en prolongent le plaisir d'échos en échos, de rivages en rivages : Amphion touche la lyre, les montagnes s'animent, les pierres vivent, les marbres respirent, les rochers marchent, des tours s'élèvent, une ville vient d'éclore; je vois Thèbes.

Sur quel nouveau spectacle mes yeux sont-ils transportés? ô crime! d'avares nochers vont précipiter dans les eaux un favori de Polymnie : cruels! arrêtez! ah! du moins, avant sa chute, qu'il lui soit permis de prendre encore une fois sa lyre. Il la touche; à ses accents Amphitrite se calme, les aquilons s'envolent, les monstres des mers s'élèvent au-dessus des flots tempérés, et se rassemblent autour du vaisseau barbare : Arion en est précipité; un dauphin le reçoit, le porte au sein des vertes ondes, et le rend aux rives lesbiennes. C'est peu : l'empire de la terre et celui du trident ne suffisent point à la puissante harmonie; elle va porter ses conquêtes hors du monde même, et sur des plages inconnues au dieu du jour. Eurydice n'est plus : tendre époux et toujours amant, le chantre de la Thrace ose quitter les régions de la lumière; à la lueur du flambeau de l'amour, il perce les profonds déserts du chaos; vivant il descend chez les morts; sa lyre triomphante va lui frayer des chemins que ni l'or, ni les armes, ni la beauté n'ouvrirent jamais à des êtres animés : il marche intrépide; déjà il a pénétré aux brûlantes rives du Phlégéton; il passe; à sa suite, la troupe ailée des Amours traverse l'onde noire. Orphée chante; à ses tendres accords l'éternelle nuit perd son horreur, l'éternel silence a cessé, l'éternel sommeil est interrompu; la mort retarde ses fureurs, un peuple d'ombres voltigeantes entoure le fils de Calliope; les tourments du Tartare sont suspendus; Porphyrion, Sysiphe, Ixion, Tantale, éprouvent de plus doux moments; Tisiphone est désarmée, la Parque oisive, Mégère attendrie; le monarque des mânes lui-même, tyran jusqu'alors inexorable, s'étonne de se trouver sensible : trois fois il résiste, trois fois il est fléchi.

Telles sont, messieurs, les images parlantes et les éloquentes allégories sous lesquelles la première antiquité se plaît à nous peindre la puissance de l'harmonie dès les temps héroïques. Mais, pour marcher plus sûrement à la vérité, levons, si vous voulez, cette écorce des fables et ce voile de la fiction; en voici la réalité. Par ces arbres animés, par ces rochers émus, par ces monstres attendris, nous comprendrons, et il est vrai, que les premiers humains, se sentant encore du chaos, encore errants, sans lois, sans mœurs, sans patrie, habitants enfin des antres sauvages, furent humanisés, attirés dans des murs, réunis sous des lois par les accords de quelques mortels déjà plus cultivés, qui, dans des chansons engageantes, leur vantaient la beauté de la raison, les avantages de la société, les charmes de l'ordre. Par ces tourments infernaux soulagés et suspendus, nous comprendrons, et il est vrai, que souvent l'harmonie enchanta les maux et suspendit la douleur (1). De plusieurs preuves incontestables de cette vérité, je ne veux que celle que nous offre cet insecte fameux et funeste aux champs de Tarente : mais ta puissance salutaire, harmonie charmante, fut toujours plus marquée encore sur les douleurs profondes de l'esprit; seule tu connais les chemins du cœur, seule tu sais endormir les chagrins importuns, assoupir les noirs soucis, éclaircir les nuages de la sombre mélancolie; seule, par la rapidité de tes sons, tu viens rendre au sang, trop lent dans ses canaux, une circulation plus agile, une fluidité plus facile aux esprits engourdis, un jeu plus libre aux organes appesantis. Que je sois plongé dans un morne silence et dans de léthargiques rêveries, où trouverai-je un charme à mes ennuis opiniâtres? Sera-ce dans la raison? je l'appelle à mon secours; elle vient, elle m'a parlé; hélas! je soupire encore : dans nos peines, la raison elle-même est une peine nouvelle; on cesserait de souffrir si l'on cessait de penser. Sera-ce dans l'enjouement des conversations amusantes? hélas! a-t-on la force de s'égayer avec autrui quand on est mal avec soi-même? Sera-ce enfin dans vos pompeux écrits, philosophes altiers, stoïciens orgueilleux? importuns consolateurs, fuyez; en vain me prêcheriez-vous sous des termes fleuris une patience muette, une insensibilité superbe, une constance fastueuse; vertus de spéculation, philosophie trop chimérique, vous ne faites qu'effleurer la superficie de l'âme sans la pénétrer, sans la gué-

(1) Athénée, l. IV, c. xiv.

rir. Suis-je donc percé du trait mortel? les chagrins sont-ils invincibles? non; vole dans mon cœur, riante harmonie; une voix touchante vient frapper mon oreille, déjà le plaisir passe dans mes sens, des images plus gracieuses brillent à mon esprit, je me retrouve moi-même, je suis consolé : ainsi, à la gloire de cet art, souvent mille raisonnements étudiés du pointilleux Sénèque valent moins pour distraire nos peines qu'une symphonie gracieuse du sublime Lulli.

Veut-on encore une preuve plus persuasive du pouvoir de l'harmonie, une de ces preuves de sentiment qui portent avec elles la conviction? qu'on parcoure avec moi la nature, qu'on l'examine, qu'on l'interroge, non-seulement dans ces esprits exercés, dans ces caractères cultivés, à qui les soins de l'éducation, joints à une raison lumineuse, ont inspiré le goût des arts charmants; mais dans ceux même qui semblent être réduits au seul instinct, dans les enfants, dans les habitants des campagnes, dans les sauvages, dans les barbares, dans les animaux même; partout on reconnaîtra que tout ce qui vit a des liaisons naturelles, des convenances intimes, des rapports nécessaires avec la douce mélodie.

Interrogeons la nature dans les ombres de l'enfance : je vois un berceau, un faible enfant y pleure, une mère alarmée le menace, tonne, éclate; il redouble ses plaintes : elle chante, il est calmé; déjà il a interrompu ses cris pour entendre des sons plus mesurés; il les imite même, il y répond par un murmure inarticulé : tel le jeune oiseau, sous l'aile de sa mère, apprend d'elle son ramage; il étudie ses airs, il les répète; et, dès avant son premier essor, il se prépare aux concerts des bois.

Interrogeons la nature dans l'ignorance des campagnes : je vois un peuple grossier, stupide, aveugle; qu'on lui développe les richesses de la poésie, les graces de l'éloquence, les charmes de la peinture, l'industrie de la navigation, les beautés de l'architecture; privé de goût et de lumières, il entend sans comprendre, il voit sans admirer, il reste insensible, il ignore ces plaisirs; mais que, parmi ce même peuple, de beaux airs se fassent entendre, il se réveille, il devient attentif, il est ému; le sentiment se déclare, je reconnais l'humanité : aussi voit-on chaque jour les habitants des hameaux revenir du travail, et rentrer dans les bergeries au son des flageolets et des musettes, dès que l'étoile du soir revient sur l'horizon : aussi les voit-on, dans les jours de leurs fêtes, danser, et fouler l'émail des prés fleuris au bruit des chansons et des chalumeaux légers.

Interrogeons la nature dans l'horreur des plus sauvages contrées, de ces îles séparées du reste du monde, de ces régions barbares dont les habitants sont aussi féroces que les lions et les ours leurs concitoyens : les dieux des autres arts n'eurent jamais de temples sous ces tristes climats; la seule harmonie a su les rendre tributaires de ses attraits, elle seule a su pénétrer ces cœurs inaccessibles aux autres graces : il n'est point de rivage si désolé ni d'écho si barbare, qui n'aient répété des chansons. L'amour de l'harmonie perce à travers la plus épaisse barbarie, à travers les plages glacées de l'ourse, et les arènes de la zone brûlante. Les Hurons impitoyables, les cruels Macassars, les Caraïbes sanguinaires, les Cannibales inhumains ont leur musique, leurs chants de paix, de guerre, de triomphe; avant de commencer ces festins homicides dans lesquels ils dévorent les captifs que la victoire leur a soumis, pleins d'une farouche allégresse, ils forment des danses ensanglantées autour des victimes dont ils vont être les tombeaux : je dis plus, ils chantent eux-mêmes leur propre trépas. Du milieu des supplices, du sein des feux lents qui les entourent, ces héros barbares rappellent leurs anciens triomphes dans leurs chansons funèbres, et consolés par ce doux souvenir, ils expirent dans le sein de l'harmonie, et lui consacrent leur dernier soupir.

Pour dernière preuve, sortons, si vous voulez, messieurs, sortons de la nature raisonnable; interrogeons les animaux, interrogeons le peuple ailé des airs, le peuple muet des ondes, le peuple fugitif des forêts et des rochers; tous se montreront sensibles à l'harmonie. L'aurore ouvre les portes du jour, la nature s'éveille, déjà les oiseaux ranimés annoncent la lumière, et saluent le soleil naissant par leurs concerts amoureux; rivaux pleins d'une vive émulation, ils se cherchent, ils s'attaquent, ils se répondent, ils se combattent; leurs chansons commencent avec le jour, et ne finissent qu'avec lui : je me trompe, elles ne finissent pas même; tu les prolonges d'un soleil à l'autre, solitaire Philomèle, sirène des bois; et quand la sombre nuit vient imposer silence à la nature, elle te laisse le droit de chanter encore, et de charmer ta tendre mélancolie; l'écho veille avec toi, avec lui tu t'entretiens de tes anciens malheurs; tes airs, tes harmonieux soupirs, portés au loin, diminuent l'horreur du vaste silence : pour t'entendre exhaler ta peine, la sœur du soleil absent promène plus lentement dans les plaines de l'air son char argenté; elle s'abaisse; elle semble se fixer sur ton bocage, et la déesse du matin te trouve encore dans la plainte et dans les veilles amoureuses.

C'est par ce goût du chant que souvent les oiseaux nous en ont disputé l'avantage et le prix; jaloux d'une belle voix ou d'un instrument bien touché sous un ombrage, souvent le rossignol a défié nos plus doux accents, chantant tour à tour, et balançant la victoire, lassé enfin plutôt que vaincu, honteux de survivre à son silence, souvent du sein des ormeaux il est tombé aux pieds de son vainqueur en soupirant, et plus d'une fois la guitare a été son tombeau. C'est ce même appât qui du fond des eaux a souvent attiré dans les filets les poissons moins craintifs; c'est cet attrait qui, selon Pline, rend le cerf attentif aux doux accents de la flûte, le fougueux coursier sensible au bruit réglé du tambour, l'éléphant aux sons audacieux du clairon; c'est lui, dit Ovide, qui, par la douceur du chalumeau, arrêta souvent le loup enchanté tandis qu'il poursuivait l'agneau tremblant.

Paraissez maintenant, censeurs rigoureux, graves aristarques; osez demander encore où sont la puissance et le mérite de l'harmonie ; toute la nature vous a répondu ; et n'ai-je point dans votre cœur un témoin secret contre vous-mêmes ? à chaque instant du jour la nature vous répétera par toutes ses voix que l'harmonie est un présent qu'elle a reçu des cieux pour charmer ses ennuis et pour faciliter ses travaux : ainsi tout chante dans sa peine. Que font dans leurs fatigues tant d'hommes que le besoin condamne à souffrir pour d'autres hommes, et dont les mains, la liberté, et les jours, sont vendus à des maîtres ? que fait le laboureur matinal en traçant ses pénibles sillons, le diligent moissonneur au milieu des plaines brûlantes, l'industrieux vigneron sur les coteaux qu'il cultive ? que fait le berger toujours errant avec son troupeau ? que fait le forgeron laborieux parmi les flammes dont il est environné ? que fait sur le rivage le pêcheur impatient ? que fait dans sa prison flottante le rameur captif, le forçat infortuné ? que font tant d'autres mortels dévoués à la solitude ou au malheur ? ils chantent, et par le chant ils écartent le chagrin ; ils semblent hâter le temps, ils abrègent les heures trop lentes : ainsi le solitaire ennuyé chante dans son désert, le voyageur dans l'horreur des bois, l'exilé dans sa retraite, le captif dans ses fers, le prisonnier dans ses ténèbres, l'esclave dans les mines et dans les carrières profondes : du centre de la terre où il est enseveli vivant, ses chants s'élèvent jusqu'à la région du jour. Par un penchant invariable, par un instinct commun, par un goût universellement consenti, tout annonce, tout atteste que l'harmonie est un plaisir nécessaire à la nature. Si nous examinons les autres plaisirs, ne leur trouverons-nous pas ou moins d'étendue, ou moins de pouvoir, une volupté moins pure, des sensations moins délicieuses ? il est des plaisirs de caractère et d'opinion goûtés chez un peuple, inconnus aux autres ; l'harmonie réunit tous les goûts. Il est des plaisirs d'arts et de littérature accordés à peu d'hommes cultivés ; l'harmonie n'en excepte presque aucun de ses faveurs. Il est des plaisirs muets, inanimés, qui ne parlent qu'aux yeux sans rien dire au cœur, tels sont les spectacles que nous offre le pinceau ; l'harmonie ne manque point de sentiment. Il est des plaisirs languissants, émoussés, trop uniformes ou trop tôt épuisés ; est-il un plaisir plus brillant, plus diversifié, plus intarissable que celui de l'harmonie ? plaisir puisé dans la nature, plaisir enfin si nécessaire, et dont la privation doit être si sensible, que le Seigneur Dieu lui-même, prêt à punir Tyr criminelle, menace cette ville par la voix du prophète (1) de faire cesser dans ses murs le son des cithares et le plaisir des concerts ; témoignage sacré des charmes et de la puissance de l'harmonie! S'étonnera-t-on après cela qu'elle ait eu la vénération des peuples de tous les temps et de toutes les contrées ? Troisième preuve de sa noblesse.

Ne peut-on pas, messieurs, dire d'une belle voix ce qu'on dit de la beauté même, qu'elle est citoyenne de tous les pays, qu'elle est, comme la langue de l'amour,

(1) Ézéchiel, xxvi, 13.

la même pour tous les peuples, et qu'elle porte partout les marques de l'empire? En effet, comme la beauté, une voix brillante n'est nulle part étrangère; partout elle a ses droits victorieux; reine des rois même, elle peut parcourir l'univers en souveraine; sous quelque ciel qu'elle se trouve, semblable à l'astre du jour, elle n'est jamais hors de son empire, et partout où il est des cœurs elle a des sujets et des autels: tel a été chez toutes les races l'éclatant avantage de l'harmonie. Les autres arts, depuis leur naissance, ont vu souvent leurs honneurs interrompus, soit par les fureurs de Mars, soit par les règnes contraires aux muses; il a été des siècles de ténèbres, des temps léthargiques, des jours de décadence et de barbarie pendant lesquels le dieu du goût était exilé du monde, les lettres savantes anéanties, les muses muettes, les arts au tombeau, sans adorateurs et sans Mécènes, enfin toutes les sciences éclipsées ou voilées dans un coin de la terre: mais dans cette nuit commune jamais la musique ne perdit ses clartés; ses rayons percèrent toujours à travers les nuages de l'ignorance; jamais ses temples ne furent déserts ni ses autels sans fleurs. Écoutons les témoins qui nous en restent dans les monuments sacrés et profanes; ils nous diront que tous les siècles, et surtout les siècles polis, ont été marqués par des honneurs constamment décernés à l'harmonie; ils nous diront qu'elle a été recommandée par les plus sévères philosophes, cultivée par les plus grands héros, chérie dans les plus sages républiques, illustrée par les plus puissants monarques, la science

favorite des conquérants et des rois : l'Égypte nous
dira que le dernier de ses Ptolomées (1) s'honora du
nom dû à l'harmonie, sur le modèle des magistrats
de Thessalie (2). Si nous nous arrêtons un instant
chez les Grecs, ils nous rappelleront que leur Olympe
était peuplé de dieux amateurs de l'harmonie; que
leur Parnasse, temple des concerts parfaits, était pré-
sidé par le souverain de la lyre; que les plaisirs de
leur Élysée étaient des concerts éternels; que les tourments de leur Tartare n'étaient pas seulement un enchaînement de tortures, un océan de feux implaca-
bles, mais encore une discorde de voix, une horrible
confusion de cris douloureux, une dissonance éternelle de gémissements lugubres; ils nous apprendront
que dans les beaux siècles d'Athènes il était honteux
d'ignorer la musique; que les sages de l'aréopage
étaient ses disciples; qu'elle était une des parties de
la politesse attique; que Socrate lui-même, ce mortel
estimé des dieux et loué par eux, apprit de nouveau
dans sa vieillesse à toucher le luth; que quiconque
vivait sans goût pour cet art était regardé comme un
mortel stupide qui n'avait jamais sacrifié aux Graces.
Ainsi, dans un festin, Thémistocle, ayant refusé de
prendre la lyre à son tour, fit naître le préjugé d'une
éducation négligée. De ces amas de témoignages il
résulte, je l'avoue, une preuve lumineuse et satisfai-
sante; mais c'est peu : oublions tant d'éloges humains,
faibles crayons de la dignité de l'harmonie; ne pre-

---

(1) Ptolomée Aulètes.
(2) Les proorchestres. Lucien.

nons que sur les autels les guirlandes dont nous la couronnons. Oui, messieurs, c'est sous cet aspect sacré que j'aime surtout à envisager les honneurs distingués de cette science majestueuse; j'aime à la voir singulièrement préférée à toutes les autres pour parler aux dieux, pour leur porter l'encens du monde, pour publier leurs grandeurs, pour désarmer leur colère. Jetons un regard sur toutes les religions de tous les temps; ici les temples d'Isis et d'Osiris retentissent du son des sistres de Canope; là, dès l'aube du jour, les mages de la Perse et les ignicoles prennent leurs harpes d'argent pour recevoir le soleil prêt à sortir du sein de l'onde, pour obtenir ses premiers regards, et pour adorer dans cet astre le feu éternel, le radieux Oromaze, dieu de leurs pères; plus loin le noir brachmane remplit les bords du Gange des hymnes de l'aurore. Ici les rives grecques répètent chaque jour le nom de Jupiter Olympien; là, les rives hespériennes retentissent des danses guerrières et du chant des Saliens, tandis que les rivages germaniques et les échos de nos contrées répètent au loin le nom du sanguinaire Teutatès chanté par les druides. Ainsi l'ont pratiqué tous les peuples: ils chantaient dans leurs mystères, non-seulement pour parler aux immortels sur des tons supérieurs au langage vulgaire, mais encore pour fixer l'attention du peuple assemblé, pour pacifier les sens, pour régler les esprits par la justesse des sons, pour échauffer les cœurs, pour les préparer à la présence des dieux. Que dis-je cependant? pourquoi m'arrêter si long-temps sur les honneurs de la musique idolâtre? c'est à toi seule, ce n'est qu'à tes sacrés accords que je dois ma voix, harmonie sainte du peuple choisi; toi qui portas si souvent aux pieds du Dieu d'Israël les hommages reconnaissants de son peuple; n'était-ce pas sous tes auspices que les Israélites s'avançaient au combat? précédés des enseignes triomphantes du Seigneur, les chantres consacrés marchaient à la tête des bataillons; unissant leurs voix sublimes aux instruments militaires, ils imploraient les secours du Dieu des armées. Et ne durent-ils pas même un triomphe à l'harmonie? Josué assiège Jéricho: ce n'est point à l'effort des armes que cette conquête est réservée: par l'ordre suprême du ciel les sept premiers sacrificateurs prennent des trompettes harmonieuses; Jéricho va périr; les trompettes sonnent sa ruine, ses tours chancellent; le Seigneur parle, les murs tombent, Jéricho a été pris.

Mais franchissons le vaste intervalle des temps; hâtons-nous d'arriver aux jours de David, époque la plus magnifique des honneurs de l'harmonie; c'est par ce roi que nous la verrons introduite dans les tabernacles du Seigneur; elle y entre suivie des filles de Sion, pour soutenir la majesté du lieu saint, pour augmenter la pompe des sacrifices, pour relever le spectacle de la religion. David lui-même précède, en dansant, l'arche auguste; il règle ses pas légers sur les sons de sa harpe ravissante; dans tous ses cantiques, monuments éternels de son amour, il demande que ses accords soient mille fois répétés sur la cithare, sur la cymbale, sur l'orgue, sur la trompette; il réveille tous les échos du Jourdain; il invite la nature entière à chanter son auteur, à ne faire de toutes ses voix qu'un concert de louanges, de gratitude et d'adorations unanimes : aussi les soins et les bienfaits de ce prince religieux avaient-ils rendu les Lévites les premiers musiciens de l'univers; ainsi le publiait la renommée. C'est par là que, pendant les jours de la captivité, les peuples de l'Euphrate invitaient les tristes Hébreux à leur apprendre quelques-uns de leurs airs si vantés : mais Israël exilé ne peut chanter loin des champs de Solyme; il ne peut que gémir, ses harpes en silence sont suspendues aux saules du rivage : tel l'oiseau captif néglige son chant, ou, si son gosier s'ouvre quelquefois, ce n'est qu'aux soupirs; sa voix est morte aux délectables accents. Enfin, messieurs, parcourez toutes les pages de la loi antique, partout vous rencontrerez, ou des concerts de louanges, ou des cantiques de victoire, ou des chants de funérailles; il semble qu'aucune voix mortelle n'est digne de l'oreille du Seigneur si elle n'est portée au trône de la toute-puissance sur les ailes de l'harmonie, au travers des nuages d'encens. Dans des sacrifices plus parfaits la loi nouvelle a conservé à la musique sa place dans les sanctuaires. Oui, dit l'oracle de l'Afrique, le pasteur et l'ornement d'Hippone : « Je ne puis trop ap« prouver les chants dont retentissent nos temples; « par ces augustes accords je me sens vivement ému, « pénétré de cette horreur sacrée qu'inspire la de« meure de Dieu, frappé d'un respect profond, saisi « d'une sainte ivresse; nouveau Paul, je suis dans les

SUR L'HARMONIE.

« cieux, mon esprit est enlevé au-dessus de lui-même,
« il s'élance jusqu'au triple trône du Très-Haut, il se
« croit admis aux concerts éternels des intelligences
« suprêmes, et mon cœur embrasé va se perdre dans
« le sein de la Divinité. »

Dans cette uniformité de suffrages acquis à l'harmonie, peut-il être une vénération plus marquée, plus suivie, plus incontestable? Cette gloire de l'art a toujours rejailli sur ses artistes : souvent les favoris de l'harmonie furent illustrés par les couronnes, par les lauriers, par les pompes triomphales, par les applaudissements des théâtres, par des statues érigées, par des mausolées, par des inscriptions mémorables, par les honneurs même de l'apothéose, enfin par tous les monuments publics inventés chez les peuples divers pour immortaliser les talents. De là ils sont encore une nation chère et sacrée aux mortels; avantage souvent refusé aux nourrissons des autres sciences. On évite un sophiste, on néglige un géomètre, on fuit un critique, on siffle un chimiste, à peine remarque-t-on un grammairien ; on aime au contraire, on recherche un élève de l'harmonie; il est le citoyen de toutes les contrées, l'homme de toutes les heures, l'égal de tous les hommes de goût et de sentiment; le monde entier est sa patrie. De là vient encore que le souvenir des musiciens illustres des siècles supérieurs est beaucoup plus aimable et plus précieux à l'esprit et à l'humanité que le souvenir des conquérants les plus renommés, faux héros, tyrans réels : les conquérants étaient nés pour la perte du monde, les musiciens illustres pour son bonheur : les uns, avides de funérailles, ont porté les larmes, la discorde, la mort ; les autres, toujours bienfaisants, toujours applaudis, ont porté partout la paix, la concorde, le plaisir : la terre consternée s'est tue devant ceux-là ; par ceux-ci la terre rassurée a retenti de sons pacifiques : les conquérants, couronnés de sanglants lauriers, sont sortis de la vie souvent par une fin précoce, toujours chargés de la haine des peuples indignés, perdus sans être pleurés ; les musiciens fameux, couronnés de myrte et de roses, et paisiblement expirés, ont emporté chez les morts les regrets des nations. Oui, le nom d'un tendre Orphée sera toujours plus chèrement gardé au temple de mémoire que le nom d'un fougueux Alexandre.

Telle est la noblesse de la musique, noblesse fondée sur l'antiquité de son origine, illustrée par sa puissance suprême, confirmée par la vénération de tous les temps et de tous les peuples. Mais aux preuves de sa dignité joignons celles de son utilité; louange pour cet art plus délicate encore que la première.

SECONDE PARTIE.

Quand la musique ne serait qu'un art enjoué, qu'une science riante et de pur agrément, par là même ne serait-elle pas une science utile, un art même nécessaire? car est-il rien de plus nécessaire à l'homme qu'un plaisir innocent? le plaisir n'est-il pas chaque jour un des besoins de l'humanité? Mais allons à la conviction par des routes moins détournées. La république doit à l'harmonie de plus solides bienfaits que des plaisirs infructueux. Je sais, messieurs, que j'avance un paradoxe, disons mieux, une vérité peu développée, mais à qui il n'a manqué que l'occasion d'éclore; osons donc l'amener à la lumière, lui donner ses couleurs, et la revêtir de toutes les preuves que la réflexion et l'expérience offrent de nous en fournir. Au reste, je ne hasarde point un sentiment isolé et sans auteurs, quand je soutiens que le mérite de la musique ne se borne point au gracieux, et qu'il s'étend jusqu'à l'utile; je ne fais que me ranger au sentiment reçu chez la sage antiquité. En effet, si l'importance de cet art n'avait été dès lors reconnue, les législateurs de l'Égypte, de la Perse, d'Athènes, les maîtres des nations auraient-ils fait une loi de l'harmonie? s'ils n'avaient jugé sa durée nécessaire aux destins heureux des empires, l'auraient-ils fait marcher de front avec la religion? l'auraient-ils munie de ce sceau consacré par la main de l'immortalité même? Lycurgue, en voulant former une république de héros, aurait-il inscrit l'harmonie dans le livre austère des lois de Lacédémone? aurait-on lu cette inscription sur la façade de l'école de Pythagore : « Loin d'ici, profanes! que personne ne porte ici ses « pas s'il ignore l'harmonie; profanes, loin d'ici! » Platon en aurait-il admis l'étude dans sa république de sages, ou d'autant de dieux? Aristote, son disciple, et tant d'autres philosophes, héros du lycée, du portique, du prytanée, du capitole, en auraient-ils recommandé l'usage comme d'une science également née pour le bien des mœurs, pour les progrès des vertus, pour l'embellissement des arts, pour l'union des humains, pour la paix du monde? Voilà les maîtres dont j'apprends l'utilité de l'harmonie : si je m'égare sur les traces de ces guides illustres, il est plus beau d'errer par cette hardiesse généreuse à dévoiler des vérités nouvelles qu'offre un hasard heureux, que de ramper avec ces ames faibles, ces esprits trop sages ou trop superstitieux, ces génies serviles qui n'osent sortir un instant du cercle des vérités établies, ni marcher dans des routes, s'ils n'y trouvent des vestiges. Mais, non, messieurs, ce n'est point par la date ancienne de ce sentiment, ni par les grands noms de ses premiers partisans que je dois vous persuader; sans prétendre subjuguer votre raison ni forcer votre consentement, je veux que, convaincus par vos lumières, vous vous rendiez vous-mêmes à l'évidence.

Nous pouvons envisager la république sous deux rapports, et comme un État politique, et comme un État littéraire. Une science, pour mériter le nom d'utile, doit également contribuer au bonheur du premier et à l'embellissement du second; elle doit, pour le bonheur de la république politique, épurer, polir les mœurs, adoucir, rectifier les passions, unir, associer les esprits des citoyens; elle doit, pour la gloire de la république littéraire, enrichir, aider, embellir les arts savants : or peut-on contester à l'harmonie ce double titre? utile aux mœurs qu'elle purifie, utile à l'union des esprits, elle est conséquemment utile à la république politique ; utile aux doctes arts qu'elle embellit, elle est utile conséquemment à la république littéraire.

Si le pouvoir des accords seul est si grand sur les cœurs, quelle puissance ne doivent point avoir sur les mœurs des préceptes embellis par ces mêmes accords, vivifiés par leur charme inexprimable? Car tel fut toujours, et tel doit être encore le but de la sublime harmonie. Dans ses vrais caractères elle est une science instructive, mais plus enjouée que les autres sciences; elle est une philosophie aimable, mais plus précise, plus efficace, plus agissante que les autres philosophies; elle est une morale vertueuse, mais moins glacée, moins aride, moins pesante que celle des Zénon et des Chrysippe, mieux apprêtée, plus mesurée à nos faiblesses, plus appropriée au goût de l'humanité : ainsi le pensaient les premiers sages, les rois philosophes, et les premiers législateurs des monarchies antiques ; ils avaient étudié l'homme ; ils l'avaient vu dès lors tel que nous le voyons encore aujourd'hui : l'esprit humain, né libre, et peut-être rebelle, ne souffre des maîtres qu'à regret; impatient de tout joug, honteux d'avouer ses ténèbres, jaloux de son indépendance naturelle, surtout dans ses opinions, il ne se plie qu'avec peine aux préceptes d'autrui, il ne consent point volontiers qu'une autorité étrangère règne sur ses sentiments : dans quel dédale d'illusions et de prestiges ne va-t-il pas s'engager s'il marche *indéfendu*, si la raison, telle qu'Ariane, ne lui offre le fil secourable? que d'écueils! que de précipices entr'ouverts autour de lui vont l'engloutir s'il est laissé à lui-même, s'il vogue sans pilote et sans boussole, sans phare et sans étoiles! il faut donc lui trouver un maître ingénieux, qui n'affecte point l'air de maître, qui n'en prenne jamais les tons altiers, qui, par des chemins détournés et couverts, vienne réformer ses idées sans révolter sa délicatesse; qui sache l'intéresser, lui présenter le devoir sous l'air du plaisir, le mener au vrai par des sentiers fleuris, et le tromper enfin au profit de sa raison. Telles étaient les vues politiques, les ressorts délicats et les égards ingénieux des sages dont j'ai parlé; or ce Protée habile, ce maître aimable des mœurs, ils crurent l'avoir trouvé dans l'art chéri dont je vous offre l'image. Dès lors les prêtresses de l'harmonie chantèrent, sur le ton majestueux du mode dorique, le culte des dieux, les nobles sentiments, le respect des lois, l'amour de la patrie, le mépris de la mort, et l'immortalité; ainsi la leçon passa dans les ames à la faveur de l'agrément ; le plaisir de l'oreille devint le maître du cœur et de ses jeux; l'esprit remporta la connaissance du vrai et l'empreinte des vertus.

Ton but serait-il donc changé, héroïque harmonie? Pourquoi ne pourrais-tu plus sur les mœurs ce que tu pouvais autrefois sur elles? Mais ce doute t'est injurieux; dans la licence même de nos jours tu gardes encore tes droits souverains, tu viens répandre encore tes clartés, tu sais instruire et toucher : ici tu célèbres les vertus tranquilles du citoyen; là, les vertus éclatantes du héros ; ici tu chantes l'innocence couronnée ; là, le crime foudroyé ; ici tu viens réveiller l'oisive indolence des grands endormis sur les roses ; jusque dans les bras de la molle volupté, tu viens leur apprendre des vérités qu'ils n'aiment point à lire ; l'amour de tes agréments leur fait regagner ce que le dégoût de la lecture leur fait perdre d'instruction : ici tu attires l'impie dans les temples saints ; oui, l'impie même ; son oreille, fermée aux autres préceptes, peut encore s'ouvrir à tes sons pénétrants ; là, tantôt par tes foudroyants accords troublant les airs effrayés, tu frappes, tu intimides, tu consternes le profanateur, tu lui peins un Dieu vivant, terrible, inévitable, qui descend la flamme à la main, porté sur les ailes des tempêtes, précédé des tonnerres exterminateurs, et suivi par l'ange de la mort. Dans tes sons menaçants l'impie croit entendre la marche formidable de son juge, le bruit de son char de feu, la chute des torrents enflammés, l'horreur du noir abîme, l'arrêt irrévocable ; tantôt par des symphonies plus douces et plus consolantes, tu suspends son effroi, tu lui rends la confiance, tu lui peins dans un nuage de fleurs le Dieu de la clémence prêt à pardonner, si l'impie sait gémir, et, la cendre sur la tête, éteindre dans ses larmes les feux de l'éternelle vengeance. En dis-je trop, messieurs ? n'avez-vous pas souvent éprouvé vous-mêmes les grands sentiments que l'harmonie sait produire dans les sanctuaires, et ce pouvoir qu'elle a sur les esprits et sur les mœurs ?

Doutera-t-on qu'elle sache éclairer, ennoblir, élever

l'esprit ? Ignore-t-on que les élèves de Zoroastre commençaient la journée par un concert harmonieux ? ils voulaient par là préparer l'ame à contempler la vérité, persuadés que par les mouvements doux et mesurés de la musique, l'ame, retirée en elle-même, entrait dans cette égalité, dans ce silence des sens, et dans cet équilibre parfait que demandent les spéculations épurées, et qu'ainsi affranchie des obstacles de la matière et de la chaîne des passions, elle s'élançait sur des ailes plus rapides au temple du vrai, au commerce des intelligences éthérées, à la confidence des dieux : ces mêmes sages terminaient la journée au son des flûtes douces et des airs lydiens, pour ramener l'esprit égaré pendant le jour sur des objets étrangers, pour mieux l'apprêter aux faveurs du dieu des pavots, et pour appeler le paisible silence et les songes riants.

Doutera-t-on que la musique sache calmer les passions violentes ? Les annales de l'histoire et les fastes de la poésie nous montreront par elle la rage désarmée, la fureur fléchie, la sédition étouffée, la colère ralentie, l'audace réprimée, l'impétuosité d'Achille tempérée par la lyre; et les pages saintes nous peindront souvent le perfide Saül ramené des fougues infernales par les accords du jeune pasteur de Sion : attirée du ciel par l'harmonie, la paix descendait dans le cœur de ce prince jaloux. Est-il, messieurs, est-il aucune autre science profane si maîtresse des mœurs ? car enfin, levons le bandeau du préjugé et de l'éducation, prenons des yeux un peu philosophiques; éclairons-nous sur le vrai prix de ces sciences servilement adorées du peuple lettré; n'outrons rien, mais aussi osons ne rien taire, osons nous munir d'un sage pyrrhonisme, et, par une idolâtrie littéraire indigne du vrai goût, ne fléchissons point le genou devant ces vaines idoles, qui peut-être ne doivent avoir des autels que chez la prévention crédule et le superstitieux vulgaire. Répondez donc, vous, leurs adorateurs scrupuleux, rendez compte de votre culte, parlez; que sert aux mœurs la profane éloquence? Enchanteresse des sens, elle excite un bruit brillant dont l'oreille est flattée, mais que le vent emporte bientôt, et dont rien ne va jusqu'au cœur; semblable à ces feux légers, à ces flammes volantes et dociles que l'art industrieux décrit dans les airs, feux qui, dans un même instant, naissent, brillent, et s'évanouissent : science spécieuse et trop stérile, qui donne à la république de plus opiniâtres parleurs, sans lui donner de meilleurs citoyens.

Que servent aux mœurs tous ces arts que nous devons à l'oisiveté des prêtres de l'Égypte, l'exacte géométrie, l'audacieuse astronomie, la profonde algèbre? tandis que l'esprit s'ensevelit dans les calculs, ou s'égare dans les cieux, ou s'abîme dans les sombres méditations, qu'en revient-il aux vertus? sciences trop indifférentes qui donnent tout à la spéculation, peu au sentiment, rien à l'homme.

Que sert aux mœurs l'étude de la grammaire et des langues, ou plutôt la science des syllabes? tandis qu'elle plonge la mémoire dans un chaos de paroles, le cœur oisif reste dans un vide honteux; science superficielle et beaucoup trop puérile, qui nous apprend à nommer les vertus sans nous apprendre à les acquérir.

Que sert aux mœurs l'étude vantée de l'histoire? que nous conserve-t-elle? le dénombrement des erreurs de tous les temps, la liste des malheurs illustres, des crimes heureux, des passions travesties en vertus; honteuses archives, tristes monuments de l'humaine folie? Là que trouvons-nous? les caprices des peuples, les fautes des rois; les révolutions, les décadences, l'empire antique de l'opinion et de l'intérêt, le règne du hasard, le long tableau de toutes les misères de nos aïeux, tableau funeste, scène déplorable, que le voile de l'éternel oubli devrait plutôt dérober à jamais aux regards de la postérité; science de l'histoire, science souvent désolante, qui présente plus de coupables exemples à fuir, que de vertueux modèles à suivre.

Enfin que sert aux mœurs ce petit talent de thèses et de sophismes qui se donne le nom de philosophie; chimères surannées, systèmes vagues, captieuses fadaises, erreurs plus ou moins heureuses, guerre de raisonnements où la raison reste neutre, labyrinthe où la vérité s'égare sans se retrouver; voilà tout l'art: science futile et méprisée, ou plutôt ignorance travestie qui s'adore et s'encense elle-même, et perd à disputer le temps de penser et de sentir.

Telles sont pourtant, telles sont les sciences prétendues dont on occupe nos plus beaux jours. O perte irréparable, perte trop peu regrettée! que d'heures charmantes immolées à l'ennui et à l'inutilité! c'est acheter bien cher des erreurs. O trop courte jeunesse! ô jours charmants! que n'êtes-vous plutôt consacrés à la culture du cœur, à l'étude du vrai bien, à l'embellissement des mœurs, qu'aux minuties classiques, ou à d'autres arts, qui seraient inutiles si l'on savait encore n'étudier que la simple nature, n'entendre que son langage, et n'estimer que ses lois? Oui, messieurs, et je ne puis trahir ma franchise. Mais suivez sans écart le fil de ma pensée; que l'éloquence judiciaire soit utile à l'explication des lois et aux divers intérêts des peuples, que les langues soient utiles aux voyages, que l'astronomie soit utile à la navigation, la géographie à l'art militaire, la géométrie aux fortifications, la science des nombres au commerce, la botanique au soulagement des maux; que l'étude de l'histoire soit utile à notre curiosité, l'étude de la politique à l'art de gouverner, l'étude de la logique au talent prétendu de raisonner, j'en conviendrai avec vous: mais aussi vous conviendrez avec moi que l'utilité de ces sciences tombe rarement sur le fonds des mœurs; que ces sciences sont étrangères à l'homme, agréables peut-être à son esprit, mais inutiles à son cœur; que l'harmonie seule jouit d'un pouvoir beaucoup plus personnel et plus marqué sur le cœur, qu'elle en sait manier tous les replis, qu'elle en sait faire jouer les ressorts les plus secrets, et que des sens charmés elle passe aux sentiments; preuve invincible de ses avantages. Elle est donc utile en particulier aux mœurs de chaque citoyen. Ce n'est point tout; elle est encore utile en général à la sécurité et au bonheur du corps entier de la république politique.

L'union des citoyens est la base des trônes, le sceau des monarchies, l'appui des diadèmes. Les plus fermes empires, avant d'être renversés par les guerres étrangères, avaient été d'abord ébranlés par les guerres intestines, par les troubles anarchiques, par les discordes civiles, aidés dans leur chute par ceux même qui devaient en être les soutiens et les boulevards. Non, la patrie n'a point d'ennemis plus funestes que des citoyens divisés; mais est-il une égide plus impénétrable aux traits de la dissension que la tranquille harmonie? l'olive à la main, la Paix la précède, l'Amitié la conduit, le Plaisir marche à ses côtés, la Concorde la suit, les cœurs conquis volent en foule autour d'elle. N'est-ce point elle qui unit les citoyens par d'aimables nœuds, qui les assortit, qui les égale, qui les range sous les lois d'une charmante société? Chez elle tout est calme, tout est ami, tout agit d'intelligence; chez elle on n'entend ni la voix de la discorde, ni les rumeurs populaires, ni le tumulte importun de l'école, ni les hurlements effrénés des bancs, ni les clameurs des tribunaux, mais seulement les agréables accords, les acclamations favorables, les doux applaudissements. L'harmonie alluma-t-elle jamais ces feux funestes à l'État, ces incendies, ces guerres d'opinions, de prestiges, d'erreurs; ces dissensions sophistiques pour réaliser des chimères, ces schismes littéraires formés plutôt pour combattre la vérité que pour la défendre, ces querelles d'une secte armée contre l'autre sous différents drapeaux; ces divisions, ces haines, monstres nés dans le sein des autres sciences? De leur sein il s'est élevé souvent des citoyens turbulents, inquiets, pernicieux, que la discorde, la révolte, le faux zèle, avaient nourris dans les ténèbres des solitudes, et qui n'ont paru dans l'univers que pour en troubler la paix. Mais l'histoire, ce témoin fidèle des temps, reproche-t-elle aucun de ces forfaits à la science pacifique que je vante? Quel siècle, quelle contrée se plaignit jamais d'elle? De quel sang fut-elle jamais teinte? Ses élèves, loin d'être jamais des citoyens dangereux, n'eurent-ils point toujours ce caractère facile, sociable et poli, né pour les douces liaisons? caractère si nécessaire à la tranquillité de la république, caractère que les sciences graves ne donnent point, qu'elles ôtent même souvent. Quelle étrange différence de mœurs entre le peuple savant et les amants de l'harmonie! Pénétrons dans ces réduits ténébreux dont les ennuis gardent l'entrée, dans ces antres inaccessibles aux ris, où règnent, loin du jour et dans le silence, l'immobile et morne savoir; là j'aperçois des hommes atrabilaires, hagards, intraitables, des fronts ridés, chargés d'épais nuages, couverts d'un deuil éternel, des misanthropes rêveurs, malheureux par choix, folles victimes des veilles cruelles, martyrs d'un système inutile au bonheur, vieillis dans un chaos de rêveries, brouillés pour toujours avec les Graces; des écrivains glacés et pesants, faibles échos de l'antiquité, ensevelis dans un amas confus de notions vagues, mais privés du vrai goût, nécessairement incapables des délicatesses de l'esprit, des feux du génie, des finesses de l'art. Que je les tire de ces lugubres tanières pour les transporter un moment dans le commerce de la vie et dans les devoirs du citoyen ; déconcertés, interdits, distraits, presque absents, ils tombent à chaque pas ; à chaque instant ils choquent les bienséances, ils manquent les égards, ils blessent les convenances ; bientôt enfin, ennuyeux et ennuyés, incapables d'un doux commerce, ils fuient, ils retournent aux obscurs Lycophron et aux mélancoliques Saumaise ; déjà ils sont rentrés dans la poussière grecque et latine, leur unique élément ; semblables à ces oiseaux nocturnes et funèbres qui vivent ensevelis loin de la lumière et loin du commerce des autres oiseaux : voilà sans doute des citoyens bien utiles à la république, à la patrie, à leur siècle ! par leur utilité jugez de celle des sciences qu'ils adorent. Grand Dieu, quelle société unirait l'univers, si tous les hommes étaient des savants ! une vie pareille n'est-elle point une espèce de néant ? Mais fuyons ces voûtes ténébreuses sous lesquelles nous nous sommes trop long-temps arrêtés ; entrons maintenant sous ces portiques gracieux, sous ces berceaux de verdure, où par de charmantes voix l'harmonie nous appelle ; ici tout enchante les regards ; je n'y vois que des fronts ouverts à l'allégresse, que des yeux riants et sincères, que des esprits cultivés, ornés, enrichis des plus brillantes idées de la poésie et de la fable ; que de vrais citoyens, aimables et aimés, officieux et reconnaissants, unis et heureux ; là règnent dans les doux loisirs de la sympathie, l'amitié, les amours; là le premier mérite est d'être aimable, la première science est d'être heureux, et les talents ne sont rien s'ils ne vont au plaisir, à l'union, au bonheur.

Prévenons une objection que la critique me prépare sans doute : « La musique, dira-t-on, n'est qu'une « science molle, un art efféminé, propre seulement « à énerver les cœurs, à en amortir le beau feu, à « éteindre les courages. » Eh quoi ! si telle était la faiblesse de cet art, Mars, le dieu des grands cœurs, aurait-il de tout temps placé sur son char l'harmonie à côté de la victoire ? n'aurait-il point retranché dès long-temps les symphonies militaires des combats, ces sons semblables au tonnerre, ce bruit de la trompette et du clairon, ces airs du fifre et du haut-bois, ces tons du tambour et des timbales éclatantes, s'il n'avait toujours reconnu dans l'antiquité guerrière, et chez toutes les nations magnanimes, que ce concert martial est l'ame de la guerre ; que ce mélange de sons mâles et vigoureux, que forme l'airain mugissant, élève les esprits, qu'il échauffe les cœurs, qu'il enhardit les lâches, qu'il enflamme les braves, qu'il dérobe le bruit formidable de ces machines terribles qui vomissent la foudre et la mort; qu'il cache les sifflements des javelots, les clameurs confuses, les plaintes des mourants; qu'il empêche la consternation et les terreurs; que de la déroute il rappelle à la charge ; qu'enfin ces fanfares guerrières allument une chaleur héroïque dans tous les rangs; qu'elles égaient le théâtre de la fureur, qu'elles embellissent la mort même? Les Spartiates en ordre de bataille, le front ceint de fleurs, la lance levée, marchaient au combat comme à une fête au son de l'hymne de Castor; un chœur de flûtes, conduit par Tyrtée, réglait la marche de cette armée de héros, l'élite de la Grèce; selon les lois de la patrie chaque guerrier était obligé de suivre les accords des flûtes, de les marquer d'un pied ferme, et de faire répondre à chaque mesure chacun de ses pas intrépides : par là les chefs des phalanges pouvaient aisément reconnaître s'il était parmi leurs soldats quelque lâche qu'il fallût retrancher des rangs, s'il était quelque cœur timide à qui l'épouvante fit manquer la cadence, et qui ne s'avançât point à la mort d'un pas égal; de ce même secours naissait une valeur réglée, plus efficace qu'une folle fureur. Maintenant qu'on dise encore que l'harmonie énerve les courages, qu'elle n'est d'aucune utilité; tandis que Mars avoue que sans elle il compterait moins de héros, la société moins d'esprits aimables, la république politique moins d'utiles et de vrais citoyens! Achevons ce portrait, et voyons rapidement en quoi la musique est utile à la république littéraire : elle en sut toujours enrichir, aider, embellir les arts.

Je traverse la nuit obscure des âges, je remonte à l'origine des plus beaux arts littéraires; je les vois comme autant de ruisseaux différents prendre leur source dans la féconde harmonie. Dans l'ordre des temps la poésie la première s'offre à mes regards; les vers naquirent du chant : d'abord la voix forma des sons, la réflexion y joignit ensuite des paroles arrangées, et mesura des vers aux modulations naturelles du gosier; nulle poésie pour lors sans musique ; et si depuis la poésie marche souvent seule, elle porte cependant toujours un air ineffaçable de proximité, des convenances marquées, des traits parlants qui la font reconnaître pour la fille de l'harmonie. N'a-t-elle point gardé toujours des symboles et des attributs qui lui sont communs avec la déesse des accords? trompette de Virgile et du Tasse, lyre d'Horace et de Malherbe, luth d'Anacréon et de Chapelle, pipeaux de Théocrite et de Ségrais; pourquoi la poésie transporterait-elle tous ces noms divers d'instruments aux divers génies de son art, si elle n'aimait à ressembler toujours à l'harmonie dont elle est émanée, sûre de mieux plaire par cette gracieuse ressemblance? De là ses rimes sonores, ses tons lyriques, ses repos réglés, tout ce langage harmonieux qui caractérise les beaux vers, qui échauffe l'ode héroïque, qui élève la majestueuse épopée, qui anime la riante églogue, qui nous intéresse aux soupirs de la tendre élégie, qui sait enfin passionner, émouvoir, enchanter.

Je t'entends, noble Melpomène : remplie de gratitude pour l'harmonie, tu te plais à nous raconter comment tu lui dois aussi l'origine et les progrès de ton art chéri : des chansons consacrées au dieu de l'automne tu vis éclore la tragédie; quand ensuite des fêtes tumultueuses des campagnes et des chariots de Thespis tu la vis passer au sein des villes, et devenir un spectacle sérieux et régulier, ne vis-tu pas aussi monter la musique avec elle sur les théâtres de la Grèce, et par les chœurs chantants partager avec la tragédie grecque l'empire des spectacles et les suffrages de l'Attique? Si l'ancienne tragédie romaine mérite quelqu'un de nos regards (car les Romains, ces maîtres du monde, ne le furent jamais de la scène), ne la verrons-nous pas aussi décorée et soutenue par l'harmonie? Nous en avons plus d'un témoignage chez le prince de l'éloquence latine (1).

Outre l'art pompeux du cothurne embelli par l'harmonie, que n'ai-je le temps de vous détailler tout ce que l'art de la riante Thalie dut autrefois au secours des flûtes tyriennes, sans l'accompagnement desquelles le célèbre Roscius ne joua jamais? Si je me fixais sur des preuves spécieuses, ne pourrais-je pas dire avec Quintilien (2), que l'art de l'éloquence parfaite n'est donné à aucun orateur s'il ignore la musique; que sans elle il ne peut connaître ni employer ce nombre, cette gracieuse *euphonie*, mère de la persuasion, ce mélange de sons diserts et nerveux, ces chutes harmonieuses, ces silences ménagés, ces reprises énergiques, ces suspensions étudiées, ces gestes pleins d'expression, cette décence de mouvements, ces tours pathétiques et pénétrants, qui éveillent l'esprit de l'auditeur, qui fixent l'attention, qui enlèvent le consentement et le suffrage, enfin ce

---

(1) Cic., in Orat. ad M. B. Tuscul., lib. I, Leg. lib. II.
(2) Lib. II, c. ix.

talent de l'insinuation, ce tout ensemble qui fait les Démosthène et les Patru?

Mais, tandis que je parle, quel subit enchantement transporte mon génie, et plonge mes sens dans une délicieuse ivresse? Je marche sur les rives de la Seine ; est-ce le palais des fées ou le temple de Vénus qui s'ouvre à mes yeux? une puissance magique a décoré cette scène pompeuse; mais quel nouveau plaisir interrompt déjà celui de mes yeux, et tient mon oreille captive? quelle symphonie ravissante vient de commencer? que de mains savantes et légères prennent un essor unanime? à ces brillantes consonnances je reconnais le temple de l'harmonie. Ici rassemblés, les génies de tous les arts s'empressent à parer leur aimable souveraine : à ses ordres tout se produit à l'instant; ruisseaux et torrents, déserts et bergeries, hameaux et palais, trônes et tombeaux, les cieux et les enfers : à la voix de la déesse tout se rend ici, les vents obéissent, les Euménides paraissent, les ombres sont évoquées, tous les génies, tous les dieux, sont ses ministres.

Cependant quels douloureux accents viennent pénétrer mon ame? ô douleur! ô tendresse! Là c'est la généreuse Alceste prête à descendre au noir rivage : c'est Alcyone, plus éplorée; elle redemande son cher Céyx aux ondes cruelles: c'est ici le triste Atys; coupable malgré lui, il pleure l'infortunée Sangaride: c'est Armide abandonnée; elle appelle un héros fugitif, encore aimé quoique infidèle : ce sont les illustres malheureux de tous les âges qui repassent les funèbres bords pour demander nos larmes. Ils chantent, je sens leurs peines ; ils soupirent, je suis attendri : raison critique, vraisemblance sévère, en vain vous soulevez-vous contre mon plaisir, en vain me prouvez-vous qu'il n'est point dans la nature que les héros métamorphosés en amphyons, et que les héroïnes transformées en syrènes, viennent chanter leurs infortunes, chanter leur mort même, languir, tomber, expirer, en chantant? J'en conviendrai : mais si mon plaisir est sûr, malgré les règles violées ; si mes sens en sont plus délicieusement flattés ; si ce qui manque à la justesse est remplacé par le sentiment, je n'entends plus la voix de la froide réflexion. L'esprit dit ce qui devrait plaire, le cœur décide toujours mieux en sentant ce qui plaît.

Après tout, si nous étudions la nature, ne trouverons-nous pas même sur la scène chantante plus de fidélité aux convenances que sur les théâtres tragiques, où l'on prête aux héros pour langage une poésie déclamée? L'harmonie ne sut-elle pas toujours, beaucoup mieux que la simple déclamation, imiter les vrais sons de la plainte, les vrais tons des passions, les profonds soupirs, les sanglots, les éclats douloureux, les tendres langueurs, les gémissements entrecoupés, les inflexions pathétiques, toute l'énergie du cœur? des plaintes chantées sont plus sûres de nos larmes, et les tendres sentiments rendus par l'harmonie en sont plus tendres de moitié. C'est encore dans ce temple que cette déesse puissante, rivale de la nature, sait exprimer, personnifier, articuler tout, et même sans le secours des paroles : non, ni le pinceau des Apelles, ni le ciseau des Phidias, ni le burin des Alcimédon, ni l'aiguille de Minerve elle-même, ne donneraient jamais à leurs imitations cette ame, cette expression, cette vie que la musique sait donner à ce qu'elle veut caractériser. Dans ses symphonies je retrouve toute la nature, je la sens dans l'impression subite des sons, impression plus prompte que les regards, plus rapide que la pensée. Tantôt c'est le tumulte d'un combat qu'elle veut imiter ; je crois entendre le rugissement de l'airain, le choc du sanglant acier, la grêle des flèches, les lamentables cris, la tonnante voix de la mort qui vole de rang en rang : tantôt c'est une noire tempête, c'est un triste naufrage ; j'en reconnais l'horreur et le courroux ; j'entends les vagues bondissantes, l'air gronde, la foudre éclate, le jour se change en sombre nuit, les vents sifflent, la mer mugit au loin, la terre tremblante lui répond : ici quelle ombre sort du tombeau ? l'Averne est ouvert ; à travers les lueurs de la profonde nuit je crois entendre les lugubres regrets des ombres plaintives, le bruit des chaînes vengeresses, le cours des noirs torrents : là ce sont les antres du dieu du feu ; j'entends l'enclume gémissante sous les coups des Cyclopes enflammés : ici le sommeil verse ses pavots, un héros est endormi ; à l'aide des accords je lis dans ses pensées, je devine ses songes affreux ou riants, furieux ou tranquilles.

Ainsi, brillante Harmonie, par ton magique pouvoir je trouve des rapports marqués, de vives ressemblances, de la vérité dans tout ce que tu veux imiter de la nature : je crois présent tout ce que tu peins; tes silences même ont leur expression et leur éloquence. En vain la peinture t'opposerait ses productions : elle nous trace un combat, un naufrage, un spectacle douloureux; les yeux admirent, le cœur ignore le plaisir des yeux. Pour toi, à ton gré tu verses successivement dans les ames l'effroi ou la douce assurance, la haine ou l'amour, l'horreur ou la compassion, la consternation ou l'allégresse, et toujours la tendresse et la volupté.

Mais je vois Terpsichore, ta fille chérie, s'avancer à ta suite d'un pas léger, dirigée par tes sons : ses jeux allégoriques sont une poésie muette, ses attitudes une peinture vivante et mobile, une image fidèle des sentimens et des passions; rivale de l'histoire même, elle raconte aux yeux les faits héroïques (1), elle exprime aux regards le génie des nations; tous les caractères sont peints dans ses pas : ici, dans ses pas précipités, inégaux, égarés, je reconnais la colère, l'indignation, le désespoir; là, dans ses mouvements interrompus et négligés, je vois la mollesse, la volupté, la langueur : ici, dans la finesse de ses balancements, dans la justesse de son équilibre, dans le choc de ses pas brillants, je distingue l'enjouement des Graces et la légèreté des Plaisirs; là dans un dédale de sauts agiles et retentissants, je reconnais l'allégresse rustique et les danses de l'automne. Enfin la danse

(1) Les ballets.

elle-même, qui, au premier coup d'œil, ne paraît qu'un plaisir, cache aussi d'utiles leçons : aussi autrefois les sages citoyens de Sparte, pour inspirer aux enfans l'horreur de l'intempérance, faisaient danser à leurs yeux des esclaves enivrés.

Non, le printemps n'a pas plus de fleurs que l'harmonie a de façons de charmer et d'instruire. Mais cédez, muses étrangères; jamais ni les échos d'Albion, ni les antres d'Hercinie, ni les rives de l'Ebre et du Tage, ne répétèrent des accords si parfaits que ceux dont nos contrées retentissent depuis dix lustres : si l'Ausonie nous offre une rivale; sans la proscrire tristement, sans la préférer follement, fuyant tout extrême, enrichissons-nous de ses beautés. Que l'harmonie du Tibre et de l'Éridan enchante la Seine ! qu'elle joigne ses symphonies charmantes à notre chant ! et si pour le sublime de l'art nous écoutons quelquefois ses leçons, que pour le gracieux de la belle nature elle consulte souvent l'harmonie de nos bords ! celle-ci, toujours simple, toujours vraie, ne trouve point la beauté où règne l'affectation, ni la tendresse où règne l'art; le cœur est son guide : tantôt, bergère naïve, sur un lit de violettes, au son de flûtes champêtres (1), elle célèbre ou l'amante d'Endymion, ou les charmes de Galatée, ou les malheurs de Syrinx; tantôt, amazone légère, armée du carquois, elle perce la profondeur des forêts, et traînant les rois même à sa suite, au son bruyant

---

(1) Les pastorales.

du cor, elle chante l'art de Céphale, et les filets que l'amour tend aux belles parmi ceux que Diane tend aux hôtes des bois. Ici, sous l'habit galant d'Érigone, un thyrse à la main, le front couronné de pampres, accompagnée du dieu des vendanges, portée par les zéphirs, suivie de Silène et des faunes amoureux, elle vient embellir les fêtes de l'automne; de là, muse paisible, elle revient au sein des villes pour y faire avec Comus le plaisir des hivers : elle y chante tour à tour les malheurs d'Adonis (1), d'Orphée d'Actéon; les regrets d'Amymone, d'Héro, d'Ariane, les fureurs de Circé : souvent même, Néréide badine, elle assemble sa cour sur les eaux, elle y chante le berceau de Vénus et des Graces naissantes; elle retient dans ses voiles flottantes les aquilons enchantés; elle sait égayer les lenteurs d'une ennuyeuse navigation.

Vous prévenez, messieurs, ce qui me reste à dire: déjà sans doute vous songez à ces chansons fines, élégantes, et fleuries, l'ornement le plus décidé de notre poésie; à ces airs ingénieux, dictés par les graces, notés par les Lambert et les Mouret, images délicates, dans lesquelles se peint mieux d'ailleurs la supériorité du goût français, et ce génie vif, ami du badinage gracieux, ennemi de tout ce qui porte l'air du travail : c'est ici que l'Harmonie fait paraître avec le plus d'avantage la légèreté et les agrémens d'une voix brillante, soit qu'elle lui donne à chanter les triomphes des héros de Bacchus ou leur mausolée, soit

---

(1) Les cantates.

qu'elle lui fasse exprimer et imiter dans ses tons variés les changements du dieu d'Idalie, qui, tantôt zéphyr badin, se cache dans les fleurs, tantôt moucheron léger, voltige autour de la tonne, ou se met à la nage sur une liqueur vermeille, tantôt papillon folâtre, à peine arrivé où le printemps l'appelle, s'envole et ne revient pas; soit qu'elle lui apprenne à exprimer ou les soupirs d'une tourterelle solitaire et peu consolée, ou le bourdonnement enchanteur d'une jeune abeille, ou les erreurs d'un zéphyr volage, ou les regrets d'une rose abandonnée et flétrie de douleur, ou la marche bruyante d'un torrent impétueux, qui bondit, écume, et n'est déjà plus, ou la chute et les cascades d'un ruisseau naissant, et le murmure agréablement sourd de son onde errante, ou la molle langueur d'un doux sommeil; soit enfin qu'après avoir fait nager la voix sur le sein des vastes mers, ou l'avoir fait descendre au centre des profonds enfers, l'harmonie la transporte sur l'aile des aigles rapides, au-dessus du tonnerre, des tourbillons, des feux étincelants, des plaines liquides, des vents déchaînés, et du jour changé en nuit.

Voix charmante, voix toujours chère à mon cœur, toujours présente à mes pensées, que ne puis-je t'entendre toujours! Que j'aime tes langueurs, tes chutes, tes éclats! Quelle muse pourrait dignement louer tes sons ravissants, toujours agréablement mélangés, leur symétrie, leur alliance, leurs divorces, leur économie? tu verses la volupté dans mon âme. Non, qu'on ne pense point avoir assez dit pour te vanter en comparant tes accords à ceux de Philomèle; toujours uniforme, le rossignol n'a que les mêmes sons inarticulés, sons sans expression, sans ame et sans vie; il sait plaire, il ne peut toucher ni passionner, incapable de ces inflexions pénétrantes et de cette variété d'accords que tu sais conduire avec tant d'art; toujours différente de toi-même et toujours belle, chacun de tes sons est un sentiment. Oui, c'est du gosier harmonieux d'une belle, plutôt que de la bouche de l'éloquence, que la peinture doit faire sortir ces chaînes dorées qui captivent les sens. La voix achève sur les cœurs ce que la beauté a commencé sur eux, et par ses graces elle tient souvent lieu de la beauté.

La chanson même (qui le croirait?), la chanson a été et sera toujours encore un art utile à la république littéraire; c'est elle qui, alliant ses accords aux traits fins du dieu de la satire, purge l'empire des lettres de tous les intrus qui s'y glissent sans aveu; c'est elle qui venge le dieu du goût; c'est elle qui flétrit, frappe, terrasse les génies débiles et manqués, les versificateurs sans poésie, les prosateurs gothiques, les vils copistes, les ignobles plagiaires, toute cette populace rampante d'imitateurs stériles, d'échos fatigants, d'insectes classiques, d'écrivains subalternes, et d'ennuyeux compilateurs, l'opprobre et le rebut de la belle littérature.

A tant de titres, messieurs, la musique n'aurait-elle point le droit de paraître au rang des arts utiles et des sciences avantageuses à la république? est-il quelqu'un qui lui refuse encore son suffrage? Non; je vois son triomphe marqué sur vos fronts unanimes, et je lis la conviction écrite dans tous les yeux. Pour ne rien taire cependant, pour ne rien farder, j'en ferai l'aveu; je sais que la dépravation a souvent abusé de cette science, qu'elle l'a profanée, avilie, dégradée aux dépens de la vertu, au profit de la séduction, à la honte des mœurs; je sais qu'on lui a souvent fait renouveler les fêtes obscènes de Sibaris et de Caprée, et les naufrages causés jadis dans les mers thyrréniennes par la voix perfide des filles d'Achéloüs : mais un tel abus n'est-il point pour cet art un malheur plutôt qu'un crime? Héroïque dans son origine, vertueuse dans son but, la musique sera-t-elle condamnée, parce que la licence la transporte quelquefois à des usages suborneurs et pervers? tous nos arts ne seraient-ils point proscrits, si l'on proscrivait tout ce dont on abuse? Souvent on viole les lois de la jurisprudence; faut-il donc pour toujours fermer les temples de Thémis? souvent les mers sont couvertes de naufrages, faut-il livrer aux flammes tous les vaisseaux que renferment nos ports? souvent l'ivresse produit des fureurs, des querelles, des meurtres, faut-il dépouiller nos coteaux des vignes qui les couronnent? Réformons l'abus, sans retrancher l'usage; ramenons l'harmonie à la pureté de sa source, aux beautés de son printemps, à sa splendeur première. Proscrire la musique, ce serait enlever un lien charmant à la république politique, un ornement à la république littéraire; les cœurs y perdraient un sentiment délicieux, toute la nature un plaisir.

Qu'elle règne donc toujours cette aimable et noble

Harmonie, mais que son empire ne s'élève jamais sur les débris des mœurs ! affranchie de la mollesse ionienne, et Minerve et Vénus à la fois, qu'elle n'aime jamais qu'une beauté mâle, que des traits altiers, que des graces fières ! souveraine des cœurs, qu'elle ne les ouvre qu'aux généreux sentiments ! maîtresse des ames et des sens, qu'elle les élève toujours au-dessus des lâches faiblesses ! reine des passions, qu'elle ne les réveille qu'au profit de la vertu ! qu'elle soit à jamais l'interprète du grand, du beau, du vrai, la compagne du goût, l'ame de la société, les délices du monde !

LETTRE
SUR LA COMÉDIE.
A M***.

Les sentiments, monsieur, dont vous m'honorez depuis plus de vingt ans vous ont donné des droits inviolables sur tous les miens ; je vous en dois compte, et je viens vous le rendre sur un genre d'ouvrages auquel j'ai cru devoir renoncer pour toujours. Indépendamment du désir de vous soumettre ma conduite et de mériter votre approbation, votre appui m'est nécessaire dans le parti indispensable que j'ai pris, et je viens la réclamer avec toute la confiance que votre amitié pour moi m'a toujours inspirée. Les titres, les erreurs, les songes du monde n'ont jamais ébranlé les principes de religion que je vous connais depuis si long-temps ; ainsi le langage de cette lettre ne vous sera point étranger, et je compte qu'approuvant ma résolution, vous voudrez bien m'appuyer dans ce qui me reste à faire pour l'établir et pour la manifester.

Je suis accoutumé, monsieur, à penser tout haut devant vous ; je vous avouerai donc que depuis plusieurs années j'avais beaucoup à souffrir intérieurement d'avoir travaillé pour le théâtre, étant convaincu, comme je l'ai toujours été, des vérités lumineuses de

notre religion, la seule divine, la seule incontestable :
il s'élevait souvent des nuages dans mon ame sur un
art si peu conforme à l'esprit du christianisme; et je
me faisais, sans le vouloir, des reproches infructueux,
que j'évitais de démêler et d'approfondir : toujours
combattu et toujours faible, je différais de me juger,
par la crainte de me rendre et par le désir de me faire
grace. Quelle force pouvaient avoir des réflexions in-
volontaires contre l'empire de l'imagination et l'enivrement de la fausse gloire? Encouragé par l'indulgence dont le public a honoré *Sidney* et *le Méchant*,
ébloui par les sollicitations les plus puissantes, séduit
par mes amis, dupe d'autrui et de moi-même, rappelé en même temps par cette voix intérieure, toujours sévère et toujours juste, je souffrais, et je n'en
travaillais pas moins dans le même genre. Il n'est
guère de situation plus pénible (quand on pense) que
de voir sa conduite en contradiction avec ses principes, et de se trouver faux à soi-même, et mal avec
soi : je cherchais à étouffer cette voix des remords,
à laquelle on n'impose point silence, ou je croyais y
répondre par de mauvaises autorités que je me donnais pour bonnes; au défaut de solides raisons j'ap-
pelais à mon secours tous les grands et frêles raisonnements des apologistes du théâtre; je tirais même
des moyens personnels d'apologie de mon attention
à ne rien écrire qui ne pût être soumis à toutes les
lois des mœurs : mais tous ces secours ne pouvaient
rien pour ma tranquillité; les noms sacrés et vénérables dont on a abusé pour justifier la composition

des ouvrages dramatiques et le danger des spectacles, les textes prétendus favorables, les anecdotes fabriquées, les sophismes des autres et les miens, tout cela n'était que du bruit, et un bruit bien faible contre ce sentiment impérieux qui réclamait dans mon cœur. Au milieu de ces contrariétés et de ces doutes de mauvaise foi, poursuivi par l'évidence, j'aurais dû reconnaître dès-lors, comme je le reconnais aujourd'hui, qu'on a toujours tort avec sa conscience quand on est réduit à disputer avec elle. Dieu a daigné éclairer entièrement mes ténèbres, et dissiper à mes yeux tous les enchantements de l'art et du génie. Guidé par la foi, ce flambeau éternel devant qui toutes les lueurs du temps disparaissent, devant qui s'évanouissent toutes les rêveries sublimes et profondes de nos faibles esprits forts, ainsi que toute l'importance et la gloriole du bel-esprit, je vois sans nuage et sans enthousiasme que les lois sacrées de l'évangile et les maximes de la morale profane, le sanctuaire et le théâtre sont des objets absolument inalliables: tous les suffrages de l'opinion, de la bienséance, et de la vertu purement humaines fussent-ils réunis en faveur de l'art dramatique, il n'a jamais obtenu, il n'obtiendra jamais l'approbation de l'Église: ce motif sans réponse m'a décidé invariablement. J'ai eu l'honneur de communiquer ma résolution à monseigneur l'évêque d'Amiens, et d'en consigner l'engagement irrévocable dans ses mains sacrées; c'est à l'autorité de ses leçons et à l'éloquence de ses vertus que je dois la fin de mon égarement: je lui devais l'hommage de mon retour; et c'est pour consacrer la solidité de cette espèce d'abjuration que je l'ai faite sous les yeux de ce grand prélat si respecté et si chéri ; son témoignage saint s'élèverait contre moi si j'avais la faiblesse et l'infidélité de rentrer dans la carrière. Il ne me reste qu'un regret en la quittant; ce n'est point sur la privation des applaudissements publics, je ne les aurais peut-être pas obtenus ; et quand même je pourrais être assuré de les obtenir au plus haut degré, tout ce fracas populaire n'ébranlerait point ma résolution; la voix solitaire du devoir doit parler plus haut pour un chrétien que toutes les voix de la renommée : l'unique regret qui me reste, c'est de ne pouvoir point assez effacer le scandale que j'ai pu donner à la religion par ce genre d'ouvrages, et de n'être point à portée de réparer le mal que j'ai pu causer sans le vouloir. Le moyen le plus apparent de réparation, autant qu'elle est possible, dépend de votre agrément pour la publicité de cette lettre : j'espère que vous voudrez bien permettre qu'elle se répande, et que les regrets sincères que j'expose ici à l'amitié aillent porter mon apologie partout où elle est nécessaire. Mes faibles talents n'ont point rendu mon nom assez considérable pour faire un grand exemple; mais tout fidèle, quel qu'il soit, quand ses égarements ont eu quelque notoriété, doit en publier le désaveu, et laisser un monument de son repentir. Les gens du bon air, les demi-raisonneurs, les pitoyables incrédules peuvent à leur aise se moquer de ma démarche; je serai trop dédommagé de leur petite censure et de leurs froides plaisanteries, si les gens sensés et vertueux, si les écrivains dignes de servir la religion, si les ames honnêtes et pieuses que j'ai pu scandaliser, voient mon humble désaveu avec cette satisfaction pure que fait naître la vérité dès qu'elle se montre.

Je profite de cette occasion pour rétracter aussi solennellement tout ce que j'ai pu écrire d'un ton peu réfléchi dans les bagatelles rimées dont on a multiplié les éditions sans que j'aie jamais été dans la confidence d'aucune. Tel est le malheur attaché à la poésie, cet art si dangereux, dont l'histoire est beaucoup plus la liste des fautes célèbres et des regrets tardifs, que celle des succès sans honte et de la gloire sans remords; tel est l'écueil presque inévitable, surtout dans les délires de la jeunesse: on se laisse entraîner à établir des principes qu'on n'a point; un vers brillant décide d'une maxime hardie, scandaleuse, extravagante; l'idée est téméraire, le trait est impie, n'importe; le vers est heureux, sonore, éblouissant; on ne peut le sacrifier, on ne veut que briller, on parle contre ce qu'on croit, et la vanité des mots l'emporte sur la vérité des choses. L'impression ayant donné quelque existence à de faibles productions auxquelles j'attache fort peu de valeur, je me crois obligé d'en publier une édition très-corrigée, où je ne conserverai rien qui ne puisse être soumis à la lumière de la religion et à la sévérité de ses regards: la même balance me réglera dans d'autres ouvrages qui n'ont point encore vu le jour. Pour mes nouvelles comédies (dont deux ont été lues, monsieur, par vous seul), ne me les demandez plus; le sacrifice en est fait, et c'était sacrifier bien peu de chose. Quand on a quelques écrits à se reprocher, il faut s'exécuter sans réserve dès que le remords les condamne; il serait trop incertain de compter que ces écrits seront brûlés au flambeau qui doit éclairer notre agonie.

J'ai cru, pour l'utilité des mœurs, pouvoir sauver de cette proscription les principes et les images d'une pièce que je finissais, et je les donnerai sous une autre forme que celle du genre dramatique: cette comédie avait pour objet la peinture et la critique d'un caractère plus à la mode que le Méchant même, et qui, sorti de ses bornes, devient tous les jours de plus en plus un ridicule et un vice national.

Si la prétention de ce caractère, si répandue aujourd'hui, si maussade, comme l'est toute prétention, et si gauche dans ceux qui l'ont malgré la nature et sans succès, n'était qu'un de ces ridicules qui ne sont que de la fatuité sans danger, ou de la sottise sans conséquence, je ne m'y serais plus arrêté; l'objet du portrait ne vaudrait pas les frais des crayons; mais, outre sa comique absurdité, cette prétention est de plus si contraire aux règles établies, à l'honnêteté publique, et au respect dû à la raison, que je me suis cru obligé d'en conserver les traits et la censure, par l'intérêt que tout citoyen qui pense doit prendre aux droits de la vertu et de la vérité: j'ai tout lieu d'espérer que ce sujet, s'il doit être de quelque utilité y parviendra bien plus sûrement sous cette forme nouvelle que s'il n'eût paru que sur la scène, cette prétendue école des mœurs, où l'amour-propre ne vient reconnaître que les torts d'autrui, et où les vérités morales le plus lumineusement présentées n'ont que le stérile mérite d'étonner un instant le désœuvrement et la frivolité, sans arriver jamais à corriger les vices, et sans parvenir à réprimer la manie des faux airs dans tous les genres, et les ridicules de tous les rangs.

Je laisse de si minces objets, pour finir par des considérations d'un ordre bien supérieur à toutes les brillantes illusions de nos arts agréables, de nos talents inutiles, et du génie dont nous nous flattons.

Si quelqu'un de ceux qui veulent bien s'intéresser à moi est tenté de condamner le parti que j'ai pris de ne plus paraître dans cette carrière, qu'avant de me désapprouver il accorde un regard aux principes qui m'ont déterminé; après avoir apprécié dans sa raison ce phosphore qu'on nomme l'esprit, ce rien qu'on appelle la renommée, ce moment qu'on nomme la vie, qu'il interroge la religion qui doit lui parler comme à moi, qu'il contemple fixement la mort, qu'il regarde au-delà, et qu'il me juge. Cette image de notre fin, la lumière, la leçon de notre existence, et de notre première philosophie, devrait bien abaisser l'extravagante indépendance et l'audace impie de ces superbes et petits dissertateurs qui s'efforcent vainement d'élever leurs délires systématiques au-dessus des preuves lumineuses de la révélation. Le temps vole, la nuit s'avance, le rêve va finir, pourquoi perdre à douter avec une absurde présomption cet instant qui nous est laissé pour croire, et pour adorer avec une soumission fondée sur les plus fermes principes de la saine raison? Comment immoler nos jours à des ouvrages rarement applaudis, souvent dangereux, toujours inutiles? Pourquoi nous borner à des spéculations indifférentes sur les majestueux phénomènes de la nature? Au moment où j'écris, un corps céleste, nouveau à nos regards, est descendu sur l'horizon; mais ce spectacle, également frappant pour les esprits éclairés et pour le vulgaire, amuse seulement la frivole curiosité quand il doit élever nos réflexions; encore quelques jours, et cette comète que notre siècle voit pour la première fois va s'éteindre pour nous, et se replonger dans l'immensité des cieux pour ne reparaître jamais aux yeux de presque tous ceux qui la contemplent aujourd'hui. Quelle destinée éternelle nous aura été assignée lorsque cet astre étincelant et rapide, arrivé au terme d'une nouvelle révolution, après une marche de plus de quinze lustres, reparaîtra sur cet hémisphère? les témoins de son retour marcheront sur nos cendres.

Je vous demanderais grace, monsieur, sur quelques traits de cette lettre qui paraissent sortir des limites du ton épistolaire, si je ne savais, par une longue expérience, que la vérité a toute seule par elle-même le droit de vous intéresser indépendamment de la façon dont on l'exprime, et si d'ailleurs dans un semblable sujet, dont la dignité et l'énergie entraînent l'ame et commandent l'expression, on pouvait être arrêté un instant par de froides attentions aux règles du style et aux chétives prétentions de l'esprit.

Je suis, avec tous les sentiments d'un profond respect et d'un attachement inviolable,

Monsieur,

Votre très-humble et très-
obéissant serviteur,
GRESSET,

A Amiens, le 14 mai 1759.

LETTRE DE GRESSET

A M*****.

—

A Amiens, le 10 septembre 1774.

Vous avez été plus sensible que moi, monsieur, à l'impression peu correcte de ma réponse au dernier discours de réception à l'Académie Française, impression dont mon départ de Paris ne m'avait point permis de revoir les épreuves. Aux premiers exemplaires qui m'en furent envoyés à Compiègne, je me consolai des fautes dont on m'avait gratifié, par l'espérance que ces fautes seraient corrigées par ceux qui voudraient bien me lire ; il ne me resta que deux véritables peines ; la première sur le contre-sens de la page 27, dans ces mots, *comme de toute l'Europe*, mon manuscrit portait, *connu de toute l'Europe* ; la seconde, plus grave, était l'énorme absurdité de la page 37, *déguerpissement*, au lieu de *dépérissement*. J'aurais déjà pris ma revanche du défectueux exemplaire qui vous a été envoyé, et vous auriez eu bien plus tôt ma véritable copie, si au moment même de mon retour ici, il y a trois semaines, je n'avais été attaqué d'une maladie dangereuse, dont je ne suis quitte que depuis peu de jours. Outre les corrections que j'ai crues nécessaires, j'ai augmenté la copie ci-jointe de plusieurs détails, que les bornes du temps prescrit m'avaient fait retrancher le jour de la séance publique.

Vous me demandez la petite aventure de cette séance : on vous a écrit, dites-vous, que le style que j'avais employé avait fait naître quelques murmures dans le cours de ma réponse. Tout ce que je sais, c'est que l'effet du premier moment fut assez singulier : apparemment que les faiseurs et faiseuses d'esprit, qui environnaient l'Académie et surchargeaient l'assemblée, attendaient de moi leur petit jargon, de grandes maximes, de longues belles phrases, vieilles sans doute, mais refaites à neuf, avec toutes les bombes du ton exalté, ou du moins avec tous les petits bouquets d'artifice, et tous les lampions du style moderne dont ils raffolent.

Sans doute ils furent fort étonnés, et se crurent compromis de ne point s'entendre parler leur langue; il fut assez amusant, même pour moi, de les voir se chercher des yeux, s'interroger de loin d'un air agité, et prendre l'*ordre* dans les regards les uns des autres, pour décider si ce que je disais devait être trouvé bien ou mal, ou peu de chose ou rien. Malgré leur fermentation très-sensible, et qui tout en prononçant me faisait beaucoup plus spectacle que distraction, j'allais tranquillement mon chemin à travers les partis-bleus ; et soutenu par l'attention et l'indulgence des gens raisonnables, qui ne font point d'esprit, mais qui en ont de tout fait, je forçai les autres au malheur de m'écouter jusqu'à la fin. En deux mots voici l'histoire toute simple de ma réponse. Je ne m'étais point du tout arrangé ni redressé pour une harangue authentique et sèche; je n'avais pas prétendu assurément parler pour parler, ni rajeunir des inutilités harmonieuses, ni régenter notre siècle, comme cela se pratique aujourd'hui tant pour l'instruction publique que pour l'ennui général. Vous le savez, monsieur, le rôle du directeur de l'Académie Française est fort court en pareil cas; et quand il a honnêtement accueilli le récipiendaire au nom de la compagnie, ce qui demande tout au plus vingt lignes à qui veut éviter les fadeurs, s'il veut ensuite éviter aussi tout remplissage fastidieux, il ne lui reste, après sa tâche remplie, qu'à se taire subitement et à clore la séance, à moins que quelque objet intéressant, neuf, propre au temps, propre au lieu, ne l'arrête quelques instants, et ne soit digne de l'Académie et de l'assemblée qui l'écoute. En conséquence de ce principe, étant persuadé que la place que j'avais l'honneur d'occuper dans le sanctuaire de la langue française me donnait quelque droit de réclamer contre un ridicule néologisme de nos jours; et contre de modernes abus qui tendent à altérer la langue, abus trop peu relevés jusqu'à ce moment, je crus devoir les dénoncer au jugement public, non du ton des harangues, qui n'allait point du tout là, mais du ton simple de la conversation des honnêtes gens, et des gens de goût. N'ayant point d'autre objet que d'offrir des réflexions justes sur un fonds vrai, je n'avais certainement pas eu la moindre prétention d'y faire trouver le mot pour rire; cependant les connaisseurs à gauche ont crié partout que j'avais eu ce projet, qu'il était fort indécent d'avoir déridé quelquefois l'assistance, et qu'enfin ce n'était point là le ton d'un discours académique. A la bonne heure; mais, 1° je n'avais jamais eu l'idée de faire ce qu'ils appellent un *discours*, entendu à leur façon et portant leur uniforme ; 2° quant au genre *académique*, si dans une assemblée publique de l'Académie Française parler pour la défense de la langue de la nation n'est point remplir une fonction bien littéralement académique, les raisonneurs ont raison : enfin, pour leur donner tout gain de cause sur le ton naturel et simple que j'ai ridiculement préféré, si la forme sentencieuse de ces discours qui glacent, si l'emphase capable, qui empâte d'un égal ennui le riche parleur et le pauvre auditoire, si l'importance qui endort, sont réellement bonnes à quelque chose pour l'esprit, l'amusement et la santé des bonnes gens qui écoutent, je passe toute condamnation. Au reste il n'est pas fort étonnant qu'un triste provincial, un sauvage de Picardie, enseveli depuis près de quinze années dans ses bois, n'en sache pas davantage sur Paris et sur la couleur actuelle du temps : il ne fallait pas le tirer de ses choux si l'on ne voulait pas lui laisser son *franc-parler*. Quoi qu'il en soit, il faut savoir se résigner au sort commun : on se tromperait beaucoup en attachant quelque importance, et en croyant quelque durée à ces feuilles fugitives, pesantes ou légères, si prônées d'avance, si fêtées en naissant par les parents de l'ouvrage, et immortelles pour un moment.

Eh ! qu'importe qu'on daigne lire
Ou qu'on laisse là de côté
Cet écrit brut, non brillanté,
Où, pour tout mérite, respire
Cette agreste naïveté
D'un bon ermite en liberté,
Dans la franchise qui l'inspire
N'estimant que la vérité,
Et ne parlant que pour la dire?
Quand tout est rempli, tourmenté
De l'incurable ardeur d'écrire,
De l'épidémique délire
D'une mince célébrité ;
Dans cette belle quantité
D'essais, de prospectus, d'épreuves,
De rêves de toute beauté,
D'esprit à toute extrémité,
Et de nouveautés presque neuves;
Dans ces jours de création,
Où tant d'incroyables brochures
Offrent des plans de tout jargon,
Des projets de toutes figures,
Et l'ennui par souscription ;
Dans ce bruyant torrent qui roule,
Qu'importe que le tourbillon
Enveloppe, entraîne un chiffon
De plus ou de moins dans la foule?
D'ailleurs pardon, si du moment
Négligeant assez librement
Et le costume et la nuance,
Au lieu d'écrire sombrement
Du ton doctoral et charmant
De la moderne suffisance,
J'ai fait parler tout bonnement,
Ensemble et sans air d'importance

La raison et l'amusement.
Je sais que l'actuel usage
N'est pas de penser bien gaîment,
Grace au sophistique ramage,
Qui, nous enchantant tristement,
Substitue agréablement
L'esprit frondeur, sec et sauvage,
Au national agrément,
Et les ronces du persiflage
Aux guirlandes de l'enjoûment.
L'aigre et vague raisonnement,
Haranguant, ennuyant notre âge,
L'endort sentencieusement,
Au rouet de son verbiage.
On nous mande dans nos hameaux
Les progrès lugubrement beaux
De cette étrangère manie,
Qui, déployant de noirs réseaux,
Et des cyprès, et des pavots,
Sur les roses de la patrie,
Remplit nos écrits, nos propos,
Et nos modes enchanteresses,
D'urnes, de lampes de tombeaux,
Et de semblables gentillesses.
Malgré ce nuage et ce goût
De productions vaporeuses,
Qui pour un temps font prendre à tous
La couleur noire et les pleureuses,
Nous autres bons provinciaux,
Qui ne savons qu'être sincères,
Et qui ne nous conduisons guères
Par la fureur d'être nouveaux,
Français comme l'étaient nos pères
Dans les jours calmes et prospères
De la docile loyauté,

D'aucun ton factice, emprunté,
Nous n'éprouvons la fantaisie,
Et nous prenons la liberté
De penser avec bonhomie
Qu'il vaut bien mieux pour la santé
Suivre dans sa route fleurie
La bonne gauloise gaîté,
Sans fraudes, sans anglomanie,
Sans affiche de gravité,
Que de se rembrunir la vie,
Et de risquer la léthargie,
Les vapeurs, et la surdité,
Parmi cette monotonie
De petite sublimité,
Trop ennuyeuse, en vérité,
Pour une mode, une folie.
Heureusement ce ton rhéteur,
Toute cette triste livrée
De pédanterie et d'humeur,
Touche au terme de sa durée.
L'époque d'un nouveau bonheur,
Ouvrant de la route éthérée
Le cours radieux et serein
De l'allégresse désirée,
Répand la fraîcheur du matin
Sur la France régénérée,
Et du plus paisible destin
Nous trace l'augure certain
Dans la bienfaisance assurée
D'un jeune et brillant souverain,
D'une jeune reine adorée.
Sur tous leurs pas jonchés de fleurs
La gaîté française et les Graces
Vont, par leurs rayons enchanteurs,
De tous les soucis destructeurs

Effacer jusqu'aux moindres traces.
Les penseurs noirs, les raisonneurs,
Les gens à phrases, les frondeurs,
Et tous les ennuyeux célèbres,
Rentrent dans leur destin obscur ;
Ainsi que les oiseaux funèbres,
Dès que s'ouvre un ciel frais et pur
Rayonnant de pourpre et d'azur,
Se replongent dans leurs ténèbres.

RÉPONSE DE GRESSET,

Directeur de l'Académie Française, au discours de réception de M. Suard, le 4 août 1774.

Monsieur,

Nous devons à vos travaux des fruits de la littérature étrangère; l'Académie Française, en vous adoptant, acquitte une dette de la littérature nationale. Vos premiers titres, consignés dans le *Journal étranger* et dans les *Variétés littéraires*, se sont étendus par la traduction de l'*Histoire* anglaise *de Charles-Quint*, traduction pleine d'ame, de force, d'élégance, et vantée par l'auteur même de l'ouvrage; hommage assez rarement rendu par l'amour-propre paternel.

Je m'arrêterais avec justice sur la manière heureuse dont vous avez fait parler la langue française aux écrivains des autres nations, sur les ouvrages que nous avons droit d'attendre de vous, sur ces qualités si précieuses dans le commerce de la vie, sur ce caractère sociable, le premier talent, le premier esprit pour le bonheur personnel, ainsi que pour celui des autres; caractère partout si désirable, et surtout dans la carrière des lettres où l'on en donne inutilement des préceptes si l'on n'y joint l'exemple, la première des leçons; caractère que vous avez si bien prouvé par l'union de vos travaux avec ceux de l'amitié : enfin, instruit par l'unanime témoignage de ceux qui vous connaissent, je pourrais, monsieur, vous parler plus long-temps de vous-même, si je n'étais persuadé que les louanges en face sont presque toujours aussi embarrassantes pour celui qui les reçoit que pour celui qui les donne, et communément assez fastidieuses pour ceux qui les entendent.

L'éloge des morts est donc le seul que l'on pardonne ! mais s'il faut, pour fonder la louange de ceux qui ne sont plus, des événements bien avoués, des traits marqués, des détails bien connus, des opérations personnelles et dont on n'ait partagé la gloire avec personne, on ne peut qu'imparfaitement crayonner le mort illustre à qui l'Académie française rend ici les derniers honneurs. L'utilité de ses talents dans la carrière importante qu'il a parcourue peut bien être indiquée; mais les nuages impénétrables qui dérobent l'entrée, les routes, et le terme de cette carrière ayant dû toujours couvrir toutes les marches, tous les services d'un homme consacré pendant toute sa vie aux secrets augustes de son maître et des autres souverains, ses talents politiques, ses travaux particuliers, ses succès personnels, tout reste sous le voile : quarante années de services ne laissent presque aucun point où l'on puisse le voir seul, le suivre, le célébrer. Dans tous les empires ce n'est tout au plus que dans les moments des traités, des alliances heureuses, de ces grandes époques, que la renommée ose quelquefois, bien ou mal à propos, mêler le nom des coopérateurs qui ont secondé par leurs veilles le ministre brillant dont le génie a été l'ame de ces grands événements. Un partage bien différent règle le sort du mérite véritable dans toutes les autres carrières de la célébrité, où quelques hommes rares s'élancent et planent au-dessus de la multitude ; des hommes de guerre supérieurs, magistrats éminents, écrivains créateurs, négociants distingués, tous ces différents génies exposés à tous les regards, sont successivement appréciés par la vérité, et mis à leur rang par la voix publique; la lumière les environne, leurs preuves les accompagnent, chaque jour les juge et les couronne : il n'est que l'homme utile, attaché dans le second rang au ministère chargé du secret des puissances, il n'est que lui qui n'ait pas le droit de laisser parler ses services, ses titres à la reconnaissance publique quand il la mérite ; la gloire, muette pour lui tandis qu'il respire, l'attend au tombeau, le nomme alors sans rien dévoiler de ce qu'il a fait ; et son éloge, ainsi que celui de ses pareils, pour être rempli avec justesse, ne pourrait être bien fait que par des ministres, et bien jugé que par des souverains.

Réduits au silence sur ces objets, car les éloges doivent porter sur des faits, ou ne sont que des mots, plaçons du moins dans nos souvenirs de M. de La Ville, évêque de Tricomie, plaçons un fait qui appartient uniquement à sa gloire, un fait qui ne doit pas être oublié sur la tombe d'un prince de l'Église : plusieurs cures dépendaient de l'abbaye qu'il avait en Picardie depuis bien des années; sachant combien l'instruction et les mœurs des peuples tiennent essentiellement au choix que l'on fait des pasteurs du second ordre, éloigné de la province, ne pouvant connaître par lui-même les sujets dignes d'être placés à la tête de ses paroisses; craignant avec raison que tant de petits protecteurs ennuyeux, qui écrivent sans fin, recommandent au hasard, et trompent sans scrupule, ne vinssent souvent lui arracher des graces injustes dont sa conscience aurait répondu; toujours inspiré par son respect et son zèle pour la religion, il avait depuis long-temps remis les droits de toutes ses nominations au prélat d'immortelle mémoire qu'Amiens vient de perdre, l'ornement, le saint, l'ange de son siècle, et dont le nom chéri de toute la France, connu de toute l'Europe, dont le nom seul, que ma douleur m'empêche de prononcer, rappelle le modèle le plus parfait que l'humanité ait peut-être jamais offert de toutes les vertus de l'homme céleste et de toutes les graces de l'homme aimable (1).

Vous nous rendrez, monsieur, l'esprit facile et toujours laborieux de votre prédécesseur; vos talents partageront les travaux de cette compagnie pour la conservation de la langue française.

Une dissertation savante, couronnée par l'Académie royale de Prusse, a montré l'influence des opinions sur le langage, et du langage sur les opinions. Le célèbre Michaëlis établit ce système lumineux avec autant de profondeur que d'élévation : il interroge

---

(1) M. Louis-François-Gabriel d'Orléans de La Motte, évêque d'Amiens, mort dans son palais épiscopal le 10 juin 1774, dans sa quatre-vingt-douzième année.

les langues des temps antiques, du moyen âge, et de notre siècle; il dévoile les monuments, il confronte les nations, il compare les époques, il démontre, autant qu'il est possible aux connaissances de l'homme savant et à la sagacité de l'homme qui pense, l'origine, la filiation des divers langages, l'action des idées sur les termes, et l'action réciproque de l'expression sur la pensée. Mais au-delà de cet ouvrage, dont l'immense étendue suffit bien au désir de connaître la marche du langage, il reste à faire un travail utile à la raison, nécessaire au goût, nécessaire même à la vertu publique : dans cette carrière de réflexions sur les langues, il reste une route nouvelle à parcourir; en exposant comment la langue suit les mœurs dans leurs révolutions, en montrant combien les mœurs d'un temps ont d'empire sur le langage, combien leur amollissement, leur décadence, leur dépravation énervent, dégradent, et corrompent le style également dans les écrits et dans les conversations, on servirait sans doute le bon sens, l'honneur, la langue et la patrie.

Cet objet, messieurs, pourrait être bien longuement traité, surtout dans une époque où l'on délaie en plusieurs volumes une foule de sujets, qui, pour être neufs partout, demanderaient à peine quelques pages; on pourrait en faire de grands discours pompeusement petits, des essais volumineux, des projets d'éducation, des traités *élémentaires* surtout; car les *éléments* en tout genre sont fort à la mode, et partout on remet cet univers à la lisière : par du remplissage et des phrases sur cet objet si intéressant j'ennuierais aussi bien et peut-être mieux qu'un autre ; mais les bornes du temps qui m'est prescrit ne me permettant point de donner les développements nécessaires à cet objet, je ne puis vous demander, messieurs, qu'une première vue, un coup d'œil rapide sur l'esquisse légère que je vais crayonner de l'empire des mœurs sur le langage. Sans doute ce pouvoir impérieux, si agissant pour le bien et pour le mal, n'est que trop démontré dans le second genre, tant par les pertes réelles que par les nuisibles acquisitions que notre langue a faites de nos jours. Ce double regret à exprimer appartient naturellement à la place que j'ai l'honneur d'occuper aujourd'hui ; et l'Académie française, chargée depuis cent quarante années par le gouvernement de veiller sur la langue, a les premiers droits de réclamer contre les atteintes qui lui sont portées, et contre la révolution que celle des mœurs pourrait lui faire subir.

Sans être les censeurs du temps qui court, rôle qui communément révolte les spectateurs intéressés, ou du moins les ennuie, sans amuser beaucoup celui qui s'en charge, nous ne pouvons nous dissimuler que l'affaiblissement des mœurs anciennes, des mœurs généreuses et franches, nous a successivement enlevé, non-seulement un très-grand nombre de termes énergiques, lumineux, nécessaires même, et remplacés par des faibles équivalents, mais un très-grand nombre aussi de tournures naturelles, naïves, simples comme la vérité, et fortes comme elle. Dans ces temps de vertu et de bonheur, où, selon l'expression de Montaigne, la vérité avait *sa franche allure*, dans ces jours où l'on osait avoir un cœur et ne pas rougir de le prouver, on prononçait toute idée comme elle venait d'être conçue, on rendait tout sentiment comme il venait d'être éprouvé ; la nature ne risquait rien à paraître, et l'on n'avait point encore inventé les sublimes vernis de tous les genres, ni les gazes perfides qui enveloppent la fausseté.

Que de causes des pertes de la langue et de nos privations! Ces mœurs affaiblies, dégénérées, ce despotisme des colifichets, qui s'étend jusque sur les esprits, ces principes du moment, ces petites idées de fantaisie qui tentent de rabaisser les idées primitives, invariables ; cette fausse délicatesse qui ne veut rien que de mode, cette élégance épidémique, plus fausse encore, qui, croyant tout embellir en gâtant tout, ne peut plus aujourd'hui, ni par la pensée ni par le sentiment, avoir rien de commun avec la nature, avec la *simplesse*, la *loyauté*, les autres expressions vénérables, et tout le style mâle, libre et franc de ces siècles de vertu.

Ce serait peu, si l'on veut, que ce dépérissement de plusieurs biens antiques de la langue française, de la langue de Montaigne, d'Amyot, et de Sully ; cette perte pourrait même se réparer, suivant l'idée d'Horace sur la renaissance des mots, si les écrivains distingués qui nous restent tentaient, par un sage emploi et par des hardiesses heureuses, de ramener les termes anciens que nous avons à regretter ; le goût et le génie leur rendraient la fraîcheur, et leur vieillesse même, en rentrant dans le monde, serait cajolée par le bon air et la mode. Mais une perte plus frappante est celle qu'éprouve dans cette époque même la langue actuelle, cette langue que Fénélon, Racine, Despréaux, et nos autres maîtres, nous avaient transmise si noble, si brillante, et si pure. Ce n'est point seulement aux écarts de l'esprit et aux travers du mauvais goût qu'il faut imputer un second genre de pertes et de décadence; mais (à la honte des mœurs et de la plupart de nos conversations) l'abus que fait du langage la dépravation qui nous gagne retranche de jour en jour à la langue française beaucoup de mots et de façons de s'exprimer, dont on ne peut plus se servir impunément; les gens sensés, les gens vertueux seront bientôt réduits à ne pouvoir plus employer des termes du plus grand usage sans se voir arrêtés, interrompus, tournés en dérision par l'abus misérable des mots, les pitoyables équivoques si bêtement ingénieuses, les stupides allusions de ces demi-plaisants, de ces bouffons épais qui entendent grossièrement finesse à tout, et dont les plates gentillesses et la triste gaieté s'épanouissent dans la fange. Ainsi donc bientôt les étrangers, qui étudient notre langue dans les auteurs immortels du dernier siècle et dans les écrivains célèbres de notre âge, rencontrant dans les conversations un usage des termes bien différent de celui qui leur était indiqué par les livres, seront obligés de se faire interpréter les nouvelles significations, de se faire traduire à chaque pas ce qu'ils écoutent, ce que l'on a prétendu dire sous une expression qu'ils croyaient toute simple, et dont pourtant ils voient tout le monde rire; la nécessité d'un commentaire, pour être au ton du jour, leur demandera une étude nouvelle, qui sur la route les fera souvent rougir pour nous; et en apprenant la belle fécondité des termes et leur double signification, ils ne verront que les progrès du mauvais goût et l'empreinte du vice.

Il s'en faut bien, messieurs, que ces pertes réelles de la langue soient compensées par ses modernes acquisitions. De quelles tristes richesses, inconnues il y a peu d'années, et de quelle ridicule bigarrure de noms, ne se trouve-t-elle pas surchargée?

Quel étrange idiome lui est associé par les délires du luxe, et par les variations des fantaisies dans les meubles, les habits, les coiffures, les ragoûts, les voitures! Quelle foule de termes nouveau-nés depuis l'*ottomane* jusqu'à la *chiffonnière*, depuis le *frac* et la *chenille* jusqu'au *caraco*, depuis les *baigneuses* jusqu'aux *iphigénies*, depuis le *cabriolet* et la *désobligeante* jusqu'au *solo* et à la *dormeuse?*

Il ne faut pourtant point être tout-à-fait si difficile: la plupart de ces nouveaux noms, et de leurs pareils, n'étant que bizarres et plus ou moins plaisants, comme il est des temps où le ridicule est un aliment de première nécessité, on doit se résigner à entendre tous ces noms, aussi essentiels à joindre au dictionnaire que les objets qu'ils énoncent sont essentiels à la félicité publique, objets aussi nécessaires que les coiffures modernes le sont au bon sens, les voitures anglaises au bonheur de l'ame, et la nouvelle cuisine à la bonne santé. Un sentiment même d'humanité réclame tendrement et demande grace pour tous les nouveaux termes : pour les supprimer, il faudrait donc aussi désirer cruellement la suppression des choses intéressantes qu'ils désignent; ce serait alors attaquer un point sacré, l'état des personnes; ce serait vouloir anéantir toute la consistance de tant d'êtres moitié agréables, moitié importants, qui n'existent que par-là, qui n'ont de langage bien décidé que ces termes, de principes que le costume, et dont tout le mérite serait perdu, toute l'existence anéantie, si cet univers devenait assez malheureux pour n'avoir plus ni gazes, ni paillettes, ni jolis chevaux, ni dentelles, ni fleurs d'Italie, ni boîte à plusieurs *ors*, ni *élégantes*, ni *merveilleux*, ni *chenilles*.

Je conviens que le mal serait fort léger si nos acquisitions nouvelles se bornaient à ces noms; ils iraient se ranger dans la classe de tous les mots techniques dont le dépôt littéraire de notre langue n'est point obligé de se charger. Les arts ont presque tous leur dictionnaire particulier; et d'ailleurs, dans ce temps si fécond en dictionnaires sans fin, on peut se flatter d'avoir incessamment le *dictionnaire des modes*, grand ouvrage qui manque à notre littérature, et qui sera vraisemblablement un *dictionnaire portatif in-seize*, pour la plus grande commodité du public; cette entreprise serait d'autant plus belle, et la spéculation des entrepreneurs lettrés d'autant plus sûre, que la matière de l'ouvrage se renouvelant sans cesse, se variant, se rajeunissant, on pourrait donner un nouveau volume aux souscrivantes et aux souscripteurs, de mois en mois, tant que ce vieux cercle des *nouveautés* pourra tourner, ainsi que les têtes.

Tout cela n'est rien peut-être; mais une acquisition plus réellement nuisible à notre langue, ainsi qu'à toutes celles qui partageraient le même abus, c'est cet art si répandu de parler sans avoir rien à dire, ces demi-mots, ce papillotage éternel d'épigrammes manquées, cette puérile fureur de ne point parler comme un autre, enfin ce ton décousu, sans idées raisonnables, sans suite aucune, dont il résulte que presque toutes les expressions ne sont que des modulations vagues que l'on imprime à l'air, sans porter la moindre pensée au bon sens, et que presque toutes les conversations, employées à faire de l'esprit, ou plutôt à en défaire, ne sont que des clarinettes et des tambourins entremêlés d'assez mauvaises paroles. Dans le temps, peu éloigné encore, où l'on était moins important, moins sublime, la conversation était le lien et le charme de la société; aujourd'hui ce n'est presque plus un plaisir, c'est un travail, une suite de tours de force, un assaut général d'esprit tel quel, épigrammatique ou croyant l'être; c'est un état de guerre et de prétentions, où l'on est en garde l'un contre l'autre : on se tend des pièges de mots; et les ridicules donnés et rendus coûtent d'autant moins que chacun est bien en fonds. On s'entendait autre fois; souvent aujourd'hui non-seulement on ne fait plus de cas d'entendre les autres, mais on ne se fait pas l'honneur de s'entendre soi-même; et sans doute tout le monde y gagne : l'art en ce genre est porté à un tel point de supériorité, que l'on pourrait parier, d'après le ton de ces êtres bruyants, si confiants, et si ridicules, que le nouveau langage appelle les *merveilleux*, les *mirliflors*, les *élégantes*, les *célestes*; oui l'on pourrait parier qu'au moyen de leurs nouveaux termes, et de leurs tournures nouvelles, avec tous les grands éclats de rire tristement gais, ils auront, où et quand l'on voudra, une longue conversation soi-disant française, où il n'entrera point une seule phrase raisonnable de français.

Ce n'est pas tout encore; il est d'autres acquisitions de notre langue, qui, pour avoir l'air de la richesse et de la grandeur, n'en sont pas moins pauvres ni moins mesquines; semblables en tout aux dehors fastueux de ce luxe qui n'est que le voile de la misère. Ces ruineuses possessions modernes sont, il est vrai, des expressions nationales qui appartiennent de tout temps à notre langage, mais qui, dénaturées aujourd'hui par un emploi qui leur est étranger, dégradent la langue française en lui ôtant sa justesse et sa précision.

Dans ce tourbillon, moitié lumineux et moitié obscur, qui nous enveloppe, nous secoue, et nous entraîne, les idées justes perdant leur niveau, les esprits étant exaltés, et l'engouement occupant toutes les places que le sentiment laisse vides, la langue travestie s'égare, se perd dans des termes vagues d'enthousiasme, des images excessives, des expressions exagérées, qui ne sont que des formules sonores, aussi fausses sur les lèvres que dans l'ame. A chaque instant, pour les choses les plus simples, les événements les plus indifférents, pour des misères, pour des riens, on se dit *charmé, pénétré, comblé, transporté, enchanté,* ou *désolé, excédé, confondu, désespéré, anéanti;* on *est aux nues,* ou l'on se *prosterne;* on est *à vos ordres, à vos pieds,* sans se soucier de vous le moins du monde; on vous *adore* sans même vous respecter : dans la prétention de ne penser que fortement, de ne rien voir qu'en grand, on veut mettre à tout l'air de l'enivrement ou de la détestation, et surtout et toujours, l'air du génie, qui pourtant est bien innocent des idées et du style de tant de gens qui pensent en disposer.

La balance des jugements et des réputations n'est plus rien; il n'est plus de milieu ni dans la pensée ni dans l'expression; tout est *charmant, merveilleux, incroyable, divin,* ou *affreux, pitoyable, odieux, exécrable;* tout ouvrage *est beau de toute beauté, ravissant,* ou *détestable;* tout homme est *admirable, excellent, délicieux,* ou *maussade à donner des vapeurs, ennuyeux à périr, bête à manger du foin;* toute femme est *radieuse, céleste, adorable,* ou *ridicule à l'excès, du dernier ridicule, d'une bêtise amère, ennuyeuse à la mort,* enfin *une horreur;* à tout moment vous entendez répéter, *oh! c'est un homme unique!* hélas! souvent que ne l'est-il? mais tout fourmille de *gens uniques.*

Heureusement, avec toutes ces expressions emphatiques, si enflées, si vides, on ne sent rien de tout ce que l'on prononce si pompeusement ; on est *enchanté* sans le savoir, et *désespéré* sans conséquence : mais le malheur est que beaucoup de gens, qui d'ailleurs pensent juste et parlent bien, se prêtent souvent eux-mêmes à ces brillantes façons de parler mal. Ne voyons que la vérité des objets, nous reprendrons le langage de chaque chose; la justesse de l'idée nous rendra la propriété de l'expression. Ne chargeons point notre langue de bizarres superfluités, dont sa richesse peut se passer : pourquoi de doubles emplois? pourquoi, par exemple, les noms modernes et d'*amphigouris*, et de *parades*, et de *proverbes-dramatiques*, et de *charades*, et de *calembourgs*, et de leurs pareils? tous ces noms ne sont réellement que des synonymes d'un terme reçu ; le mot de *platitude* n'existait-il pas dans la langue française? il suffisait seul pour signifier et caractériser toutes ces ingénieuses inventions, l'aliment d'un goût malade, et l'esprit de ceux qui n'en ont guère.

Le mal à réparer dans la langue fait chaque jour de nouveaux progrès, et, à l'exception de la cour, où le langage se conserve toujours plus simple et plus noble que parmi tout le bel-esprit de la capitale et les copies de la province, la contagion que j'indique est presque générale ; il semble que, dans son genre, chaque art, chaque état gâte et dénature la langue pour sa part. L'éloquence nouvelle a ses énigmes, la poésie moderne a son jargon, la jurisprudence même et le barreau ont leur petit néologisme; et Cochin, Gilbert, et l'immortel d'Aguesseau, qui parlaient et écrivaient si noblement, seraient obligés aujourd'hui, s'ils revenaient parmi nous, de demander le mot de plusieurs logogriphes du nouveau style des plaidoyers et des mémoires. Dans toutes ces compilations monotones de prose et de vers, de littérature préceptorale, de tranchantes doctrines aventurées, de morale soi-disante, vous rencontrerez partout les expressions vagues des *besoins de l'ame*, des *jouissances de l'esprit*, de *la somme des maux*, que ces écrivains ne diminuent guère, et de *la somme des plaisirs*, dont on ne peut pas dire que leur style fasse les fonds; instituteurs au demeurant d'une si haute confiance, et d'une bonne foi d'amour-propre si respectable, que quand ils seraient fort ennuyeux à entendre, ils seraient toujours fort plaisants à voir. Au milieu des fleurs et des lauriers dont ils se couronnent de leurs mains, on vous charge la langue des inutiles noms de leur *manière*, de leur *faire*, de leur *genre*; *genre* surtout est le grand mot du temps : tout en refaisant des ouvrages déjà faits dont ils masquent les sources, tout en répétant en d'autres termes des choses déjà dites, tout en bourdonnant de sonores bagatelles bien ou mal rajeunies, ils se donnent modestement pour avoir leur *genre*, un *genre* à eux seuls dans la nature : tout est inondé de ces genres nouveau-nés;

il en est tant qu'il ne serait guère possible de les classer par ordre ni de les distinguer par nuance, si tous ces genres particuliers, et si particuliers, n'avaient, sans le vouloir, sans s'en douter, un point de ralliement, et ne venaient successivement se ranger sous un genre général, que le lecteur assoupi et peu galant appelle l'ennui. Pour user plus sobrement de ce terme de *genre*, que ces écrivains se disent quelquefois tout bas que les ouvrages d'esprit ne sont qu'un genre de bêtise quand on n'est qu'imitateur ou plagiaire, et que surtout la sévère et exigeante poésie n'a qu'un genre et qu'un mot, créer ou se taire.

La prétention néologique a gagné jusqu'aux élèves de cet art grave, utile, respectable, qui dans des mains sages combat par l'expérience les maux de l'humanité, et qui dans le langage moderne du charlatanisme, semble avoir inventé de nos jours des maladies neuves pour employer de nouveaux termes : ce ne sont plus chez eux que des nerfs *agacés*, des nerfs *crispés*, du *ton* à rendre, un *système vaporeux* à débrouiller, des *vibrations* à remettre en mesure, de l'*énergie* à redonner aux solides, une *balance* égale aux liqueurs, du *baume aux esprits*, et surtout de l'*harmonie aux parties discordantes du genre nerveux*. Dans leur style la fièvre, terme trop bourgeois, ne se nomme plus dans sa force qu'une grande *fluctuation*, et dans ses décroissements qu'*une fin de tempête*, *une queue d'orage*. Bien plus, les termes de *brillant*, de *victorieux*, de *triomphant*, sont transportés et abaissés sur des objets où vous ne les attendiez guère. On imaginerait que tous les matins ces parleurs agréables, ces docteurs ambrés, avant que de se mettre en route pour distribuer élégamment la mort ou la vie, préparent une certaine ration de termes doctement jolis, un choix de tournures fraîches, pour se varier, pour ne point parler aujourd'hui comme ils parlaient hier, et composent en chemin le bulletin du jour avant que d'avoir vu le malade. Eh! mes amis, soyez des consolateurs, et non des *esprits;* on vous demande des secours et non des épigrammes; ne faisons point pétiller les lampions du bel-esprit sous le pâle flambeau de l'agonie, et ne mettons point de pompons au spectre de la mort.

Au risque, messieurs, de vous donner à me reprocher de trop longs détails, je ne puis me défendre de relever et d'offrir à vos remarques une absurde innovation du langage dans un genre bien important au bien public, l'éducation, cette base de l'honneur et de la force des empires; genre si négligé, où du changement des mœurs suit une foule de termes nouveaux dont notre langue est maussadement bigarrée. Le nouvel abus dont je veux parler ne fait que de naître, il est vrai; mais en le notant dès sa naissance, peut-être l'empêchera-t-on de s'étendre. Le temps n'est pas loin encore où l'on appelait les enfants de leur nom, quand après l'enfance on les habillait encore de l'habit français; aujourd'hui que la grande mode est de les déguiser, de les travestir au sortir de la lisière, de les mettre en petits *pierrots,* en petites *colombines,* en *scaramouches,* en *matelots,* en personnages bizarres, dont on leur fait prendre le ton, le maintien, et les ridicules, que de *charmants* et sots petits noms on copie ou l'on invente pour les parer et les avilir! Ce n'est plus tel ou tel du nom de sa famille; on les appelle encore moins des noms sacrés qu'ils ont reçus de la religion; c'est *Finette,* c'est *Pierrot,* c'est *Jenny,* c'est *Florine,* c'est *Michaut,* c'est *Laurette,* c'est tout ce qui n'est pas eux, ou ce qui ne doit pas l'être : tels sont les titres que partagent et se disputent ces poupées chargées d'aigrettes, et ces automates panachés, qui sautillent sur les pelouses des jardins publics, que les gouvernantes cajolent, apprennent à se croire plus et mieux que les autres, à primer, et à se haïr à compte, en leur faisant disputer toutes les préférences, et en les habituant au sot et dangereux *égoïsme;* terme honteux et moderne encore, que l'amitié, qui nous quitte, et l'amour de la patrie, presque éteint dans beaucoup d'ames dégénérées et de cœurs desséchés et flétris, ont rendu malheureusement nécessaire au langage de nos jours. De fort beaux et fort inutiles traités d'éducation plus ou moins neuve, à petits chapitres et à grands mots, sont là, j'en conviens, sur la cheminée de vos enfants, pour leur être expliqués par les bonnes, qui n'y comprennent rien, et qui ne leur ouvrent des livres que pour leur en montrer les images. Mais vous, qui croyez avoir tout fait quand vous avez masqué votre *bel enfant* de quelque joli nom de goût qui n'est pas le sien, de grace, rappelez-vous quelquefois que vous devez à la patrie des citoyens, des ames, et non des marionnettes élégamment organisées; songez que ce pauvre *Michaut*, ce petit prodige d'aujourd'hui, qui, moins prodige et mieux élevé, un jour aurait pu être un homme, grace à votre régime actuel, à quinze ou seize ans, marchera bien, à la vérité, se présentera noblement, dansera sans doute *comme les anges* (car c'est ainsi que le nouveau langage, qui fatigue la terre, profane le nom du ciel même); sans doute cocher intrépide, debout dans un *cabriolet*, ne voyant que lui-même, et répandant également sur son passage l'effroi, l'admiration, et le rire de pitié; il saura fendre la presse, se faire détester des passants, et s'embarrasser moins des hommes que de son cheval *anglais;* mais songez aussi qu'avec tous ces petits talents supérieurs, votre *élégant* ne sera dans sa brillante carrière que *monsieur le comte* ou *monsieur le marquis* honnêtement bête, et sot avec distinction. Et cette pauvre petite *Laurette* si jolie, qui mieux conduite aurait un jour valu quelque chose, que sera-t-elle quand elle aura été obéie dans toutes ses fantaisies, flattée dans toutes ses humeurs, applaudie dans ses bêtises, prônée à frais communs, toujours fêtée, toujours gâtée par les grands parents, leurs *familiers, l'abbé de la maison,* tous les sous-ordres complaisants, tous les bas valets? sans doute cette brillante éducation donne les plus belles espérances qu'à quatorze ans *Laurette* sera par excellence la petite personne la plus impertinente, et qu'entrant ensuite dans le monde avec toutes les graces, toute l'élégance et tous les ridicules, elle sera, comme on peut l'attendre, une épouse vertueuse, une mère digne de ce nom cher et sacré, une femme raisonnable. Les noms bizarres supprimés, donnez (on sera de votre goût), donnez, si vous voulez, à vos enfants l'écharpe, la fraise, le panache blanc de la nation; mais sous cette livrée noble, sous ces couleurs de la patrie, sous cette parure galante et fière des temps de la franche et vertueuse chevalerie, ne façonnez plus des *pantins* d'un siècle frivole, ne les empoisonnez pas des mœurs amollies et dépravées qui nous environnent, et rougissez de préparer à la France une génération ginguette, mesquine et fluette, de personnages faux, de colifichets et d'histrions.

Je ne me serais point livré à ce long détail, amené par des noms ridicules, si l'intérêt des mœurs publiques, si essentielles à former dès l'enfance, ne méritait, quand l'occasion naturelle d'en parler se présente, une attention plus sérieuse encore que l'intérêt de la langue à défendre, ses pertes à déplorer, et ses nuisibles acquisitions à proscrire.

Si les mœurs commandent, si le langage obéit, quelle époque rendit jamais plus nécessaire la vigilance des conservateurs de la langue française? que deviendraient sa clarté, sa force, sa noblesse, son harmonie? quel ridicule et honteux travestissement subirait la langue du bon sens, du sentiment et de l'honneur, si malheureusement il pouvait arriver une époque où toutes les idées fussent arbitraires, où presque partout, au milieu des phosphores du petit bel-esprit, des bons airs et des jolis mots, la vérité, l'inaltérable vérité restât délaissée comme une triste étrangère qui ne sait point la langue du jour, et que personne ne remarque?

A quel excès de délire, de bassesse et d'ignominie serait prostituée la langue française, s'il pouvait arriver un temps où le ton frivole et l'air agréable autorisant tout, faisant tout passer, la raison de tous les temps fût traitée de petitesse, le bon esprit de simplicité, l'antique honneur de sottise bourgeoise; un temps où les ridicules mêmes fussent devenus des graces, les vices des usages, les scandales de bons airs, l'impertinence du style, le bas esprit de l'intrigue un titre de génie, les perfidies des gentillesses, les noirceurs des plaisanteries; un temps enfin où l'on eût la douleur de rencontrer presque partout la méchanceté toujours basse, toujours active, la vile délation, l'affreuse calomnie, toutes les atrocités, toutes les horreurs, tous les poisons de l'envie et de la haine circulant dans le monde sous les vernis de l'agrément, environnés de guirlandes et cachés sous des roses? S'il pouvait arriver ce temps malheureux, alors sans doute, comme il n'y aurait plus ni vrai ni faux, ni bien ni mal, que selon la fantaisie, selon le ton des sociétés, et que rien ne partant plus des principes, tout serait devenu arbitraire dans l'exposé des faits et dans les jugements des choses, le même jour donnerait au même objet l'empreinte de l'estime ou l'affiche du ridicule; le seul cachet de la vérité serait sans usage. Ce renversement, cette transposition de tous les titres, cette incertitude des réputations, cette confusion de toutes les idées, passant nécessairement dans la manière de les rendre, les expressions les plus claires ne signifieraient plus rien de décidé pour l'homme impartial, qui ne saurait plus que croire de ce qu'il entend, ni se démêler des gazes plus ou moins transparentes de la fausseté; et, s'il est permis de mêler à ces tristes images un trait moins grave, qui tranchera le ridicule de la position où le nouveau langage mettrait l'homme raisonnable que je suppose, il ne serait pas mal pour lui que, dans ses différentes visites, il trouvât d'abord chez *le suisse* le bulletin du jour, et le signalement de la maîtresse de la maison.

Alors donc la langue de la raison et de la décence, corrompue, avilie, profanée, et n'ayant plus à rendre que des idées fausses ou basses, serait condamnée à parer tout au plus de quelques ineptes gentillesses cette trivialité de langage qui gagnerait le peuple de tous les rangs; les moindres défauts de la langue seraient d'être devenue trop faible, incertaine, entortillée, énigmatique, maniérée. Pour n'offrir qu'un exemple au hasard de ce qui pourrait arriver en ce genre, dire tout simplement alors *un honnête homme*, cela serait presque passé de mode, soit qu'il fût trop bourgeois de l'être, ou trop plat de prononcer ce nom; mais comme, par un reste de pudeur involontaire dont la déraison et le vice même ne peuvent se défaire, on voudrait conserver une nuance de la dénomination antique, on entendrait dire partout d'un ton doucereux et faux: C'est un *homme honnête,* une *honnête créature*; et quelle honnêteté! des cœurs faux, des amis perfides, de bas protégés, des valets de tous les ordres, des hommes tarés, des femmes affichées; tout ce monde *charmant*, affreux, voilà donc ce que l'on entendrait nommer partout de *très-honnêtes créatures!* .

Alors enfin, si cette honteuse époque pouvait arriver... si l'on y touchait... si même... Au reste, dans toutes les suppositions, cette bassesse de mœurs, ce comble de la déraison, cette absurde métamorphose des idées, ce vil travestissement du langage, n'étendraient point leur extravagance et leur opprobre sur le corps de la nation; le seul mal serait qu'au milieu d'une nation vertueuse, franche, généreuse, aimable, et dans laquelle tous ces caractères français se perpétuent sans altération, il existe et circule une foule d'êtres manqués, gens sans principes, sans caractère, et indignes du nom de leur patrie, peuple mélangé de bas intrigants, d'ames viles et noires, d'insectes dorés, de chenilles et d'espèces n'ayant que l'intérêt pour esprit, la fausseté pour langage, et la soif de l'or pour existence. A ce malheur trop réel se joindrait le triste ridicule de tout cet autre petit peuple *pomponné*, moitié en toupets *à la grecque* et moitié à plumes flottantes, tumultueux essaim de freluquets lourds et de suffisantes péronnelles; peuple prétendu *charmant*, jouant l'*esprit* sans avoir le sens commun, chantant faux par les chemins, imaginant partout donner le ton qui n'est pris que par les *vieux enfants*, croyant faire l'ornement et le bonheur de la terre dont il n'est que le fardeau et l'ennui, préférant les bons airs aux bonnes mœurs, affichant l'indécence, voué à la fausseté, et n'ayant d'ailleurs pour bourdonner tout le jour que quelques vagues expressions toujours les mêmes, quelques petites tournures répétées, comme les serinettes n'ont pour tout mérite qu'un très-petit nombre d'airs, qui peuvent plaire un instant, mais qui ennuient à la reprise.

Quoi qu'il en soit, protestons, du moins par goût et par devoir, protestons sous les voûtes de ce palais, au nom de la langue française, contre toute violation de sa pureté, toute dégradation de sa noblesse, et toute métamorphose de sa parure naturelle et durable en clinquants éphémères et en pompons bientôt flétris.

Réparons ses pertes réelles, s'il est possible ; et si, pour nous défaire de ses nuisibles acquisitions en mots et en tournures, nous ne pouvons pas trop nous en fier à la mode, qui en les anéantissant nous en ramènerait bientôt d'autres du même ton, de la même nécessité ; si le pouvoir littéraire qui nous est confié ne peut s'étendre sur ces salons où l'on ramage, sur ces toilettes où l'on déraisonne, sur ces jardins publics où l'on pérore avec tant de vérité, sur ces soupers fins où l'on bâille avec tant d'esprit ; que du moins nos écrits, et ceux des jeunes auteurs l'espérance de l'Académie, que nos écrits, toujours purs, francs et sains, au milieu de la contagion, soient des digues au mauvais goût, des barrières insurmontables à l'invasion du mauvais style, ainsi qu'au dépérissement de la raison et à la décadence des mœurs.

Que l'Europe littéraire puisse connaître notre réclamation contre l'abus des termes! Tous les étrangers qui étudient notre langue, devenue celle de toutes les cours de l'Europe, apprendront par cette protestation, toute faible qu'elle est, que l'Académie Française n'adopte rien du moderne jargon.

Au milieu des proscriptions nécessaires que ne pouvons-nous du moins enrichir quelquefois le dictionnaire de la France par de nouvelles expressions du genre de deux termes modernes qui honorent la raison et la patrie! le premier est le terme de BONHOMIE; puisse ce nom sensible et cher resté dans notre langue revenir dans nos mœurs! Soyons moins sublimes, nous serons plus heureux; soyons Français, soyons nous-mêmes : abandonnons la ridicule manie de porter sur les bords de la Seine l'uniforme de la Tamise, et que des modèles ne se rabaissent plus à n'être que des copistes. Puissions-nous du sein de ces nuages voir renaître et rayonner cette vérité de l'ame, cette franchise nationale, et cette bonne gaieté française, qui, fuyant toujours les glaces de l'importance, l'air nébuleux de l'intrigue, et les sombres vapeurs des *gens à prétentions*, ne brille que pour les cœurs vrais, les gens aimables, les bonnes gens! Le titre de BONHOMIE ne peut être une injure que pour la médiocrité; lisez, consultez tous les temps; les hommes vraiment estimables, les gens illustres à juste titre, et, dans tous les genres, les hommes de génie ont toujours été de bonnes gens.

Un autre terme, également cher au langage du cœur et l'expression de la félicité publique, c'est le terme attendrissant de BIENFAISANCE. Si ce mot n'existait point déjà dans l'usage de notre langue, il faudrait le créer aujourd'hui pour pouvoir bien exprimer le règne auguste et fortuné qui commence, et pour peindre d'un trait la sensibilité sur le trône et les graces couronnées.

FIN DU TOME DEUXIÈME.

TABLE

DES PIÈCES CONTENUES

DANS CE SECOND VOLUME.

	Pages.
ÉDOUARD III, tragédie.	1
Sidnei, comédie.	77
Le Méchant, comédie.	127
Discours sur l'Harmonie.	253
Lettre sur la comédie. A M***.	303
Lettre de Gresset à M*****.	312
Réponse de Gresset au discours de M. Suard.	320

FIN DE LA TABLE.

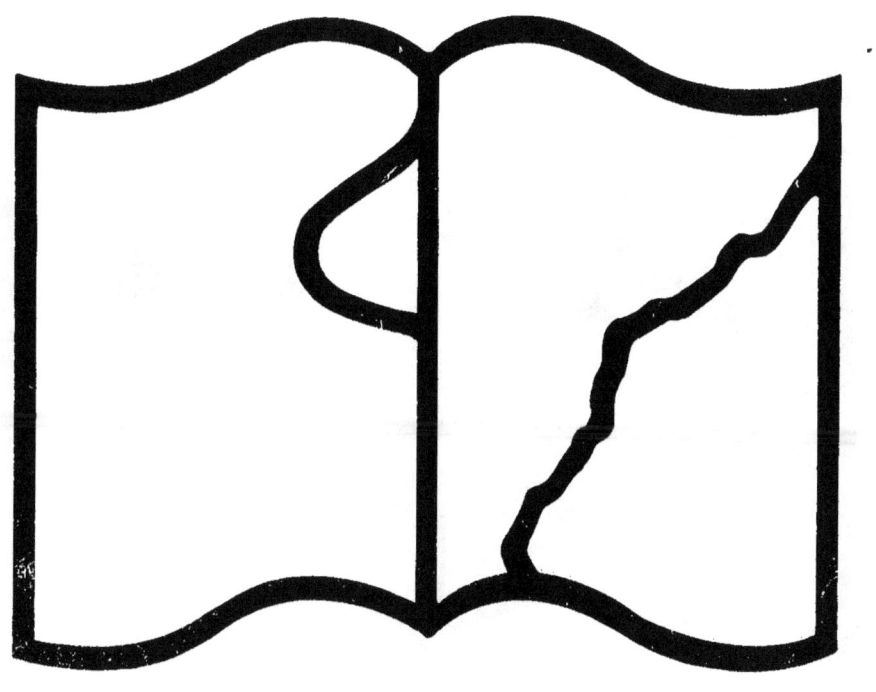

Texte détérioré — reliure défectueuse

NF Z 43-120-11

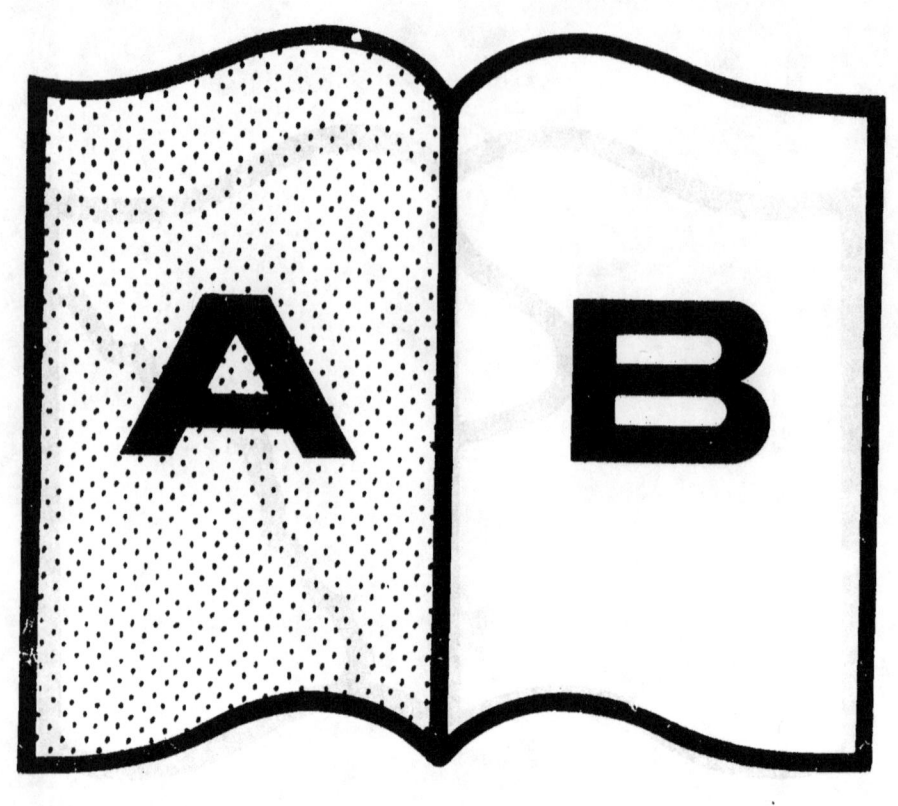

Contraste insuffisant

NF Z 43-120-14